国家出版基金项目
NATIONAL PUBLICATION FOUNDATION

教 育 强 国 战 略 研 究 系 列 书

# 国际视野下的通识教育实践模式研究

GUOJI SHIYEXIA DE TONGSHI
JIAOYU SHIJIAN MOSHI YANJIU

张家勇 著

SPM 南方出版传媒
全国优秀出版社 全国百佳图书出版单位 广东教育出版社
·广州·

**图书在版编目（CIP）数据**

国际视野下的通识教育实践模式研究／张家勇著. —广州：
广东教育出版社，2019.1
（教育强国战略研究系列书）
ISBN 978 - 7 - 5548 - 2470 - 2

Ⅰ．①国…　Ⅱ．①张…　Ⅲ．①通识教育—研究—中国
Ⅳ．①G40 - 012

中国版本图书馆 CIP 数据核字（2018）第 192156 号

责任编辑：李杰静
责任技编：涂晓东
装帧设计：陈国梁

广 东 教 育 出 版 社 出 版
（广州市环市东路 472 号 12 - 15 楼）
邮政编码：510075
网址：http：//www.gjs.cn
广东新华发行集团股份有限公司经销
广东鹏腾宇文化创新有限公司印刷
（广东省珠海市高新区科技九路 88 号七号厂房）
787 毫米×1092 毫米　16 开本　12 印张　240 000 字
2019 年 1 月第 1 版　　2019 年 1 月第 1 次印刷
ISBN 978 - 7 - 5548 - 2470 - 2
定价：48.00 元

质量监督电话：020 - 87613102　邮箱：gjs - quality@gdpg.com.cn
购书咨询电话：020 - 87615809

# 前　　言

　　课程是"教育事业的心脏"。20 世纪 90 年代中期以来，我国部分高校主要以美国大学为蓝本，以通识教育为突破口，以不同的方式推动本科生课程改革，取得了积极进展。但是，我国通识教育改革也不同程度地存在着机械模仿、课程目标定位模糊、课程结构安排失衡、课程实施组织不力、教学评价方式单一等问题。本书从理论、政策到实践等对国外通识教育进行多视角综合研究，以"美国大学和学院协会"（AAC&U）官方网站推荐的通识教育实践典范为主要线索，选取哈佛大学、耶鲁大学、大阪大学等研究型大学，圣约翰学院、圣玖斯弗学院等文理学院，华盛顿州立大学、印第安纳州立大学等州立大学，以及圣达菲学院等社区学院作为案例，从课程理念、课程目标、课程结构、课程教学、课程评估、课程开发与管理等各个方面，全面考察不同类型、不同层次高等院校通识教育实践模式，系统总结了六种代表性通识教育课程组织模式及规律。此外，本书整理了数篇作者在哈佛大学访学期间对美国部分高校中国留学生及著名学者的访谈材料，以他们的亲身经历和切身体会展现美国通识教育的多样性特色。同时，本书从宏观背景、政策举措到院校实践，梳理了我国改革开放以来通识教育改革的四个阶段，对我国通识教育改革取得的成效和存在的问题进行了深入剖析和反思，并在此基础上提出我国高等院校通识教育改革的路径选择和建议。

# 前　言

# 序　言

今天的世界正面临诸多问题的挑战，当前人类社会走到了发展的关键节点，环境污染、气候变暖、恐怖主义、地区冲突、民粹主义等问题威胁和影响着全人类的生存与发展。面对世界性问题的挑战，习近平总书记高屋建瓴地提出了构建"人类命运共同体"的思想。"构建人类命运共同体"是习近平新时代中国特色社会主义思想的重要组成部分，已经成为中国积极参与国际事务、维护世界和平与发展的指导思想。其核心就是"建设持久和平、普遍安全、共同繁荣、开放包容、清洁美丽的世界"。"人类命运共同体"思想已经确立形成，"人类命运共同体"方舟已经起航。但是，以研究、保存和传播人类先进思想为己任的我国高等学校为此做好准备了吗？它们能够胜任"人类命运共同体"的参与者和引领者吗？它们能够培养出胜任参与全球治理的人才吗？

我们的大学必须以构建"人类命运共同体"为指导思想，进行教学改革。课程改革是教学改革的核心，可以说有什么样的课程就会培养出什么样的人。课程的主要构成是通识课程和专业课程，我们国家几十年的传统是重专业轻通识，我们的学生一入学就开始了专业化，本科教育的明确目标是培养专业技术人才。但是在技术迅速发展的今天，人正在不断地被技术异化，我们培养出来的人才不能只知技术，不知我们从哪里来，到何处去，不谙我们的民族文化传统。在中华民族复兴的时代，缺少国际视野，不具备国际沟通的能力，缺少对不同文化的理解与包容的人才，将很难参与全球的治理。

张家勇博士的新著《国际视野下的通识教育实践模式研究》对通识教育进行了多视角综合研究，概述了西方通识教育基本理论，精选了美国和日本若干研究型大学、州立大学和文理学院作为案例，对不同类型、不同层次高等院校的通识教育实践模式进行了个案研究，访谈了美国部分高校中国留学生及著名学者，较全面地展现了通识教育的多样性特色，为我国高校通识教育改革提供了参照。该书进而对我国通识教育改革取得的成效和存在的问题进行了深入剖析，并在此基础上提出了我国通识教育改革的路径选择。

张家勇博士的专著给我们今天的通识教育改革以启迪，我以为我们的通识教育改革要践行几条重要原则。

首先，大学校长要在课程改革中承担主要领导责任，要有明确的指导思想。这方面哈佛大学校长堪称我们今日校长的楷模，艾略特（1869—1909 年任哈佛校长）、洛厄尔（1909—1933 年任哈佛校长）和科南特（1933—1953 年任哈佛校长）三位校长在长达 84 年中始终把课程改革作为大学领导的核心任务，精心打造哈佛的课程。在艾略特的领导下，哈佛扬弃了以少量古典课程为全部学习内容、以必修课为唯一形式的课程模式，建立了选修课制。选修制的建立和发展使哈佛大学发生了深刻的变化，成为真正意义上的大学。洛厄尔校长则改革了完全的选修制，重建自由教育，培养全面发展的人。他指出："在当代复杂的世界中，自由教育的最好目标是培养知之甚广而在某一方面又知之甚深的人……"他认为："学院应该培养智力上全面发展的人，有广泛同情心和判断能力的人，而非瘸腿的专家。""自由教育的精髓在于使学生具有正确的态度，熟知思考的方法，具有应用信息的能力……"在他的领导下，哈佛大学闻名遐迩的自由教育得以重生和发展。艾略特所大力推进的选修制和洛厄尔所倡导的自由教育相辅相成，成为后世哈佛课程的基础。第二次世界大战以后，科南特校长建立教师委员会研究"自由社会中通识教育的目标"。经过两年的工作，哈佛教师委员会发表了题为《自由社会中的通识教育》的报告。报告认为，应该通过通识教育帮助人"有效地思考、交流思想、做出适当的判断并区别不同的价值观念"。通识教育的目标应该是培养情感和智力全面发展的人，使个人与社会的需要协调起来。报告建议，学生在通识教育中应学习共同的课程，所有学生都应该学习"文学巨著"和"西方思想与制度"两门课程，选修一门理化或生物科学入门课程，然后再从人文科学、社会科学或自然科学中各选一门。自此，自由教育适应新时代新形势，以通识教育之名获得新生。该委员会的报告亦被誉为"红书"，成为美国通识教育的理论基础和实践指南。

其次，在课程改革中要有教师和学生的积极参与。教师参与课程改革存在一个悖论，一方面，他们认为课程基本上是一个学术问题，不希望行政干预太多；另一方面，他们主要是学科专家，平时埋头于科研，对课程很少关注，即便关注，也主要聚焦于自己的学科在课程中的地位，而较少有全局的考虑。一方面教师希望有一个相对稳定的课程，另一方面从自己的学科出发，希望把不断分裂或重组的新学科纳入课程中。这一悖论对通识教育课程的改革产生了重大的消极影响。因此，课程改革需要找到一种教师参与决策的机制，使教师全面关注课程问题，为不同学科的教师提供对话的平台。哈佛大学成立由不同学科教师参加的课程委员会，研究通识课程问题，提出改革报告，以报告为基础，由教授会做出决策的课改机制，是可以供我们参考的。

课程改革能否成功，说到底取决于学生的支持。课程关系到学生的品格养成，关系到学生的知识构成和能力形成，可以说是学生在校生活品质和未来发展的决定因素之一。但是长期以来，课程改革往往将学生置于局外人的位置，漠视他们的需要，使他们成为课程的被动接受者。自 1945 年哈佛大学通识教育改革以来，伴随着美国学生运动和社会民主化进程，学生日益从课改的外围进入中心，从被动的接受者转变为积极的参与者。1978 年，哈佛核心课程改革委员会首次将学生代表作为正式成员，学生参与了课改的全过程。2004 年，哈佛大学课程改革指导委员会决定在哈佛 12 栋本科生宿舍楼召集 12 次公开座谈会，与学生交流课改问题，全面听取学生意见。因此，我们可以不夸张地说，哈佛大学课改的命运掌握在学生的手中。

再次，大学课程在适应社会发展的同时，要遵循课程设计的基本规律。其一，大学课程设计要在满足社会的需求与个人的全面发展之间建立平衡，体现现代社会个人和社会的价值诉求；其二，要在课程的刚性与柔性之间建立平衡，既要使全体学生掌握最基础的共同的核心知识，又要关照不同学生的个性化需求；其三，要在专与博之间建立平衡，既要使学生涉足人文、社科、数学、科学和技术广泛学科的知识，使学生在多学科的知识综合中获得综合素质和综合创新的能力，又要使学生有机会深入地学习某一学科专业，从而为他们日后的专业化或从事专门职业做好准备；其四，要在民族文化类课程和全球性问题类课程之间建立平衡，使学生既有民族自尊心和民族使命感，又有广阔的国际视野和国际理解力。

我在这里花了相当多的笔墨谈了大学课程改革所应遵循的指导原则，就是希望我们国家的大学重视课程改革，重视通识教育。没有优异的通识教育，没有适应新时代的通识教育，我们的大学将很难培养出参与构建"人类命运共同体"的全球领袖型人才。

实际上，我在这里只是简单重复了张家勇博士著作中的一些观点，要想详尽了解通识教育国际经验的读者可以进一步阅读全书。张家勇博士历经多年磨此一剑，资料翔实，语言流畅生动，分析深刻到位。我相信大学的校长、教师、学生和社会上关注大学教育改革的人士阅读此书都会获益匪浅。

世界比较教育学会联合会副主席

联合国教科文组织教育研究所（汉堡）管理理事会候补理事

国务院学位委员会教育学科评审组召集人

中国教育学会比较教育分会会长

中国高等教育学会第六届副会长

北京师范大学前副校长、教授、博士生导师

王英杰

2018 年 4 月于京师园

# 目　录

# 目　录

# 第一章 绪 论

## 一、研究问题

### （一）研究目的

本研究以美国、日本不同类型大学通识教育实践模式为参照，分析论证我国大学通识教育课程改革的成败得失，为我国大学通识教育改革提供科学依据和路径选择。

### （二）研究意义

课程是"教育事业的心脏"，课程是校内外多种利益集团关注的焦点和核心，有关课程的讨论往往被喻为一场战争，改变一个课程体系比搬迁一座墓地还要难。通识教育是美国本科生课程的重要组成部分，是历次高等教育改革的重要内容，也是美国高等教育界一直争论不休的话题。美国研究型大学、州立大学、文理学院、社区学院通常都开设通识教育课程，但各校通识教育的哲学基础、课程结构、课程内容和课程管理各具特色。20 世纪 90 年代中期以来，我国部分高校主要以美国大学为蓝本，以通识教育为突破口，以不同的方式推动本科生课程改革，如北京大学（元培计划）、南京大学（基础学院）、武汉大学（国学实验班）、复旦大学（复旦学院）、中山大学（逸仙计划）、北京师大（励耘实验班）等。其中，北京大学和复旦大学的改革最为引人注目。北京大学开设全校通选课，实验元培计划；复旦大学专设复旦学院（本科生院）、四个书院（住宿单位），全面推动通识教育课程改革。这些通识教育改革实践虽然取得了积极进展，但都不同程度地存在着机械模仿、课程目标定位模糊、课程结构安排失衡、课程实施组织不力、教学评价方式单一等问题，很少有一以贯之、实事求是、量身打造、"顶天立地"的教育理念，很少有精心设计让教育理念落地生效的课程体系，很少有保证课程有效发挥育人功能的实施、管理、评估和改革的体制机制。难怪我们培养不出高层次创新人才，无法回答"钱学森之问"。研究美国大学本科生通识教育实践模式是我国高等院校本科生课程改革的一项基础性工作。美国大学都有各具特色的教育理念，都有服务于教育理念的通识教育课程设计，都有符合本校实际需要的科学化课程管理机制，都有追求实效的课程实施模式和评估机制，都有以建设共同体为目标的民主化课程改革机制，这些都是他们人才培养目标得以实现的重要保证。"他山之石，可以攻玉"，美国和日本不同类型大学通识教育实践模式无疑是我们汲取营养的重要源泉。本研究的实践意义在于全面考察美国和日本不同类型大学通识教育实践模式，直接为我国大学通识教育改革实践服务。本研究的理论意义在于总结中美日不同类型大学通识教育实践模式，发现通识教育实践的一般性规律，进一步丰富通识教育课程理论。

本研究创新之处体现在从课程目标、课程结构、课程教学、课程评估、课程开发与管理等方面全面考察美国和日本不同类型大学通识教育实践模式。同时，本研究将通过问卷调查和焦点访谈相结合的方式，收集不同利益群体对我国大学通识教育改革的看法，并在此基础上提出有针对性的通识教育课程改革建议。

（三）研究假设

研究假设通识教育实践具有普适性的一般性规律，美国不同类型大学通识教育实践模式对我国大学通识教育改革有重要借鉴意义。为此，本研究着重从课程理念、课程目标、课程结构、课程教学、课程评估、课程开发与管理等方面全面考察美国和日本不同类型大学通识教育实践模式，提出有针对性的通识教育课程改革建议。

（四）核心概念

1. 通识教育

通识教育是一个内涵丰富、模糊不清、很难界定的概念。通识教育被广泛地看作专业教育的必要准备，有很多母体或别称：普通教育、共同学习、核心课程、文理教育、博雅教育或博雅研究等。美国肖尼州立大学教授莫尔丁（Robert Mauldin）调查了美国200余所高等院校，发现通识教育课程有多达32种称谓，最常用的是通识教育课程/必修课/项目（122所，约占61%），其次是核心课程/项目（18所，约占9%）。[①]美国高等院校认证机构采用"通识教育"这个称谓，高等院校强调基础知识、基础技能以及受过教育者拥有的专业知识。

通识教育被广泛使用，但美国教育界没有绝对权威的定义，我国学者更是众说纷纭，基本共识是把通识教育看作宽度的保证，而专业教育是深度的保证。美国大学和学院协会（AAC&U）把通识教育看作博雅教育课程的组成部分，为学生提供多学科宽广视野，为培养重要的认知能力和公民素养提供多方面的基础，是一种基于发展重要心智、公民行为以及实践能力的教育，包含了多种形式，要求全校所有本科生共同学习。[②]博雅教育是通识教育理念的母体，但通识教育是用以补救20世纪以来专业教育的专精与偏失而产生的，通常在本科低年级实施。爱因斯坦说过：博雅教育的价值不是掌握很多事实，而是训练本科生的思维能力。

美国大学和学院协会（AAC&U）认为，博雅教育是一种能够增强并培养个体应对复杂性、多样性和变革的能力。它既强调有关更宽广范围的渊博知识（例如包括科学、文化、社会在内的知识），又强调在某一特殊领域内取得专业的成就。这一教育理念不

---

① BOWEN S. What's in a name? Interpretations of, and alternatives to "general education". presentation for March 6, 2003 AACU General Education Conference.

② Association of American Colleges and Universities. What is liberal education? [EB/OL]. [2009 - 10 - 20]. http://www.aacu.org/leap.

仅帮助学生形成社会责任感,同样帮助他们获得宽广知识和相关知识领域所需的智能和技能(例如交际能力、分析和解决问题的能力)以及知识、智能与技能的运用能力。博雅教育不是针对某一职业而对学生进行专业教育,它最终目的是发展个体深层次的智能和技能,即不管个体未来从事哪一种职业,通过博雅教育习得的智能与技能都可以得以运用。它包括以下方面但不局限于以下内容:对世界保持持续且活跃的好奇心,能够提出有趣问题的能力;对观察到的现象进行推理思维、扩展思维的能力;通过多种渠道积累相关知识并且能够审慎识别与运用的能力;对特定学科进行持续分析,甚至在需要之时进行多种方式分析的能力;准确且有说服力地表达自己的想法,积极主动发挥与运用个人才智的能力;与他人合作以完成一己之力无法实现的目标的能力;树立个体是社会中的一员,自己的能力将被用于获取更大的公共利益的意识等。①

按照美国课程专家阿瑟·列文(Arthur Levine)描述性定义,通识教育是"本科生课程中宽度组成部分,通常是在全校或学院范围的基础上定义的。它一般涉及在若干主题领域的学习,通常目的是为某一所院校所有学生提供共同的本科生体验"②。哈佛大学多明戈(Jorge I. Dominguez)教授认为,通识教育是成为有教养的人的同时,获得的事实知识被遗忘后所剩下来的东西。③

美国国家领导力理事会(National Leadership Council)发起的"博雅教育与美国的承诺项目"(LEAP)把21世纪的通识教育定义为所有学生都必须掌握的一套综合性目标和产出,因为它们对于所有领域的努力都是重要的。在依赖创新和全球理解的经济,这些产出成为经济活力和个人机会的关键,它们是美国在所有领域成功的基础,包括技术、科学、传媒和创造艺术。这些必不可少的目标和产出应在本科生教育每一个领域都受到重视,不管是传统上被认定为艺术和科学科目还是专业技术领域。④

21世纪哈佛大学本科生教育改革期间,专门设立的通识教育改革委员会对通识教育内涵进行全面梳理。他们认为,通识教育是按照自由探究精神开展的教育,不关注局部的适切性或职业的实用性。通识教育课程强调学生现在所学和未来生活的联系,培养学生知识整合的能力,为最终成为社区成员做准备。通识教育激发学生的好奇心,阐述获得知识的方式,传授各领域的核心知识、技能和能力。通识教育解读人类文化成果,应对技术发展的衍生物,评估公共话语中的各种科学主张,欣赏多种文化传统,直面生活中的伦理两难问题。

---

① 宋晓平,梅红. Liberal Education、General Education 以及素质教育:当今美国大学的教育理念与教育创新研究 [J]. 中国高教研究,2010(1):30-34.

② LEVINE A. Handbook on undergraduate curriculum [M]. San Francisco:Jossey-Bass,1979:3.

③ DOMINGUEZ J I. Liberal education at Harvard in this new century [EB/OL]. [2008-08-08]. http://www.fas. harvard. edu/curriculum-review.

④ Association of American Colleges and Universities (AAC&U). Greater expectations:a new vision for learning as a nation goes to college [M]. Washington DC:Association of American Colleges and Universities,2002.

### 2. 通识教育实践模式

通识教育实践模式指高等院校以某种通识教育课程哲学理念为指导，从课程目标、课程结构、课程教学、课程评估、课程开发与管理等方面落实通识教育的体制机制总称。

### 3. 巅峰课程

很多院校开设某种形式的巅峰体验课程作为核心课程的组成部分。巅峰课程即一门专门的毕业班习明纳，通常以跨学科的方式探讨一个主题，允许学生把过去学习作为整体串在一起。巅峰课程可以采取非常规的形式，可能是展示会或演出而不是传统的学业论文或毕业论文。很多情况下，巅峰课程要求学生走出教室，把自己的知识和技能用于解决社区的问题。

## 二、研究背景和文献综述

当前，我国正在为全面建成小康社会而努力，转变经济发展方式、全面深化各领域综合改革、全面推进依法治国等发展战略，对高等教育发展提出更高要求。在"钱学森之问"依然困扰我国高等教育的今天，在高等教育普及化日益临近的发展新阶段，在我国大学通识教育改革持续二十余年效果不彰的时代背景下，开展通识教育实践模式研究更有现实意义。

### （一）文献概述

近年来，通识教育课程改革成为我国高等教育研究和改革实践的热点。在"中国学术期刊网全文数据库"上检索，2001—2018 年题目中出现"通识教育"的学术论文共有 7603 篇，研究热度几乎是逐年提高，最近四年均超过 400 篇，而 2001 年仅 12 篇。2001—2018 年全国共有 207 篇硕士博士论文（其中博士论文 14 篇）研究通识教育，主要以中国、美国、日本、德国等高等院校通识教育课程为研究对象。内地（大陆）、香港和台湾学者围绕大学本科生通识教育改革进行了较为深入的研究，出版了一批研究专著，发表了大量学术论文。大陆地区出版的学术著作以李曼丽的《后工业时代的通识教育实践》（2003）、冯惠敏的《中国现代大学通识教育》（2004）、张寿松的《大学通识教育课程论稿》（2005）等为代表；台湾地区则以黄俊杰的《全球化时代大学通识教育的新挑战》（2004）、《转变中的大学通识教育：理念、现状与展望》（2006），以及黄坤锦的《美国大学的通识教育：美国心灵的攀登》（2006）等为代表。近几年，上海交通大学刘少雪、北京大学陈向明、王义遒，香港大学甘阳，复旦大学王德峰，清华大学李曼丽，汕头大学王伟廉、陈小红等对通识教育给予较多关注。2005 年，北京师范大学课题组对中国内地几所高校课程改革进行了问卷调查。2004—2007 年，《开放时代》《北京大学教育评论》《读书》《复旦教育论坛》等杂志开辟了《通识教育》专栏，组织国内外著名学者专题探讨。全国教育科学"十五"规划课题中，有 6 项研究课题涉及大学通识教育，其中陈向明的"大学本科通识教育实践研究"和盛光希的

"高职院校通识教育课程体系研究"被列为教育部重点课题。1999年，宾夕法尼亚大学出版社主办的《通识教育期刊》（*The Journal of General Education*）创刊，主要刊登与通识教育理论研究与实践创新相关的学术文章。2005年，专门报道和介绍国内外通识教育研究和实践的《通识在线》杂志在中国台湾创刊。2007年，《复旦通识教育研究》创刊。

从美国相关研究与实践看，1977年美国卡内基教学促进基金会宣称通识教育是重灾区，随后加强本科生课程改革的研究，20世纪70—80年代先后出版多部本科生课程研究著作。20世纪80年代，约80%—90%加盟美国教育委员会（ACE）的院校进行了通识教育改革，美国大学和学院协会（AAC&U）的专门项目支持了超过1000所大学的通识教育课程改革。1987年，卡内基教学促进基金会主席博耶（Ernest L. Boyer）在调查报告中对美国高校"什锦小菜"式的通识教育提出质疑，从农业工程到意大利语，从保健教育到经济学等由学生自助餐式选修形成的任何组合，都被纳入通识教育。1996年全美学者协会（NAS）声称，50所美国一流大学的通识教育要求不够严格，对博雅教育数学、科学和外语的学习要求下降。1980—2000年，美国通识教育改革开始复苏，对课程内容的关注排挤了对其他教育过程的重视。2000年的调查显示，约57%的美国本科院校进行了正式的通识教育改革；约64%的高校首席学术官回答说，通识教育作为院校的优先项目得到的关注增加了，约2%认为下降了，约33%认为没有变化。1995—2005年，美国大学和学院协会出版了二十余部关于通识教育改革的专著或调研报告。美国大学和学院协会的官方网站把博雅教育、通识教育列为专题，甄别了近20所美国大学的通识教育实践作为典范。宾夕法尼亚州立大学出版社还发行《通识教育》杂志，探讨社区学院、四年学院和大学、州立大学系统的通识教育问题，研究教学评估的革新方法，介绍通识教育课程典范，开展课程开发成功案例研究、评介通识教育著作或专著。21世纪刚刚到来之际，美国大学纷纷启动本科生课程改革，耶鲁、斯坦福、布朗、哥伦比亚和哈佛等大学都把通识教育作为课程改革的重中之重。如果通识教育改革过去只是小插曲，现在则成为高等院校发展持之以恒的常规事项。

2015年7月15日至10月13日，美国哈特研究事务所（Hart Research Associates）通过网络调查了325名AAC&U成员院校学术高管或指定代表，通识教育的优先项目和未来趋势是调查内容之一。调查发现，55%的院校认为通识教育更加成为优先选项，67%的管理者认为更加强调知识、技能和应用相融合，61%的管理者认为所在院校更加重视应用学习体验，51%的管理者认为更加重视跨学科技能发展，32%的院校强调学习广博知识。很多院校通识教育课程开设全球化课程和新生习明纳，但只有40%的院校要求体验式学习实践。很多院校通识教育课程采用分配式模式，几乎所有院校在分配式课程基础上使用其他融合特色。院校更加自信，通识教育课程能更好地融合进学生主修。76%的院校通识教育有清晰的学习结果，68%的院校评价学生的通识教育学习结果，66%的院校提出了与学习结果关联的具体要求。70%的院校开设全球化通识教育课程，63%的院校开设新生习明纳课程，60%的院校多样化课程，55%的院校开设跨学科课程。76%的院校采用分配式必修模式，92%的院校采取了混合课程模式，68%的院校主要采取分配必修课模式，同时以其他模式作为补充，只有8%的院校采用分配式必修课作为唯一课程模式。26%的院校采用巅峰课程或顶点体验模式，46%的院校采取高级组通识教育必修课程模式，42%的院校采取专题式必修课程模式，41%的院校采取共同学术体验模式，22%的院校采取学习共同体模式。58%的院校认为通识教育课程与专业必修课融合得很好或比较好，42%的院校认为融合得不好或一定程度上融合。①

概而言之，内地（大陆）、台湾和香港对中美大学通识教育改革已有较为深入的研究。但是，绝大多数研究要么重点探讨通识教育理念，要么描述某所或某几所大学通识教育现状，只是不同程度地触摸到通识教育实践模式的某些方面，还缺乏对中美大学通识教育实践模式的全面概括和深层次探讨。美国通识教育研究成果是非常丰富的，但是直接研究通识教育实践模式的成果也很罕见，偶尔有些粗略的归纳散见于各种本科生课程改革的文献中。

### （二）通识教育实践模式文献

就美国通识教育实践模式而言，直接相关的研究并不多见。通过分析有关美国本科生课程改革的文献，发现以下四种粗略的划分：

（1）克里弗通·康拉德（Clifton Conrad）（1978 年）从课程内容基础角度把美国通识教育模式分为五类：第一类是以学科为基础，此类高校众多；第二类是以社会问题为基础，如威斯康星大学·绿色海湾分校等；第三类是以学生成长为基础，如戈达德学院等；第四类是以名著为基础，如圣约翰学院等；第五类是以培养学生核心能力为基础，如艾维诺学院等。

（2）哈佛大学通识教育工作小组（2002 年）从课程开设方式的角度，把美国大学通识教育模式概括为三类：第一类是一套固定的课程，让学生形成共同体验，如圣玖斯弗学院等；第二类是一套封闭的分配必修课，每组限定一定数量的课程，如哈佛大学等；第三类是一套开放的分配必修课，学生可以任意选课，要求所选课程落在限定的类别里，如密利克大学等。

（3）香港大学甘阳（2006 年）从课程开设对象的角度，把美国大学通识教育模式概括为三类：第一类是通识教育对所有本科生统一要求的大学，如斯坦福大学等；第二类是通识教育课程对文科生和理工科学生区别要求的大学，如普林斯顿大学等；第三类是以理工科为主的大学，如麻省理工学院等。

（4）以课程设置所依据的哲学思想，可以把美国大学通识教育模式概括为三类。

---

① Hart Research Associates. Recent trends in general education design, learning outcomes, and teaching approaches [EB/OL]. https：//www. aacu. org/sites/default/files/files/LEAP/2015_ Survey_ Report2_ GEtrends. pdf.

第一类是以要素主义教育思想为基础的通识教育课程。要素主义者认为，人类文化遗产中有永恒不变的共同要素，是一切有教养的人都应该学习的，学校应该传递人类文化遗产，保留传统的心智训练方法，而不是学生发展某个阶段感兴趣的问题。教育的核心是吸收规定的教材，按照这个世界的原始模样去认识它。教育的主题应该是抽象性或是概念性的，而不是应用性或是实用性的。教育不是仿效生活，而是生活的准备。要素主义者假设学习是艰苦的工作，学生通常是不情愿学习的，因此要素主义课程都是强调以教师为中心，采用经过验证可靠的教学方法。巴格莱认为："有效的民主要求文化上的共同性。在教育上这意味着要使每一代拥有足以代表人类遗产最宝贵的要素的各种观念、意义、谅解和理想的共同核心。"

第二类是以永恒主义教育思想为基础的通识教育课程。永恒主义思想家们认为，教育的本质是永恒的，人具有动物没有的推理能力，教育主要是训练学生理智能力，世界各地的人都是相似的，所有人的教育也应该是一样的，教育应该教给学生永恒、普遍、不可改变的真理，获得真理的最好途径是学习名著。永恒主义教育家赫钦斯认为："教育意味着教学，教学意味着知识，知识就是真理。真理在任何地方都是相同的。因此，教育在任何地方应当是相同的……如果正确地理解教育，面向全体人民的课程的核心在任何时代、任何地方、任何的政治社会和经济条件下都将一样。"

第三类是以改造主义教育哲学思想为基础的通识教育课程。20 世纪 40—50 年代哈佛大学通识教育改革小册子《红书》引出一个广泛接受的观念是：学术性院校可以成为社会平等的工具。改造主义教育哲学思想认为，教育是建设更好的社会秩序的主要工具，学校应该致力于建立最广泛的社会认同，这种社会认同基础上的价值观是重建社会秩序的基础。改造主义教育家布拉梅尔德认为："课程的选择要与社会文化的改造和发展有内在的联系。在这一总要求下，课程中应体现价值论的灌输，即在哲学上对道德、审美与政治的价值标准的研究，同时清除某些消极因素如无真知、无兴趣、恐惧等。课程还应能促进学生对自身的理解和对群体的理解，帮助他们理解阶级之间与国家之间的权力结构或权力斗争。"

2006 年，教育学者黄福涛教授从本科阶段与研究生阶段的联系角度，将美国大学通识教育课程划分为文理学院型和专业学院型两种基本形式。研究型大学特别是许多历史悠久的私立大学的通识教育课程多属于文理学院型，本科阶段开设的一般教育科目不是作为专业教育的基础开设，与研究生阶段各专业学院开设的专业教育科目没有对应关系。而专业性较强的理工科院校一般采取专业学院型结构，本科阶段的教学与研究生阶段具有上下衔接的纵向联系，基本上由同一学科领域的教师负责。

近年美国研究型大学在实施通识教育过程中遭遇诸种困境：一是大学中通识教育文化在研究文化的强势挤压下陷入文化困境；二是通识教育在大学决策中枢中缺乏代言人而遭遇组织困境；三是研究导向的教师聘任、晋升、奖励制度使通识教育陷入了制度困境；四是核心课程和分类选修课程模式存在的诸多弊端使通识教育陷入课程模式困境。①

**（三）研究美国本科生课程的文献**

20 世纪 80 年代前后，美国卡内基教学促进基金会先后出版了研究本科生课程将来、现在和过去的三部曲：1979 年出版的《本科生课程的目标——当代评论与建议》，1979 年出版的由阿瑟·列文撰写的《美国本科生课程手册》，1981 年鲁道夫（Frederick Rudolph）著的《课程：自 1636 年以来美国本科生课程的历史》，这部分是本研究最为重要的文献资料。

（1）1979 年出版的《本科生课程的目标——当代评论与建议》是卡内基教学促进基金会编写的高等教育系列丛书之一。该书探讨了美国许多大学课程的问题和可能性，概括了影响课程的校内外因素，归纳了课程的主要组成部分，包括高级学习技能、普通理解能力、宽度、主修、选修，讨论了大学本科生教育和社会工作的关系，描述了大学正式课程，以及整个大学生活体验为价值观教育营造的独特环境，附有高等教育目标目录、对分数膨胀和学生评价的报道，对课程设计提出 60 个具体建议等。该书为分析哈佛大学本科生课程改革的内外制约因素提供了框架，但对哈佛大学的课程介绍零碎分散。该著作将美国大学本科生课程演变分成 3 个时代：

1636—1870 年是第一个时代，可以称为"象牙塔"时代，标志是以西方文明的文化遗产为中心的自由课程。自由教育对于想从事牧师、教师、医生和律师主流职业的学生是最有帮助的，从本质上说自由教育同样服务于职业目的，甚至现在更世俗和更少宗教意味的自由教育依然是古老职业的出色准备。自由教育反映了那个时代的最高文化，通过课程帮助识别有教养阶层的人。自由课程主要由大学教师协会控制，他们中的许多人同时是牧师。

1870 年到 20 世纪 60 年代是第二个时代，可以称为"大众服务站"时代，标志是关注新知识和人力资本的生产。课程主题是为个人的收入和国家 GNP 的增长而投资，开始更少指向文化，更多指向实用知识和生产性就业。新的职业性学院主要是农业、工程、商业和其他方面，新科目主要出现在自然科学和社会科学领域。新知识和新职业对课程的影响更大，牧师和教师协会影响下降。专业必修课是课程开发的主导主题，是最仔细思考和最连贯的课程组成部分。通过市场表现出来的人力需求对学生入学和课程影响巨大。

20 世纪 60 年代以来是第三个时代，可以称为"学术购物中心"时代，标志是新消费者主义课程。更强大的消费者主权导致更多的时间用在选修课上，更多开设艺术课程，更多开设非专业课程，为学生提供更多的选择机会，更多地允许兼职学生和成人学生在扩展课程中选择个性化课程。社区学院的社区服务课程、转学课程和技术课程

---

① 赵义华. 通识教育的困境及其因应：基于对近年美国研究型大学通识教育改革报告文本的分析 [J]. 现代教育管理，2011（3）：114 – 117.

是这类课程的缩影，是高等教育增长最快的部分。课程前所未有地向着消费者，为消费者提供一生享用的"耐用商品"，人力市场的压力鼓励学生要求并获得更多的职业化课程。有些院校学生开始组织起来直接参与课程政策制定，有组织的学生运动目标指向消费者保护，指向课堂里用户利益至上主义。有些学生什么都想要验证一下，评价一番和得到保证，唯独自己除外，学生在高校不愿再被动地接受学校提供的一切，像逛商场买东西。高等教育从精英教育过渡到大众教育，再到普及化教育，社会要求成为学生入学和课程改革的最大影响因素，学生背景不同、目的不同、准备不同，这就需要更多样的课程和选择。

该书还总结了课程演化进程中存在的若干对永恒矛盾：是学术，还是培训；更关注历史，还是更关注现在和未来；是综合，还是分隔；是融入文化，还是远离文化；是学生选择，还是学院要求；是宽度，还是深度；是技能，是理解，还是个人兴趣；是理论，还是实践；是伦理责任，还是伦理中立；等等。这些冲突一会儿这样调整一下，一会儿又那样调整一下，但是冲突永远不会停止，没有简单或长久的解决方案。[①]

（2）1979 年出版的由阿瑟·列文撰写的《美国本科生课程手册》是专为美国本科生课程管理者、教师、学生、课程专家、家长、高中指导咨询等设计的基本参考书。该书分为两部分。第一部分是美国今天的本科生课程，共分 9 章，每章专写课程的一个组成部分：普通教育、主修、基本的和高级的知识技能、考试和分数、教育和工作、建议、学分和学位、教学方法、学术时间构成等。第二部分是本科生课程历史和比较视角，共分 7 章，对比了纽曼（John Henry Newman）、杜威（John Dewey）、怀特海（Alfred North Whitehead）、卫伯仑（Thorstein Veblen）、弗莱克斯纳（Abraham Flexner）、赫钦斯（Robert Maynard Huchins）、克尔（Clark Kerr）的教育哲学思想，评论了斯金纳（B. F. Skinner）、皮亚杰（Jean Piaget）、伊里奇（Ivan Illich）、阿瑟·栖克林（Arthur Chickering）、克罗斯（K. Patricia Cross）和其他人的提议，回顾了 1900—1973 年主要的课程改革实验，分析了课程变革的方法，比较了中国、德国、法国、英国、日本、苏联、瑞典等国的本科生课程，再现了自公元前 580 年以来课程发展的重要事件。

（3）1981 年鲁道夫著的《课程：自 1636 年以来美国本科生课程的历史》是研究美国本科生课程的扛鼎之作。作者主要采用文献研究法，记录了 1636 年哈佛大学建立以来美国课程演变历史，列举了大量案例和事件，关照了美国文化的不同侧面，提供了 350 年综合性的课程评论观点，便于了解课程改革全貌和整体脉络。作者认为课程是权力、价值观、目标体系相互冲突的战场，一段时间里美国大学是选拔和培养精英阶层的场所，另一段时间里它又为中产阶级流动提供了方便。

---

① The Carnegie Foundation for the Advancement of Teaching. Missions of the college curriculum：a contemporary review with suggestions ［M］. San Francisco：Jossey-Bass, 1977：1 - 2.

（4）1978 年，美国学者克里弗通·康拉德出版了本科生课程学术著作《本科生课程改革和革新指导》，给出美国大学本科生课程规划框架的三个步骤，全面介绍了 1978 年前后美国本科生课程的各种改革实验，并提供了大量案例。

**（四）研究美国本科生教育的文献**

这些文献并不直接研究本科生课程，但是它们有利于加深研究者对美国本科生教育的理解，在更广阔的背景下更全面地把握美国本科生课程变革的背景。下面就其中有代表性的两本著作加以综述。

（1）1981 年，博格奎斯特（William H. Bergquist）等出版《塑造本科生教育》。作者鼓励校长、院长、系主任、课程专家和教师以更宽广的眼光来看待课程计划，系统地考察了当代本科生课程的 6 个组成部分——时间、空间、资源、组织、步骤、结果，分章描述了设计每个组成部分的所有选择，提供了从几百所大学中选取的具体案例，并指出哪些选择实施效果最好，以及原因。作者还评述了最传统的和最新潮的大量课程设计，指出它们的优点和不足，阐述了大学如何成功处理学生兴趣转变和资源减少的难题。该书特别关注满足日益增长的成人、妇女和少数民族人口需要的课程。该书是综合性的课程开发和资源管理指导，将使高校设计的所有课程项目更具创造性和有效性，提高研究者对美国本科生学习资源（包括课程编制）利用的认识，更合理地评价本科生课程的成败。

（2）1987 年，博耶出版了《学院：美国本科生体验》。在美国本科生教育受到不断批评的背景下，卡内基教学促进基金会调查访问了反映美国本科生教育全貌的 30 所公立和私立大学，用三年时间采访调查了院长、教师、本科生、高中学生和家长，在这些调研报告的基础上写成此书。该书生动地描述了大学的成绩和问题，提供了生动有力的分析，倡导用深思远虑和实用的方法来改进本科生生活。

**（五）已有研究成果**

2004 年以来，课题组负责人公开发表相关学术论文 12 篇，全程跟踪 21 世纪哈佛大学课程改革，完成博士论文《哈佛大学本科生课程改革研究》。除此之外，课题组对美国布朗大学、哥伦比亚大学、耶鲁大学、戈达德学院、圣约翰学院、华盛顿州立大学、威斯康星大学、阿尔沃奴学院、圣玖斯弗学院的通识教育课程也进行了初步案例研究。相关研究成果曾经得到国务院办公厅、教育部等单位领导以及众多媒体的关注和好评，也被国内众多网站转载并被广泛引用。同时，被新华社、《比较教育研究》《中国大学教学》《中国高等教育》《中国教育报》《科学时报》等媒体或报刊采访约稿。国内北京大学、复旦大学、首都经济贸易大学等高校把相关研究成果视为通识教育改革实践的重要参考。部分研究成果被中国人民大学报刊复印资料和南京理工大学《高教文摘》等全文转载或列为索引。通过文献检索，我们收集了国内北京大学、复旦大学、武汉大学、南京大学等高校的通识教育改革最新动向。

## 三、研究程序

### （一）研究设计

重点研究美国不同类型大学的主导性通识教育哲学思想、通识教育课程目标、通识教育课程开发与管理、通识教育教学法改革和教学质量评估、通识教育改革的主要影响因素，等等。此外，通过相关网站、研讨会、访谈等途径对中国大学二十余年的通识教育改革实践进行梳理和反思，提出中国大学通识教育改革的路径选择和建议。教育部教育发展研究中心与美国许多著名大学和教育科学研究机构保持着密切联系，本研究组可以充分利用这些国际资源和渠道，进行深入调研和焦点人物访谈，收集相关文献资料。

### （二）研究对象

以美国大学和学院协会（AAC&U）官方网站提供的近 20 所美国大学通识教育典范为线索，选取 2 所美国研究型大学、2 所美国文理学院、2 所美国州立大学、2 所日本研究型大学作为案例，从课程理念、课程目标、课程结构、课程教学、课程评估、课程开发与管理等各个方面，全面考察美国、日本不同类型大学通识教育实践模式，系统总结了美国和日本五种代表性通识教育课程组织模式和一般性规律。同时，对我国大学二十余年的通识教育改革实践困境进行了梳理，在此基础上提出我国大学未来通识教育改革可供选择的基本路径。

### （三）研究方法

本研究主要采用文献分析法、比较研究法、焦点访谈等研究方法。通过互联网和图书馆搜索相关院校的通识教育实践信息，收集美国和日本有关通识教育研究报告和著作等文献资料，分别由课题组成员分工分析整理，概括不同类型大学的通识教育实践模式，撰写学术论文或研究报告。同时，充分利用出国考察学习的机会，对美国相关专家和学生等进行焦点访谈，重点收集不同群体对通识教育实践效果的评价，以补充文献研究的不足。本研究将通过对高校教师、在校本科生的问卷调查和对分管本科生教育的副校长、教务处处长的焦点访谈，收集不同利益群体对我国大学通识教育改革的看法，分析我国高校通识教育改革实践中存在的问题。在此基础上，提出有针对性的通识教育课程改革建议。

### （四）技术路线

除了利用互联网和图书馆进行文献研究外，本研究组可以直接参阅教育部各司局的内部文件和驻外大使馆教育组的调研报告。课题组负责人熟识美国著名课程专家阿瑟·列文教授、佛蒙特大学教育学院凯瑟琳·曼宁（Kathleen Manning）教授、哈佛大学教育研究生院前院长杰瑞·墨菲（Jerry Murphy）教授、宾夕法尼亚大学教育学院院长苏珊·福尔曼（Susan Fuhrman）教授等国际友人，能够方便地得到他们的协助和支持。

## 四、研究结论

我国通识教育改革实践取得了一些可喜成绩，但都不同程度地存在着机械模仿、课程目标定位模糊、课程结构安排失衡、课程实施组织不力、教学评价方式单一等问题。很少高等院校有属于自己一以贯之、实事求是、量身打造、"顶天立地"的教育理念，很少有精心设计让教育理念落地生效的课程体系，很少有保证课程有效发挥育人功能的实施、管理、评估和改革的体制机制，难怪我们培养不出高层次创新人才，无法回答"钱学森之问"。本研究从课程目标、课程结构、课程教学、课程评估、课程开发与管理等方面全面考察美国、日本不同类型大学通识教育实践模式，发现美国、日本大学都有各具特色的教育理念，都有服务于教育理念的通识教育课程设计，都有符合本校实际需要的科学化课程管理机制，都有追求实效的课程实施模式和评估机制，都有以建设共同体为目标的民主化课程改革机制，这些都是他们人才培养目标得以实现的重要保证。美国、日本不同类型大学通识教育实践模式无疑是我们汲取营养的重要源泉，能够直接为我国大学通识教育改革实践服务。

## 五、启示

美国和日本不同类型大学通识教育实践模式各具特色，体现在课程目标、课程结构、课程教学、课程评估、课程组织模式、课程开发与管理等各个方面。直接照搬或移植国外通识教育实践模式，很难在我国高等教育特殊土壤里生根发芽，我国高等院校通识教育改革需要从办学历史、战略定位、地域区位、国际比较中凝练符合国情、区（域）情、校情的人才培养理念，需要充分挖掘校内（校际）和校外、文化遗产和科技前沿、现实世界和网络世界、国内和国际等多方面教育资源，需要根据国情、校情创新本土化课程实践模式，需要多方面增强通识教育课程灵活性和选择性，需要创设广泛参与的管理体制，需要完善民主科学的改革机制，需要建立校内校外相结合的评估机制，等等。

# 第二章 西方通识教育相关理论综述

## 第一节 通识教育是美国高等教育传统

通常认为，通识教育源于古希腊著名哲学家亚里士多德大力提倡的 liberal education（中文译作自由教育、文雅教育或博雅教育）。[①] 亚里士多德主张，最高尚的事业和生活是在免于为生计劳碌和不追求功利的闲暇中自由地进行理论的、纯思维的沉思；最高尚的教育应以发展理性为目标，使人的心灵得到解放（自由）与和谐发展，而不是为谋生和从事某种职业做准备。据此，他将知识与学习分为自由的与褊狭的两种。他认为前者致力于理性发展和心灵完善，后者则只会有损于人的胸襟和自由精神，从而使人变得粗鄙和庸俗。美国人认为通识教育是为所有人提供的，并在所有教育机构，包括小学、中学、大学、学校后教育机构实施。

1829 年，美国博德因学院帕卡德（A. S. Packard）教授在 1828 年《耶鲁报告》发表之后和大学过分迎合实用风气的背景下，首次提出通识教育的概念，认为通识教育的目的是对共同学科的辩护，是一种古典的、文学的、科学的、尽可能综合的教育，是学生进行任何专业学习的准备，可以为学生提供所有知识分支的教学，这将使得学生在致力于学习一种特殊的、专门的知识之前对知识的总体状况有一个综合全面的了解。

阿瑟·列文指出，早期的通识教育就是起源于中世纪的博雅教育，包括宽度和深度两个维度，曾经是本科生课程的全部主题。文艺复兴时期，人文主义者把博雅教育看作是一种能够使自由人的价值得到充分体现的教育，能够使自由人获得心智、情感、道德和身体多方面和谐发展的教育。选修课程和专业课程出现之前，最高形态的教育都是统一的博雅教育课程，目标是培养并完善精英人才的道德修养和学术能力。17—18 世纪，美国殖民地时期 9 所学院虽然在课程中陆续加入物理学、天文学、地质学等自然科学知识，但没有专业之分，很少选修自由，可以看作是为从事所有职业做准备的博雅教育。19 世纪大学系科和专业出现以后，博雅教育的两个维度在美国本科生课

---

[①] 彭旭. 论通识教育 [J]. 广东工业大学学报：社会科学版，2004（12）：12—15.

程中演变为相对独立的通识教育和专业教育，1828 年出台的《耶鲁报告》可以看作是对传统博雅教育的坚守和捍卫。1880—1920 年，伴随美国现代研究型大学的产生，同步出现划时代的通识教育。选修课程、专业课程和新知识等颠覆了必修课程传统，原本所有高等院校同一、共同的必修课程土崩瓦解，希望重建学院教育课程统一性和一致性的人们通过通识教育课程进行周期性的回击。20 世纪，美国不时地出现重塑博雅教育的尝试，通识教育在专业教育和选修课程的夹击下最终得以延续。大体说来，通识教育是专业教育成为主流后，对传统博雅教育的一种回归和继承，本质特征是广博的学科领域和深厚的历史积淀，更多关注内在精神与价值观的浸润和培育，具有相对独立的教育价值。全国性大学联合会、地区性认证机构、慈善基金会等加速了大学管理制度的统一化进程。

美国通识教育课程出现在 20 世纪上半叶，有以下几个促成因素：

一是对博雅教育自身做出的反应。历史上博雅教育是为有实力到高等院校学习的中上层贵族绅士设计的，以古典文学为尊，为知识而知识，是 19 世纪所有人都认同的理想绅士教育。这种教育为上层阶级提供文雅和文化而不是职业训练。这种教育提供给工人阶级时，就变成了民主哲学的一部分。如果仅仅为中上层阶级提供，这种教育就带着贵族教育血统的残迹。[①]

二是对教育民主化做出的反应。民主化运动让高等教育对非传统学生敞开大门，两次世界大战以后这类学生人数不断增加，他们开始进入两年制学院学习，因此社区学院在 20 世纪 60 年代被称作民主学院（Democracy's College）。工业革命对有知识的工人和管理者的需求大大增加，进入高等院校的下层百姓需要更适合的教育，博雅教育需要做出调整满足新时代学生的需求。

三是对课程选修制做出的反应。1880—1910 年，美国四年本科院校广泛采用自由选修制，学生拥有更多自由根据学术兴趣学习。当时，哈佛大学艾略特校长推行的自由选修制在美国产生了巨大影响。课程选修制让学生从大杂烩式、缺乏完整性的课程中自己设计课程，学生知识结构碎片化，哈佛大学洛厄尔校长适时推出集中与分配制加以整顿。所谓分配，即后来通识教育课程的雏形；所谓集中，即是后来专业课程的源头，至今美国大学本科生课程结构仍然延续着集中与分配制的基本框架。

四是对教育教学方法和教育实验哲学的改变做出的反应。人类社会教育哲学观的任何根本性变革，必然伴随着一场重大课程改革。在社会变迁、经济转型、科技进步、知识暴增的 20 世纪，究竟是什么构成了所有学生必须掌握的完整性核心知识，是所有大学必须面对的重要议题，曾经的面向所有学生的综合性博雅教育、百科全书式的全才培养已经不可能，古典必修博雅教育课程必须改革。

---

① STEVENS A H. The philosophy of general education and its contradictions: the influence of Hutchins [J]. The Journal of General Education, 2001, 50 (3): 165 - 191.

五是对高等教育过于专业化的纠偏。专业教育对课程完整性提出挑战。19 世纪知识的增长带来学科分类和系科组织。专业源自 19 世纪，作为本科学位的替代性组成部分。[①] 1828 年，弗吉尼亚大学允许学生从古代语言、解剖学、医学等八个领域中任选一个重点学习。1865 年美国内战以后，欧洲高等教育出现更严格的专业学习方式。19 世纪下半叶，美国本科阶段相对集中的专业点开始流行，"专业"这个术语首次出现在 1877 年约翰·霍普金斯大学的课程手册里，专业需要学习两年，辅修要求学习一年。1914 年，哈佛大学要求本科生选择某个领域作为专业。19 世纪晚期，学科获得支配性地位，20 世纪继续保持着主导性优势，对专业的形态和走向留下难以磨灭的印记，专业成为学生学习成果最强有力、最清晰的课程链接。20 世纪 30 年代，出现了第一个跨学科专业（即美国研究），文化是这门跨学科专业课程的编排原则和基础概念。20 世纪 60—70 年代，跨学科专业更为常见（如黑人研究、妇女研究），课程必修和毕业要求更加宽松。[②] 学者们和教育家们对于本科专业的目标和性质产生了分歧。支持者认为，专业和系科制能够让学术界更好地传播、保留和创造知识。反对者认为，专业促成了知识部落制度，专业化相对于掌握多元认识论更受欢迎，博雅教育失去了广博价值和校园统一体，专业自我封闭反对新方法和新分支，抑制了知识的创新。[③] 学科和专业的出现和兴盛，始终伴随着博雅教育的反弹和复兴。20 世纪 80—90 年代，跨学科研究、多元文化论、女权主义教育和对教育连贯性的再度关注，以专业为主导的本科学位再次被质疑，通识教育改革成为时髦。

1919 年，哥伦比亚大学开设的核心课程"当代文明"是美国最早开设的现代意义的通识教育课程，随后数百所美国高等院校开设这门课程或类似课程。1931 年，芝加哥大学开设 1 门核心课程"新计划"，被贝尔誉为美国最彻底的通识教育实验。赫钦斯和阿德勒通过数年努力改造了"新计划"，1936 年赫钦斯校长任命博雅教育委员会（Committee on the Liberal Arts），以三艺和四艺为基础开发通识教育课程（即"名著课程"）。1937 年，赫钦斯在圣约翰学院开创出自己理想的通识教育课程，将 100 本名著作为四年本科的核心课程，至今圣约翰学院仍在实行。

20 世纪 40 年代，博雅教育的目标不再具有确定性，通识教育运动在美国十分盛行，美国高等院校遵循杜威的进步教育原则，推出了数不清的通识教育模式。哥伦比亚大学麦格拉斯（Earl McGrath）校长创办《通识教育》杂志，宣传通识教育是文化整体化的成分，是普通人学习的共同核心。1945 年，哈佛大学科南特校长任命古典文学

---

① Wikipedia. Major：academic［EB/OL］.［2017 - 03 - 15］. https：//en. wikipedia. org/wiki/Major_%28academic%29#cite_note - Guthrie - 5.

② CONRAD C F. The undergraduate curriculum：a guide to innovation and reform［M］. Boulder：Westview Press，1978.

③ GUTHRIE J W. The academic major：encyclopedia of education［M］. 2nd ed. Vol. 1. New York：Macmillan Reference USA，2006：19 - 23.

教授芬利领衔的专门委员会研究通识教育，出版《自由社会里的通识教育》（即《红书》），建议所有本科生必须学习 6 门共同课程。虽然在哈佛大学没有得到全面贯彻，但是对全美很多通识教育实践产生了重要影响。

20 世纪 60 年代，西方高等教育流行自由化思潮，主张给学生更多选择自由。70年代，更加强调职业准备和专业训练的趋势进一步侵蚀了通识教育必修课。绝大多数美国高等教育都开设实质性的通识教育课程，但到了 70 年代很多此类课程都步入困境。1987 年，艾伦·布鲁姆出版了《封闭的美国心灵》，抨击美国大学学术做假种种问题，反思通识教育困境，把自由教育看作是高等教育的全部，是实现自由尤其是心灵自由和解放的有效工具。1991 年，丹尼斯·迪索萨出版了《专制的教育》，揭示了美国高校学生群体构成发生的变化，女权主义和多元文化主义观点对传统课程的挑战，学生通识知识和分析技能的下降，大学教师对学习环境的不满，很多院校努力重整课程模式及课程体现的价值观。

1990 年，很多美国高等教育开展了费钱耗时的通识教育课程改革。1991 年一项调查显示，超过 200 所高等院校显著地拓展了通识教育课程。20 世纪 90 年代，这个趋势一直在延续，特别是在常青藤联盟为代表的美国研究型大学纷纷开展课程改革，对通识教育课程进行全面修订。这些改革是传统大学价值观的复兴或重振，但改革过程充满艰辛，来自教师和制度的阻力很普遍。① 乌尔塔多、奥斯汀和戴等调查发现，绝大多数美国院校并不存在真正要求所有学生必修的核心课程，322 所院校里只有 10% 左右的院校开设这种面向全体学生必修的核心课程。②

2001 年，卡内瓦莱（Carnevale）和斯佐霍（Strohl）提出，通识教育之所以受到重视，部分原因是我们开始从农业经济和工业经济向知识经济转变。知识经济社会很多人的工作是解决无法设定的问题，解决国防、环境、卫生和正义等社会问题，参与全球竞争都需要人们理解不同国家和民族的异同点，培养他们团结不同民族共同解决问题的能力，通识教育是当代最好职业的最佳准备。这种观点颠覆了工业经济时代的旧观念，即通识教育不实用、不适切、不必要，只有主修或专业准备才有价值。

# 第二节　通识教育存在的合理性

通识教育是美国教育传统的重要标志。在美国，没有哪个课程理念能够像通识教

① GAFF J G. New life for the college curriculum：assessing achievements and furthering progress in the reform of general education [M]. San Francisco：Jossey-Bass, 1991：52.

② HURTADO S, ASTIN A W, DEY E L. Varieties of general education programs：an empirically based taxonomy [J]. Journal of general education, 1991 (40)：155.

育这样长期处于高等教育工作的中心，没有哪部分课程像通识教育那样无法取得共识。美国哲学家怀特海（1861—1947）认为："从本质上说，自由教育是一种培养思维能力和审美鉴赏能力的教育。它通过教授思想深刻的名著、富含想象力的文学作品和艺术杰作来进行。它所关注的作用是运用能力。这是一种需要休闲感觉的贵族式教育。这种柏拉图式的理想对欧洲文明作出了不朽的贡献。它促进了艺术发展，培养了那种代表科学之源的无偏见的求知精神，它在世俗物质力量面前保持了精神的尊严，那是一种要求思想自由的尊严。"①

如果一个人只了解自己所学的那门科学，把它作为这门科学特有的一套固定程序，那么，他实际上并不懂那门科学。他缺乏丰富的思想，不具备迅速抓住不同概念之间关系的能力。他将一无所得，在实际使用中也将反应迟钝、笨手笨脚。② 国家需要劳动力的合理流动，不仅仅是从一个地方流动到另一个地方，而是在一个合理的相关职能的范围内，从一个特殊工种转到另一个特殊工种。……训练比起最终的专业化来说应该更广泛一些，获得对不同要求的适应能力，将会对劳动者有利、对雇主有利，而且对国家有利。③ 以古典文学和古典哲学为主要基础的教育，使受教育者得到快乐和品质的锤炼，已经为几个世纪以来的经验所证明。④ 当古典文化是通向成功的必经之路时，它就成为最受欢迎的学科。⑤ 在古典文化的学习中，我们通过对语言全面而透彻的学习，来发展我们在逻辑、历史和文学的审美情趣等方面的心智。⑥

在实用主义和现代主义盛行的时代，专业教育、选修课程和新兴知识都很强势，市场竞争经常让我们质疑那些不直接服务就业的学习价值，通识教育并不具备明确的适切性。那么它能够继续在大学课程中占有一席之地的合理性是什么呢？20 世纪 70 年代，美国卡内基教学促进基金会总结了通识教育必不可少的几个主要原因：

（1）一生中我们需要更多学习技能学习不熟悉的主题和思想，我们必须是图书馆和其他信息系统灵巧的使用者。越来越多地影响我们享受和福祉的信息是通过量化术语表达的，所以人们需要熟知更复杂的分析工具，特别是统计学。

（2）我们需要为不确定的未来做准备，这就涉及为生活、为获得各种技能、为调整新的人类关系、为追求新的兴趣准备替代性且可依赖的东西。

（3）我们认识到有必要了解人类是如何受世界性问题影响的。为了永恒和平，我们需要理解不同国家、不同意识形态和解的重要性。为了美好环境可以持续，我们需要理解必要平衡的重要性，理解资源获得限度的重要性。我们需要理解个人行为对我

---

① 怀特海. 教育的目的 [M]. 庄莲平，王立中，译注. 上海：文汇出版社，2012：61.
② 同上书，71.
③ 同上书，74.
④ 同上书，81.
⑤ 同上书，83.
⑥ 同上书，85.

们的文明质量、对我们及他人安全和自由的综合影响的重要性。

（4）我们对整个生活质量有了新的理解。我们因寿命更长而期望拥有比先辈更多的经验，我们也需要做出更多选择。为了发展生活哲学，为了选择生活方式，为了更有意义地利用休闲时间，为了理解我们社区、民族和世界各地的文化传统，我们需要开发智力资源。

（5）作为公民，我们需要理解并参与世界生活，以获得更完整的视野，观察我们和世界在宇宙宏大的结构和悠久历史中的位置。作为教育的一部分，我们需要知识帮助规划和指导自我实现的生活，理解他人并一起为共同目标工作，获取并分析信息促成有效的决策。①

21世纪哈佛大学通识教育改革委员会指出，教师是某些领域的专家，而学生就学术兴趣而言是通才。实践上，如果没有通识教育，教师们将面临更大的指导压力。学术上，教师认为有些东西所有学生都应该学习，都应该深入思考。专业化导致知识更加支离破碎，更难以入门，需要开发一系列综合性课程，把专业化知识转换成可以接受的形式，显示出知识之间的联系，以及它们的重要性。通识教育能够提高学生对自然世界和人类社会的认识，让学生对自己的信仰和选择更具反思性，对自己的心理假设和动机更具自我意识和批判性，在解决问题时更具创造力，能够更清楚生活中个人、职业和社会的各种问题。

通识教育值得重视，部分原因是我们开始从农业经济和工业经济向知识经济转变，很多人的工作是解决无法预知的问题，通识教育是当代最好职业的最佳准备。这种观点颠覆了工业经济时代的旧观念，即通识教育是不实用的、不适切的和不必要的，只有主修或专业准备是有价值的。参与全球竞争，解决国防、环境、卫生和正义等社会问题，都需要人们理解不同国家和民族的异同点，培养他们团结不同民族共同解决问题的能力。②

加州大学伯克利分校概括了学习博雅课程的理由，认为博雅教育不仅是为一份工作做准备而已，它更为未来的职业生涯打基础，同时为学生在思想竞争做准备。无论是选择诗歌朗读、显微镜观察，还是选择莎士比亚戏剧表演、中世纪手稿破译和人脑之谜化解，学生学会独立思考，做出明智判断，不是仅仅掌握事实知识，而是拓宽视野，开辟新视角，掌握为自己观点辩护的工具。具体来说，接受博雅教育有以下四条理由：一是博雅教育意味着改造。博雅教育让学生心灵获得自由，帮助学生连接以前被忽略的各点，学生可以把学习领域放在更宽广的背景下。博雅教育建立在宽度和深度相结合的学习过程之上，能够让学生形成见解和判断，而不是遵从外部权威。二是

---

① The Carnegie Foundation for the Advancement of Teaching. Missions of the college curriculum: a contemporary review with suggestions [M]. Sam Francisco: Jossey-Bass, 1977: 164 – 165.

② CARNEVALE A P, STROHL J. The demographic window of opportunity: liberal education in the new century [M]. Washington DC: Association of American Colleges and Universities, 2001.

能够实现跨越学科。每个学习领域只是知识分类的方式之一，是很大整体中的小部分。博雅教育课程创造学术体验的连贯性和完整性，在现有不同知识疆域之间架起桥梁。博雅教育更加强调跨学科视角，让学生有机会学习传统专业或设计跨专业的新专业。生活是不分专业的，教育体验也应该是统一整体。三是提供道德和历史的指南。不管社会如何发展，我们仍有必要反思生活，区分善恶、美丑和雅俗。古代希腊哲学家的思想传统是提出这些问题和反思这些现象。博雅教育在启蒙时代延伸并演变为核心课程，但仍包含宽广的人文和科学，这些知识提供了古希腊人曾经追寻的道德指南，至今我们依然为之奋斗。四是为未来职业生涯奠定基础。博雅教育并不排斥生涯目标或具体职业，但是博雅教育为学生提供很多职业通用的技能和知识，与职业目标或具体职业形成互补。雇主们更加认识到博雅教育为学生迎接现实生活挑战做准备，职业学校是不能提供的，职场上技能比专业更有优势。技能可以掌握，但思维不容易养成。适应所有工作的技能、书面和口头表达技能、解决复杂难题的能力、与他人和谐共处的能力、适应工作场所变化的能力等，都是博雅教育留下的印记。拥有厚实的博雅教育，学生就可以胜任更广泛的工作。

哈佛大学杰里佛（Jennifer L. Hochechild）教授告诫说，通识教育的价值评判应该来自对真正重要知识的感觉，而不是它的适切性。他声称："不应该存在公共或是个人的暗示，一门课程需要适切性证实它的学习价值，适切性至多是一个难以捉摸的概念，更多的时候是愚蠢的标准。大学是培育无关实践、与现实世界不相关的精妙思想的极少数机构之一，这也许是大学存在最伟大的价值。"①

2013 年夏以来，哈佛大学加德纳（Howard Gardner）教授主持的四个研究项目中有三个都是研究 21 世纪的博雅教育。按照研究计划，2017 年将完成其中两个研究项目，还有一个将于 2019 年完成。[加德纳教授的研究得到了卡内基基金会（Carnegie Corporation of New York）、卢米纳教育基金会（Lumina Foundation for Education）、斯宾塞基金会（Spencer Foundation）、蒂格尔基金会（Teagle Foundation）、安德鲁 W. 梅隆基金会（Andrew Mellon Foundation）的赞助]加德纳教授认为，长期以来美国是四年本科教育的领跑者，美国模式既鼓励学生在某个学科深度学习，也强调广泛涉猎各种知识，不把职业训练作为首要目标。美国博雅教育是宽度和深度相结合，宣称培养良好公民和领导者。博雅教育是美国本土产生的教育理念，在美国历经长期实践并受到重视，在全世界享有盛誉并传播甚广。近年来，博雅教育的价值受到质疑和挑战，受到若干因素的挑战，包括成本上升、过度职业主义、慕课等各种网络教育、众多的社会紧张，对师生行为的严厉批评。纵观古今，捍卫博雅教育的精彩论述数不胜数。

加德纳认为，很有必要更加深入地通过实证研究探明今天身在高等教育领域的教

---

① HOCHECHILD J L. Undergraduate courses and the real word [EB/OL]. [2008 – 09 – 08]. http://www.fas. harvard. edu/curriculum-review/essays_pdf/Jennifer_Hochschild.pdf.

育者们如何看待美国模式，通过严谨的、基于数据的途径确保这种珍贵的教育模式幸存下来，在巨变的环境里兴旺起来，能够让更多的学生受益。为此，加德纳教授带领课题组选取了不同类型高等院校作为案例，确定下来的每个案例以教授、管理者、新生、校友、校董、家长、雇主为对象进行了多达 200 个访谈，深度访谈时间一个小时，涉及校园生活的问题和优势，课程教学，课外活动，高等教育的价值、目标、性质和挑战等话题。课题组计划通过网络发布调查，收集积累更多类型的院校信息，包括美国境外的高校。课题组通过量化和质性研究方法进行分析，总结至少 10 个主导性的理念模式，提出重塑 21 世纪博雅教育的建议。学生和家长更关注毕业后的就业机会，教师更倾向培养学生强有力的分析和表达技能。

# 第三节　通识教育课程内容

通识教育课程应该教什么呢？有些人认为，通识教育应该提供受过教育的人都应该拥有的知识。有些人反驳，通识教育课程不可能是包罗万象的综合性指导，无法涵盖作为一名受过教育的人应该知道的所有知识和信息，也不应该提供"一种模式满足一切要求"的通识教育课程。有些人坚持，通识教育应该训练学生的技能，例如写作、口头表达、量化推理、逻辑辩论和精细阅读，它们都是获得知识、交流知识和创造新知识必不可少的。有些人主张，通识教育应该通过介绍重要概念、重要历史时期、伟大思想、文学艺术或哲学的重要作品，来介绍一个文明的伟大传统或一个文明的某个领域。有些人倡导，通识教育应该传授学生获得知识的主要方式，让他们自己能够进一步获得新知识，发现自己最感兴趣的研究领域。有些人辩解，通识教育应该教给学生共同的学术体验，为他们提供知识体系作为大学学术生活中的共同参照点，服务于学生和老师。有些人提出，通识教育应该激发学生学术好奇心，帮助学生形成坚定的学习有益的信念。有些人呼吁，通识教育应该为高级研究和终身学习培养技能，分配可利用的时间学习人文、自然科学、社会科学和艺术领域的主流思想，综合各种学习体验培养学生广阔视野理解和思考宏大而复杂主题的能力。……

面对纷繁复杂的现实世界和变幻莫测的未来世界，如果期望毕业生在地方、全美和全球社区里作为好公民发挥重要作用，那么什么样的通识教育是哈佛大学必须赋予他们的呢？哈佛大学应该怎样定义通识教育？21 世纪课程改革时期，哈佛大学 19 位教授撰文论述了自己的看法，下面是其中部分观点：

## 一、巴克勒（Julie A. Buckler）教授的观点

巴克勒教授认为，21 世纪通识教育的新主题是创造新知识，是积极探索以下问题

的框架：我们如何定义哪些东西构成了知识？这个定义在不同历史阶段和不同的文化中是如何变化的？我们如何测量并评估不同类型的知识？我们如何保留并传播知识？知识是如何生产的？认识论有什么局限？在什么意义上我们可以说所有的知识，包括科学知识是社会建构的实体，而不是客观和可以验证的实体？与现代科学和技术革命相联系，在我们认识知识的时候，知识最显著的变化方式是什么？知识是如何针对新语言、表现和自身的思想范式发生变化的？我们能够如何按照时间勾勒出知识生产的趋势——各种各样的语言、修辞、历史和文化的阐释性转折点？[①]

## 二、波尔（Peter K. Bol）教授的观点

波尔教授认为，通识教育能够为我们提供思考的机会，思考我们与周围世界发生联系的方式。把课堂学习和学生现实世界联系起来有两个目的：向学生演示通识教育的所有内容和未来生活有关联；建立这些联系是让学生在心灵深处养成对所学学科终身兴趣的有效方式。波尔概括出通识教育应该涵盖的五类知识：

（1）我们生活在社会、经济和政治制度下，这些制度随着时间的推移而变迁，因地域不同而各异。它们可以历史地加以思考，也可以比较地加以思考，这个领域可以划分为人类社会和环境的互动、自然世界和人类种族的起源等。

（2）我们生活在不同的文化形态之中，我们通过不同文化而生活——语言文化、听觉文化和视觉文化。所有历史悠久的文明都有古典文学艺术和音乐作品，但是也存在着大众化的日常文化形态，自远古时代到现在文化形态已经在各个方面被理论化了。该领域包括目前大多数人文院系、文化人类学、生物学和心理学。

（3）我们怀着个人和集体的思想而生活——什么构成了自身，我们对他人有什么责任，用什么证实集体对个人要求的正当性，以及如何加以组织。该领域包括道德、政治、哲学、宗教、性别研究、生物学、经济学、心理学等。

（4）我们是生物体，是生命系统的一部分，现在生命系统领域的研究正在经历着概念和方法的革命。

（5）我们生活在物理世界中，物理世界按照我们无法控制的自身规律运行着。[②]

## 三、格拉瑟（Edward L. Glaeser）教授的观点

格拉瑟教授认为，过去五十余年来，生命科学、化学和物理学之间的差距越来越小，经济学家、政治学家、社会学家和心理学家都使用同样的科学方法，许多人文学科也开始接受实验方法。在公共服务领域、非营利组织、私人部门从事管理咨询和投

---

①　BUCKLER J A. Towards a new model of general education at Harvard College［EB/OL］. ［2008 - 11 - 18］. http://www. fas. harvard. edu/curriculum-review/essays_pdf/Julie_A_Buckler. pdf.

②　BOL P K. Another generation of general education［EB/OL］. ［2009 - 03 - 08］. http://www. fas. harvard. edu/curriculum-review/essays_pdf/Peter_K_Bol. pd.

资工作，需要具备运用科学方法的能力。如果通识教育目标是学习如何学习，如果学习最终就是提出假设并加以验证，那么就应该重点让学生掌握三个技能：提出具有创造性和逻辑性假设的技能，通过实验验证假设的技能，沟通知识的技能。[①]

## 四、霍夫曼（Stanley Hoffmann）教授的观点

霍夫曼教授主张，哈佛大学应该为学生在全球社会中作为公民生活做准备，通识教育可以分解为不可或缺的知识和判断力的训练两部分。从历史角度看，不可或缺的知识包括两个方面：关于人类历史成就和苦难、人文科学、社会科学和自然科学的基础教育；关于当代艺术和文学、社会和世界政治制度、全球经济以及各种科学的知识。从地理角度看，作为地球公民应该了解与美国不同的文化、宗教和社会，发现世界舞台上各种表演者之间的关系。

判断力的第一个方面不仅是理解因果关系的能力，而且是理解事件、实践和思想意义的能力，理解某个文化或社会信仰意义的能力，以及理解处在这个文化和社会以外的人们信仰意义的能力，哲学、文学和艺术（含电影）对此起着关键性作用。判断力的第二个方面是道德判断力，全球化教育应该平衡人类普遍的价值观和地方信仰习俗，21 世纪公民应该避免道德相对主义和道德绝对主义，根除任何社会中盛行的刻板印象和偏见。[②]

## 五、瓦特萨兹（George M. Whitesides）教授的观点

瓦特萨兹教授提出，通识教育应该让学生有能力赏识这个世界，包括人的世界、物质的世界和生物的世界；为学生打好硬基础（硬基础指如何应对各种均衡，如何开口说外语，如何批判性地阅读小说，如何按照语法规则撰写散文，如何在公众场合清晰地表达等基本素质和能力，瓦特萨兹教授认为本科生院是培养学生硬基础的最后机会）；赋予学生技能以获得有趣和值得做的工作；聆听系列诸如宗教种族等复杂问题的各种见解；对所有学科都要略知一二；学习如何为社会做出贡献，为社会贡献什么；养成自我反思的习惯，反思自身和社会，做更好的公民；培养文化移情意识；创造新工作职位，创造财富，为社会发展做贡献。学生所处的现实世界和未来世界的基本特征应该成为通识教育课程内容选择的源泉。[③]

① GLAESER E L. The future of Harvard education [EB/OL]. [2008 - 12 - 08]. http://www. fas. harvard. edu/curriculum-review/essays_pdf/Edward_Glaeser. pdf.

② HOFFMANN S. Reflections on general education in Harvard College [EB/OL]. [2009 - 02 - 08]. http://www. fas. harvard. edu/curriculum-review/essays_pdf/Stanley_Hoffmann. pdf.

③ WHITESIDES G M. Undergraduate education at Harvard [EB/OL]. [2008 - 09 - 08]. http://www. fas. harvard. edu/curriculum-review/essays_pdf/George_M_Whitesides. pdf.

## 六、其他观点

怀特海则更加强调数学、文学、艺术学科的重要性。他说，在自由教育中把数学包括进去的一个主要目的，就是训练学生掌握抽象的概念。……为了教育的目的，数学由数字关系、数量关系和空间关系构成。……数学是逻辑方法训练的主要手段。[①] 历史告诉我们，艺术的全面繁荣是国家通往文明之路的首要行动。[②] 艺术之于人类社会就像阳光之于自然界。[③] 艺术和文学在赋予生命力方面，并不只是起到了一种间接的作用，它还给予我们洞察力。世界的广阔性，远远超出了我们有着各种精妙的反应和情感的波动的肉体感官之所能及。洞察力是具备控制力和指导能力的先决条件。[④]

21 世纪哈佛大学通识教育最终改革方案指出，通识教育应该让学生熟悉人类艺术、思想和价值观传统，让学生做好准备对变革做出批判性和建设性反应，让学生对自己言行的伦理维度有深刻理解。通识教育需要让学生理解推动地方、国家和全球变革的主要力量，应该让学生理解相互冲突的文化是如何在共同的传统中融合的。通识教育不仅要教会学生获得信息、技能和技巧，还要培养学生准确把握运用信息、技能和技巧产生伦理后果的能力。通识教育应该让学生置身于异族信仰和价值观中，看到文化差异、宗教差异、社会经济差异和科技发展等原因引起的价值观冲突，让他们自主选择指导原则以获得伦理意识。据此，最终方案以密切博雅教育与现实生活的联系为主线，把通识教育新课程分为八个领域——审美和诠释、文化和信仰、实证与数学推理、伦理推理、生命系统科学、物理世界科学、世界的各种社会、世界中的美国，要求所有学生从每个领域选修一门课程。

# 第四节 通识教育和专业教育的关系

通常，通识教育被认为是本科教育的宽度，专业教育则是深度。专业教育也有很多母体或别称，如主修、集中、深度等，通常由一定数量的课程组成，这些课程集中在一个或两个以上相关学科领域，是本科生课程中的深度组成部分，其目的是向学生提供知识、研究方法和与一个主题或主题领域相应的实践。20 世纪初期，专业成为大学课程采用的主要机制，专业是介绍科学和人文新知识的媒介，一定专业水平为培训学生服务，学生以这种水平进入职业圈。二战以后，专业成为本科生教育体验的中心。

---

① 怀特海. 教育的目的 [M]. 庄莲平，王立中，译注. 上海：文汇出版社，2012：110 - 111，115.
② 同上书，55.
③ 同上书，78.
④ 同上书，79.

随着20世纪60年代系科专业化的增长，许多院校形成了庞大的、相对自主的不同学科的教师队伍。

## 一、共存论

持共存论观点的学者认为，通识教育是所有专业培训的根基，许多专业人员没有妥善解决的两难问题是通识教育薄弱造成的。英国教育家阿什比（Sir Eric Ashby）认为："通向文化的道路必须经历，而不是绕过一个人的专业化……只有能够把他的技术同社会组织密切结合起来的学生才称得上受过通识教育，不能把他的技术同社会组织密切结合起来的学生甚至称不上是一个好的技术员。"①

卓塞尔（Paul Dressel）说："受过通识教育和专业教育的人都必须是理性和富有同情心的，他应该是有责任心和宽容的，他应该是有目标和灵活的。他必须对自己基本学科很内行，也对自己和人民的影响感兴趣；他必须意识到并理解有重要意义的思想和理论，有责任减轻或解决社会和个人的困难；他必须理解并接受组织和社会中的规则和要求的必要性，但也应该接受规则应用中必要的灵活性；他必须感觉到并接受区别和不同的存在，也应该寻求连贯性、互动和综合的认识。真正受过通识教育的人是专业化的，没有真正受过通识教育而成为专业人才是不可能的。"②

## 二、冲突论

持冲突论观点的学者认为，处于强势的专业教育削弱了通识教育，对通识教育构成直接威胁。1966年，丹尼尔·贝尔就哥伦比亚大学的课程趋势指出："在过去的10年里，专业体系的引入超过其他任何单一因素改变了哥伦比亚大学的性质。在这种变化出现之前，专业化的趋势是明显的，专业体系通过鼓励学生从二年级，甚至一年级开始学习专业，已经把强调共同核心课程的低级学院的统一性破坏了。"③

20世纪70年代，很多学者的观点是专业教育对通识教育构成了威胁。1973年，阿瑟·列文等人指出："通识教育慢慢被淡化了，专业教育成为本科生学院的主要焦点。大学教育的前两年没有了目的。在没有替代物的情况下，专业教育很自然地填补了空隙，因为教师是按照专业培训的，学院是按照专业组织的。不幸的结果是过度的专业化成为失败的通识教育课程的替代物。"④ 1974年，里特尔（D. Richard Little）说："专业主导美国高等教育的思想是如此的彻底，以至于它消灭了所有真正意义的通识教育计划。"⑤

---

① 博耶. 关于美国教育改革的演讲 [M]. 涂艳国，等译. 北京：教育科学出版社，2002：64.
② DRESSEL P L. College and university curriculum [M]. 2$^{nd}$ ed. Berkeley, California：McCutchan, 1971：154.
③ BELL D. The reforming of general dducation [M]. Garden City, New York：Doubleday, 1966：197–198.
④ LEVINE A, WEINGART J. Reform of undergraduate education [M]. San Francisco：Jossey-Bass, 1973：64.
⑤ LITTLE D R. Beyond careerism：the revival of general education [J]. Journal of general education, 1974：99.

美国学者鲁道夫指出："集中（专业教育）是绝大多数教授的面包和黄油，是他们了解和批准的风格，是系科的力量和受欢迎程度的量度。宽度、分配、通识教育是新任校长、有抱负的院长和人文主义者老生常谈的话题。当这种象征与院系和专业领域的利益发生了冲突时，通识教育只有在偶然情况下才会胜过专业教育。"①

弗莱克斯纳认为，主宰教育组织的是一种文化的理想，即教养，而不是专门训练。② 假借一门专业之名，教授些受过教育或比较聪明的青年通过在岗工作就能够迅速掌握的实际技能，从而已经稀释了的教育被进一步稀释。③ 他断言："我怀疑为了学会行政管理技能而牺牲广博精深的大学教育的那些人，最终会发现自己在学识和职业上处于不利地位。从实际需要的角度说，社会要求其领导者具备的，与其说是现时经过专门培训的能力，不如说是掌握经验、关心问题、灵活解决问题以及善于动员力量的能力。"④ 阿德勒（1951）直斥，学院把各种职业训练都包括在自己的课程中是对学院的一种绝对的误用。⑤

## 三、一体论

持一体论观点的学者认为，通识教育里传统的专业观念和专业教育没有本质上不相容的东西。通识教育是专业教育指南，专业教育应该反映并加强通识教育的目标。20世纪20—30年代美国哲学家怀特海指出，在学习中，不存在一种课程仅仅传授普通文化修养知识，而另一种课程仅仅传授专业知识。⑥ 为普通文化修养教育而设置的科目，都是需要专门学习的特殊课程；另一方面来说，鼓励一般心智活动的方式之一，就是培养一种专门的爱好。不可能把这种浑然一体的学习过程进行分割。教育所要传达的是对思想的力量、思想的美妙和思想的逻辑的一种深刻的认识，以及一种特殊的知识——这种知识与知识的习得者的生活有着特殊的关系。⑦ 把技术教育和自由教育对立起来是错误的。没有自由的技术教育不可能完美，没有技术的自由教育不可能令人满意。也就是说，所有的教育都是同时传授技术和智慧。用更通俗的话来说，教育应该培养学生既能充分了解，又能善于行动。⑧ 凯伦也指出："由于任何有益于思维形成的思想、事物，任何的职业或技巧性的东西，都可成为思想解放的基础，所以任何艺术和工艺，任何文章、资料和观念体系，都可成为通识教育的工具。"⑨ 马利坦

---

① RUDOLPH F. A history of the American undergraduate course of study since 1636 ［M］. San Francisco：Jossey-Bass，1981：253.

② 弗莱克斯纳. 现代大学论——美英德大学研究 ［M］. 杭州：浙江教育出版社，2001：268.

③ 同上书，142.

④ 同上书，24-25.

⑤ 布鲁贝克. 高等教育哲学 ［M］. 杭州：浙江教育出版社，2002：87.

⑥ 怀特海. 教育的目的 ［M］. 王承绪，译. 北京：人民教育出版社，1996：121.

⑦ 怀特海. 教育的目的 ［M］. 上海：文汇出版社，2012：17.

⑧ 同上书，65.

⑨ 施晓光. 美国大学思想论纲 ［M］. 北京：北京师范大学出版社，2001：116.

（1955）提出，不管一个人的职业是什么，他的职业训练应该以一种其年限横跨中学和学院的基础性的自由教育为根底。① 布鲁贝克也认为，对普通教育持广阔的观点是必要的，因为一个人必须不仅为工作做好准备，而且要为工作变换做好准备。普通教育和职业教育必须携手并进。② 1988 年，博耶（Ernest Boyer）提醒人们，不应将本科生体验拆分为通识教育和专业教育两部分，本科生课程应该将二者融合在一起。③

实践层面，美国大多数院校试图在课程安排中融合通识教育和专业教育，尽可能发挥各自优势，淡化二者的冲突。通识教育占本科生课程的比重通常为四分之一，而专业教育通常占二分之一。大多数院校让低年级学生集中学习通识教育课程，也有部分院校采取通识教育课程和专业教育课程同时开设的方式。美国仍有少数院校坚持博雅教育传统，为所有学生开设单一通识教育课程。如圣约翰学院至今没有院系和专业之分，学院也没有专门教材，所有学生都按时间顺序学习统一的、反映西方文化传统的"巨著课程"。布朗大学著名物理学家、1972 年诺贝尔奖获得者库柏（Leon Cooper）博士总结说："总体而言，美国大学历来是通识教育和专业教育同时进行，在大力发展生产及经济腾飞的热潮中，容易对通识教育漠然置之，但是过了一段时日，学生流于过分专业化、目光短浅、品德败坏，又不得不加强通识教育，这种左摇右摆的现象曾造成难以估量的损失，有远见的教育家正在设法吸取历史经验，以期通识教育的效能获得充分的保证。"

---

① 布鲁贝克. 高等教育哲学［M］. 杭州：浙江教育出版社，2002：91.
② 同上书，95.
③ BOYER E. College：the undergraduate experience in America［M］. New York：HarperCollins，1988.

# 第三章　国外大学通识教育实践模式案例研究

## 第一节　哈佛大学通识教育实践案例

通识教育是博雅教育富有特色的组成部分，是哈佛大学本科生获得学位必须学习的专业课程以外的课程。1978 年核心课程改革以来，世界发生了变化，知识体系也发生了变化，哈佛大学也发生了变化。核心课程的基本原理（获得知识的方式）不再合时宜，因为现在很多学科变得更加综合，核心课程涵盖的主题却变得越来越狭窄，越来越专业化。2002 年 10 月，哈佛大学启动了新一轮全面综合的本科生课程改革，核心课程（即通识教育）改革是核心内容和中心任务。五年之内，通识教育改革共出台了四个报告：2003 年 12 月，课程改革指导委员会提交的《关于课程审查进度的中期报告》；2004 年 4 月，课程改革指导委员会提交的《哈佛学院课程改革报告》；2005 年 11 月，通识教育委员会提交的《哈佛学院课程评审报告》；2007 年 2 月，通识教育任务小组提交的最终报告。2007 年 5 月 15 日，根据最终报告起草的通识教育课程新计划以 168 : 14 票（11 人缺席）通过了教师团立法，并在 2009 级新生中试行。

### 一、通识教育存在的哲学理念

通识教育是按照自由探究精神开展的教育，不关注局部的适切性或职业的实用性。通识教育不是把学生训练成为职业者，或者训练学生处理现时事务，也不是为学生提供未来生活向导。通识教育也不意味着迎合学生的心理假设，以顺应他们的盲目自信——理所当然地认为熟悉的世界是唯一发挥作用的世界。通识教育是完整教育的一部分，为教育提供统一的目标。

通识教育提高学生对自然世界和人类社会的认识，让学生对自己的信仰和选择更具反思性，对自己的心理假设和动机更具自我意识和批判性，在解决问题时更具创造力，能够更清楚生活中个人、职业和社会的各种问题。通识教育的目的是让学生对理所当然的假设感到不安，对熟悉的事物产生生疏感，揭示事物表面深处和背后发生着什么，让年轻人失去方位感，帮助他们找到重新定位的方法。为实现以上目的，通识教育借助以下方式：质疑想当然的假设，诱导自我沉思，让学生学会批判性、分析性思考，通过接触完全不同的历史时刻、文化结构和超出他们理解能力的各种现象，让学生产生陌生感。通识教育提供的历史见解、理论观点和相互联系的看法是思想启蒙和获得力量的源泉，为学生卸下思想枷锁，从而更好地服务于学生的未来生活。对于培养学生以职业或专业以外的视角批判性和反思性地思考和行动的能力而言，通识教育的准备是至关重要的。

通识教育是对未来生活的准备。通识教育为学生在不断变化的世界中公民的道德参与做好准备，人类身份认同从这个世界的不同社会和传统里生发出来，人类生存方式塑造并改造这些传统。通识教育把学生作为负责任的人和公民生活放在第一位，让教育与美好生活的理想联系起来，课程结构框架反映了从多重视角达成这些联系的价值取向，在这个意义上教育的使命是传授在世界上智慧生活的艺术。通识教育课程的主题、通识教育教学过程中培养的技能和思维习惯都会对学生的未来生活产生影响。诚然，所有高校毕业生最终都会成为美国公民或者其他国家的公民，所有毕业生将会成为政治、文化、宗教、人口、技术和宇宙的变革力量，通识教育可以帮助他们做出可能影响到他人的决策。他们将不得不评估经验性主张，诠释各种文化表达，直面个人或职业中的伦理难题。通识教育将赋予他们各种工具，让他们以见多识广和深思熟虑的方式迎接这些挑战。通识教育通过把校内学到的知识与校外的生活联系起来，把学生所有课堂内外的学习体验与他们将要成为什么样的人（或离校后的生活）联系起来，把课堂的学习材料与学生关注的现实问题结合起来，激发学生终身的学习兴趣，帮助学生理解世界的复杂性和他们在世界中扮演的角色。

这种哲学理念不仅把现行通识教育与哈佛大学奠基的先贤联系起来，而且与更基础、更古老的理想联系起来。1946 年学生群体的政治同一性和国家一致性一去不复返，当今学生群体拥有多样化的文化背景，毕业后分布在全球更广泛的区域，必须代之以更具全球性的范式。当今世界联系日益紧密，多样性和包容性是重要主题。通识教育的核心目标不再是让学生理解在民主社会里生活的责任和义务，而是让学生理解所有形式公民参与的本质，认识到自己作为社会文化传统的产物以及作为参与者的方式，能够认识并理解自己言行的道德维度，一切组织是以道德纤维编织的，各种社会、科学和文化变革日益迅猛，很有必要以足够的灵活性、批判性和建设性加以应对。

## 二、通识教育课程的目标

哈佛大学历次通识教育课程改革都有核心价值观的调整：1945 年通识教育改革强调培养自由社会中的公民，树立西方价值观；1978 年的核心课程改革强调赋予学生探索知识的方式和途径；21 世纪通识教育课程改革则提出要密切博雅教育与现实生活的联系。围绕这条主线，最终 2007 年报告提出了以下四条具体的通识教育目标：

**（一）通识教育要为学生承担公民职责做准备**

承担公民职责就意味着参与公共生活。哈佛大学应该通过学院体验和通识教育激励学生成长为地方、国家和全球积极且有责任心的公民。要达到这个目的，需要让学生理解推动地方、国家和全球变革的主要力量：塑造各种社区和身份认同的多种文化，政治、经济、社会制度，科学技术的新进展。学生应该认识到今天的公民素养不仅要有地方和国家的责任感，也应该有全球和世界的责任感。所有学生都应该对美国历史、制度和价值观有批判性或客观公允的理解，需要认清这些制度和价值观在不断转变的全球背景中的位置。

**（二）通识教育要让学生明白自身是传统艺术、思想和价值观的产物，也是其中的参与者**

通识教育应该让学生理解在文化冲突中什么东西处在危险之中；认识到在跨越文化差异的谈判中存在着很大困难；理解相互冲突的文化是如何在共同的传统中融合的，尽管它们彼此不同却相互影响；知晓如何解读文化和美学的各种表达方式。学习本族和异族文化的艺术、宗教和思想的历史知识，可以帮助学生理解本族信仰世界和实践世界的偶然性特征，理解本族身份认同是如何形成的，发现本族的传统和其他民族传统的联系。熟悉历史文化和当代文化的动力机制是学生在当今世界成功导航的关键。

**（三）通识教育要为学生对变革做出批判性和建设性反应做好准备**

通识教育应该让学生了解产生变革和现代生活转型的各种力量，不仅是为了作为公民代理人做出有见识的决定，更是为了对自身生活做出某种程度的控制。当今世界没有哪个领域能够超越科学技术所施加的社会转型影响。因此，通识教育应该作为重要途径之一，让所有学生熟悉科技领域重要概念和难题，思考科学技术对社会、个人和伦理的意义。变化迅速是当代政治、经济和文化生活的重要特征，哈佛大学本科生却没有得到与之相应的教育，因为现有课程假设今天事物的形态是学生参与未来社会、政治、经济和技术前景所需要学习的全部内容。通识教育应该让学生掌握足够的技能后走出校门，以跟上世界迅速变化的步伐。

**（四）通识教育要让学生对自己言行的伦理维度有深刻理解**

通识教育不仅要教会学生获得信息、技能和技巧，还要培养学生准确把握运用信息、技能和技巧产生伦理后果的能力。通识教育可以通过帮助学生批判性地反思本族信仰和价值观，帮助学生学会如何用合理论证捍卫本族信仰和价值观，使得学生获得伦理意识。通识教育也可以让学生置身于异族信仰和价值观中，让他们自主选择指导原则以获得伦理意识。通识教育还可以让学生在自我意识中或有意识地对自己固有的信仰原则进行再次确认。通识教育应该让学生对异族信仰体系有深刻的理解，即便他们并不认同这些信仰。通识教育应该让学生看到文化差异、宗教差异、社会经济差异和科技发展等原因引起的价值观冲突。

# 三、通识教育课程要求和分类标准

## （一）课程要求

通识教育课程强调宽度、背景、关联性，强调学生当前所学和未来生活的联系。为了建立二者之间的联系，通识教育课程要求学生解读文化产品，参与政治过程，应对科学技术发展的衍生物，与拥有各种背景的人互动，评估公共话语中的科学主张，面对个人或职业生活中的伦理两难问题。强调把学生课堂学习的材料与现实世界的问题（或他们感兴趣的问题）密切联系有两个目的：向学生证实通识教育和他们的未来生活有这样或那样的联系；让学生在心灵深处养成对所学学科的终身兴趣。因此，通识教育课程应该服务于一个或更多通识教育目标（指上述四个目标）；提供范围广泛的材料，而不是着重于某个主题或少数文本的深度；帮助学生学习如何使用抽象概念或历史知识，理解或处理具体事务或难题；让学生意识到所有课程任务对于他们将会成为什么样的人，选择什么样的生活是很有意义的。通识教育课程不宣扬制定包罗万象的综合性指导，以涵盖受过教育的人应该知道的所有知识和信息。通识教育所有课程类别应该是相对宽泛的主题，要为各系和各学科参与留有充足空间。

通识教育课程明确地围绕全球性目标，在四个哲学原则中得以体现，一是关注与公民品质本性相关的宏大问题；二是探索不同社会和传统里所产生、所支持、所构成的身份认同问题；三是探究人们言行的伦理维度；四是检验个人、社会、科学、技术的变迁本质，人们如何建设性、批判性地对变迁做出反应。

## （二）分类标准

最终报告把通识教育新课程分列成八个类别——审美和诠释、文化和信仰、实证与数学推理、伦理推理、生命系统科学、物理世界科学、世界的各种社会、世界中的美国，要求所有学生从每个类别中选修一门半课程。各类别的课程设计偏重宏大社会主题，而不是学术学科。下面是各类别通识教育课程的标准：

1. 审美和诠释

培养学生批判性技能，也就是培养学生美学反应性和诠释美的能力。

通过让学生品鉴某种语言的原始文本、各种语言结构和某种或某几种媒体的艺术作品，培养学生理解书面、听觉、视觉、行为或其他美学表达方式的能力。

教会学生如何在理论框架的背景下分析艺术作品，如批判理论、美学理论、艺术哲学、修辞学、语言和意义理论、观察理论，等等。

只要可行且适当，尽可能增加课外体验，如参观展览，观看演出，阅读作品，与演员、导演和博物馆馆长互动交流，或者让学生自己从事创作。

2. 文化和信仰

培养学生对人类社会文化和信仰传统的理解和欣赏能力。

向学生介绍某种语言的原始文本、某种（或几种）媒体的艺术作品，或者人种学、社会历史，或其他二手文本。

教会学生如何对这些作品在产生和得到认可的历史、社会、经济、跨文化背景下进行分析。

探讨文化和信仰传统形成个体和社区身份认同的方式。

把课程教学涉及的材料与学生自身生活中可能感兴趣或关注的文化问题联系起来。

3. 实证与数学推理

教给学生用于推理和解决问题的相关概念和理论工具，例如统计学、概率理论、数学、逻辑、决策理论。

提供动手练习，让学生把这些工具运用到他们有普遍兴趣的具体问题之中。

只要可行，让学生熟悉人们推理和解决问题时常犯的某些典型错误。

4. 伦理推理

教会学生如何思考伦理的、政治的信仰和实践，如何表达和评价伦理主张。

研究相互冲突的伦理概念和理论，例如美好生活、责任、权力、正义和自由。

教会学生如何评价和权衡赞同或反对采纳这些概念和理论的理由。

在学生实际生活中遇到的伦理两难情景中运用这些概念和理论，例如解决医疗、法律、商业、政治和日常生活中出现的两难问题。

只要可行，让学生熟悉不同的价值观体系，如其他世界宗教、不同历史时期、用其他语言表达的价值观体系，让学生熟悉道德生活的实证研究。

5. 生命系统科学

向学生介绍与生命系统相关的关键概念、事实和理论。

教会学生理解生命系统实验的性质，最理想的途径是通过动手实验室体验。

把科学概念、事实、理论和方法与现实世界广受关注的问题联系起来。

只要可行且适当，讨论以下内容：知识、实践者和科研机构扮演的社会角色，社会大背景在科学知识发展中的作用，知识的历史以及知识传授的方法，自然世界真理论断的分析、评估和地位。

6. 物理世界科学

向学生介绍物理世界关键的概念、事实和理论，使学生能够更好地理解我们生活的世界和宇宙。

教给学生理解物理科学与工程试验的性质，最理想的途径是通过动手实验室体验。

把科学的概念、事实、理论和方法和学生日常生活中广受关注的现实问题联系起来。

只要相关并适当（由教师决定），讨论以下内容：所授科学作品的历史、哲学、背景和制度。

7. 世界的各种社会

研究美国以外的一个或多个社会。

证实各种社会之间或者同一个社会不同历史时期的联系。

把学习的材料和学生在全球化时代可能遇到的各类社会、政治、法律、经济的问题联系起来。

8. 世界中的美国

以当代、历史和分析的视角，研究美国社会、政治、法律和经济制度，研究美国实践和行为。

证实这些制度、实践和行为之间的联系，以及世界上其他社会相应制度、实践和行为之间的联系，或者说明这些制度、实践和行为随时间推移在美国及美国的殖民先辈社会中的演变情况。

利用学习材料教给学生关键工具，以理解全球化背景下美国可能遇到的各类社会的、政治的、法律的、经济的问题。

## 四、通识教育课程教学法

教学法是课程改革不可分割的组成部分。最终报告指出，哈佛大学需要创造师生之间和学生之间积极互动的学习环境，迫切需要让学生在课堂里承担更多职责。通识教育课程教学要尽可能采用互动的模式，提供更多小班教学，让学生有机会和教师或同学讨论学习材料，大班教学需要留出部分时间用于提问和评论。此外，应该鼓励学生把基本概念和原理用于解决具体问题，完成具体任务，制作实物，体验课外活动等，以便更加牢固地掌握知识。最终报告提议，部分通识教育课程可以采取合作性教学方式，教师可以来自哈佛大学不同的系、学院、学部。

最终报告强调，哈佛要尽可能降低课程改革对从事教学的研究生的冲击。要加强研究生教学培训，把研究生列为所有类型教学的伙伴，包括活动教学法、案例教学法、问题导向教学法、动手小组教学和实验室体验。通过教学体验、教学培训和相关职业发展模式为三、四年级社会科学和人文科学研究生提供支持。除了让研究生参加大型讲演课后的小组讨论外，还应该为他们提供更多教学机会。

哈佛大学课外活动是一个成功的故事，哈佛大学有数百个本科生社团，开展范围广泛的课外活动。本科生竞选学生会，参加各种实习活动，参加实验室科学研究，参加艺术表演、国际体验、政治选战、公共服务、报刊新闻、宗教信仰等活动，这些活动为本科生选择未来生活奠定了基础。很多学生把课外生活看作是和学术体验完全不同的体验，学校也没有正式的制度和程序鼓励学生在二者之间建立联系。最终报告建议成立专门委员会推动活动教学法，让学生发现课外活动和课堂教学之间的学术联系。委员会成员由文理学院教师、相关行政管理者、专业学院的成员和学生组成。活动教学法让很多学生学到了书本上学不到的东西，使他们转变了对学习目的的看法，不再把得到高分放在第一位。截至 2007 年 5 月，哈佛大学有 13 门本科生课程采用了活动教学法。

## 五、通识教育课程的开发与管理

开发符合新指导大纲要求的课程需要时间、想象力和资源共同发挥作用，需要从教师团招募更多教师，需要各院系积极参与。通识教育需要各院系对专业结构和要求重新评估，对书面和口头交流教学承担更多责任，为非专业学习者开设更多专业选修课程；需要进一步开发跨学科课程和学部课程，创设灵活的管理结构支撑它们；需要增加本科生和所有级别教师的直接接触。

最终报告强调，既要避免给学生提供限制很死的课程清单，也要避免提供"一种模式适合一切要求"的通识教育课程。新课程计划不再安排免修部分，但是学生享有很多灵活性。学生可以通过很多途径把所修课程既算作通识教育学分，也算作专业教育学分。学生也可以用符合条件的专业课程满足通识教育课程要求，同时，各系也允许符合条件的通识教育课程算作专业教育的学分。部分课程可以同时满足两个课程类别的要求，学生还可以自主决定如何计算学分。

最终报告提出设立通识教育常务委员会，成员分别担任通识教育八个类别的二级委员会主席，负责监管一个或几个通识教育课程领域。常务委员会成员还应该包括哈佛学院院长、哈佛大学文理研究生院院长、哈佛大学文理学院院长、学生代表，等等。二级委员会成员应该有各系和所有学部的教师代表。2007—2008 学年，常务委员会将负责规划过渡时期的课程管理和实施。2008—2009 学年，常务委员会将彻底取代核心课程常务委员会（但核心课程不一定完全取消）。为了更好地做好通识教育新课程开发和管理工作，新通识教育课程常务委员会主任将由高级教师团成员担任，而不是行政管理人员担任。新课程实施五年后，哈佛文理学院院长将任命独立委员会负责通识教育全面工作评估，包括通识教育各领域的定义和课程标准。

常务委员会以及二级委员会的具体职责如下：选聘教师与各系合作开发新的通识教育课程；与相关系主任协力共同决定哪些系设课程可以算作通识教育学分；甄别符合通识教育新标准的现有课程，如果有必要，协助教师修改现有课程以满足通识教育课程新标准；起草以下政策建议，如果有必要交由教师团投票——本科生课程的其他方面与通识教育课程的关系，相关的行政管理和学术问题，教师团立法的任何中期重要调整；建议教员利用各种机会进行教学改革；建议哈佛大学文理学院院长调动资源用于通识教育课程开发；就如何最有效地使用各种机会和资源，向课程负责人、各系主任、文理学院院长和其他相关行政管理者提出课程开发或教学法改革建议。

## 六、2018 年：通识教育课程再变脸

哈佛大学本科生教育的使命是培养世界公民和领导者，通识教育是核心塑造力量。通识教育是本科生获得学位必须学习的专业课程以外的课程，是哈佛学院课程的中心。2002 年 10 月，哈佛大学启动了全面综合的本科生课程改革，通识教育改革是核心内容

和中心任务。2007 年 5 月，通识教育课程方案通过教师团立法，在 2009 级新生中首轮试用。2014 年春季首轮试用期刚结束，文理学部主任史密斯（Dean Smith）即组建通识教育评审委员会（GERC）全面评估通识教育课程实施情况，并提出通识教育改革建议。2018 年秋季，通识教育课程新框架将是学生在当今世界智慧生活的最好准备，能够有效地让他们成长为深思熟虑、富有贡献的社会成员。

（一）为什么又要改？

现行通识教育课程明确地围绕全球性目标，在以下四个哲学原则中得以体现：关注与公民品质本性相关的宏大问题；探索不同社会和传统里所产生、所支持、所构成的身份认同问题；探究人们言行的伦理维度；检验个人、社会、科学、技术的变迁本质，包括人们如何建设性、批判性地回应变迁。

2015 年 2 月，通识教育评审委员会提交中期报告，重点梳理现行通识教育课程存在的问题。通识教育课程缺乏清晰的身份识别，边界不确定且不断拓展。现行通识教育课程没有复审制度，导致课程数量逐年膨胀，影响了身份识别和质量保证，以至于管理者无力提供有效的资源支持。八个类别重点体现分配必修理念，各类别学科互不相干，具体激励目标模糊不清，师生更加重视各类别的学科优势，通识教育统领性原则和理念被肢解。因为类别描述学科优先且覆盖面窄，一些很有价值的跨学科课程被排斥在外。分类必修课的隐性愿望扩大了课程规模，使之超出了它所标榜的哲学目标的需要，削弱了通识课程的哲学身份认同/同一性，让师生觉得动机不明且突兀。通识教育课程存在三种显性和隐性理念，这些理念相互抵触，影响了现行通识教育课程实施，也发酵了对现行通识教育课程的不满情绪。此外，不同院系参与度差异很大，有的院系申报通识教育课程数量太少，导致通识教育学科结构不平衡。有些通识教育课程很难招聘到优秀助教，影响了课程教学质量。预测课程选修人数困难，助教经费不足，教师倾向于最大限度吸引选修人数相应增加助教，作为资助院系研究生项目的方式。

（二）改革的理论依据是什么？

过去 70 年里，哈佛大学诞生三种通识教育哲学理念，理念差异体现了对高等教育在美国社会里的角色认识的演变，每一种理念都拥有辉煌的历史，在当今世界都能找到清晰有力的代表。

1. 博雅教育理念

这种理念宣称，通识教育是博雅教育最富特色的关键性组成部分，是以自由探究的精神开展的，无关局部适切性和职业实用性，是公民和负责任的个人生活的必要准备。通识教育帮助学生理解对公民和道德决策有价值的文化和历史背景，让学生反思这个背景的预设定势，帮助学生想象更美好的未来。通识教育不看具体的专业知识，而是关注教育的整体目标和博雅教育目的等更基础性的问题。通识教育是博雅教育至关重要的声明，在不断变化的世界里为学生公民和道德参与社会生活做准备。这种理念崇高且显性，源于古老的血统继承，例如罗马帝国的教育理想，教育为学生提供在世界上智慧生活的艺术。19 世纪美国高校培养良善、基督徒和绅士，1946 年哈佛大学通识教育强调民主社会公民的职责和权利，2009 年试用的通识教育课程，都是通识教育原始理想的回归和翻版。

2．分配必修课理念

这种理念主张，受过良好教育的人应该掌握或至少接触一系列学科的研究方法和基本内容，分类必修课应是通识教育的中心组成部分。这种理念的源头可以追溯到中世纪课程里的"七艺"。21 世纪的学者们不会认同中世纪对于重要学科的理念，即便他们所在学科直接源自"七艺"。1914 年，洛厄尔校长推行的"集中与分配制"以及 1978—2009 年哈佛学院实施的核心课程都体现了这种理念。这种理念的结构具有双重性：学生应该什么都知道一些，而且在某些领域应该很精通。20 世纪 60 年代末 70 年代初，社会变革风起云涌，原有通识教育课程因政治冲突亟须变革，但没有获得全体教师认同的替代方案。核心课程摒弃围绕单一目标加以组织的想法，不再强调必修某些具体内容或探讨某些主题，改为学习某个特定领域运用的程序和方法。总体而言，1978 年推出的核心课程受欢迎程度难以超越 1946 年的通识教育课程。

3．课程选修理念

这种理念强调，学生通过选修课程对自身教育负责是很重要的，学生有必要拥有范围广泛的选修课，以便从教育体验中受益。这种理念脱胎于艾默生的自我实现教育理念，可以追溯到法国启蒙思想家卢梭及浪漫主义运动（即艾默生将卢梭思想用于美国的运动）。1869 年，艾略特校长按照这个理念推行课程选修制，让学生自由选修课程。艾略特的课程选修制很快风靡全美，到 1904 年推广到所有高等院校。

4．现行通识教育理念

现行通识教育课程是 1946 年通识教育理念的翻版，但 1946 年学生群体具有的政治同一性和国家一致性不复存在。当今学生群体拥有更加多样化的文化背景，毕业后分布在更广泛的全球各地，必须代之以全球性范式。当今世界联系日益紧密，多样性和包容性是重要主题。通识教育的核心目标不再是让学生理解在民主社会里生活的责任和义务，而是让学生理解各种公民参与的本质，认识到自身既是社会传统的产物也是社会传统的缔造者，能够识别并理解自己言行的道德维度，社会变革、科技进步和文化演进日益迅猛，很有必要做出更具灵活性、批判性和建设性的回应。在这个意义上，教育的使命是传授在世上智慧地生活的艺术。

（三）2018 年通识教育课程新框架

1．同时贯彻三种课程理念

2016 年 1 月，通识教育评审委员会在吸收教师团、学生、教学人员、行政人员的意见后提出通识教育新框架，同时体现显性和隐性通识教育课程理念，建议 2018 年秋季学期正式启用。通识教育课程新框架将通识教育和分配必修课两种目标加以区分，同时让学生拥有更大自由选修课程。这三种理念互动是每次通识教育课程迭代的重要因素。通识教育新框架将公正地对待每一种通识教育理念，同时应对身份同一性及规模问题。

2. 通识教育课程新框架

2018 年秋季将推出的通识教育新框架主要由三部分组成：

（1）四门通识教育课程标准。

四门通识教育必修课，更清晰地体现显性原则，直接服务于通识教育目标，由通识教育常务委员会审批。通识教育必修课将原来八个类别归并为四个类别：美学、文化和诠释，历史、社会和个体，社会里的科学和技术，伦理和公民。通识教育课程必修课要求比过去减少四门，通识教育课程数量也将减少一半，同时增加自然科学、工程和应用科学的课程数量，每门课程学生数保持不变或更少。

通识教育必修课内容与学生面临的社会、伦理和技术挑战密切相关。通识教育课程的设计与院系课程不同，院系课程设计通常首先考虑学生需要掌握的研究方法和基本内容，为继续学习本专业做好准备。通识教育课程设计可能要考虑以下三个问题：这个研究领域究竟有什么不可替代的社会或文化价值？对于一名不继续学习这个研究领域的学生而言，他应该知道些什么内容，以便更好地了解它的价值？了解这些知识如何帮助学生以不同角度思考道德抉择，或以不同途径为公民言行做贡献？每门通识教育课程通过评审后都将获得编号和标签，每类标签之下都应有适当数量的课程，所有课程都要定期复审重新获得批准，大部分"伦理和公民"课程可以拥有两个标签。

（2）三门分类必修课。

现行通识教育课程由两部分组成，前半部分是完全符合通识教育原则的课程，后半部分是 250 门左右体现专业兴趣的院系课程。2018 年秋季，后半部分院系课程将被移到分配必修课，感兴趣的学生仍可选修。分配必修课要求学生分别从哈佛文理学部"艺术和人文""社会科学""自然科学"三个分部和工程与应用科学学院的院系课程中各选一门。不能选修初级和中级语言课程充数，同时要避开自己主修专业的课程。

（3）一门实证与数学推理课程。

要求学生必修一门实证与数学推理课程，确保学生达到数学、统计和计算方法等量化技能要求，让学生运用数据时能够审辩性思考，为他们进行更高级的量化研究做准备。哈佛大学专门委员会将负责细化课程目标，评估当前这些目标的达成程度，指导现有此类课程做出必要调整。此类课程应该有多种水平选择，以满足不同学科背景的学生学习需求。此外，哈佛学院还要求学生学习一系列院系必修课，包括说明文写作、外语和量化工具课程。

**（四）通识教育课程行政支援系统**

通识教育课程是哈佛学院开设的最好课程，通识教育课程与教学更具挑战性，通识教育需要行政部门的经费支持、院系的广泛认同和教师的积极参与。

1. 通识教育课程行政支援系统

哈佛大学将建立新的行政管理和经费支持系统，确保通识教育课程的中心地位和一流质量。通识教育常务委员会（GESC）将增加人员、资源和权威，以便更好地募集、开发并维持高质量的通识教育课程。辅助性教师团、教学人员和行政人员将做出更强有力的承诺，确保通识教育课程达成目标。通识教育课程需要跨越自身专业领域，哈佛大学将制定更清晰的激励措施鼓励院系深度参与，以平衡通识教育课程的学科、广度和数量。

2. 通识教育课程教学支援系统

教师开发通识教育课程期间，将安排专门的 IT 小组协助开发课程网站，拨付经费聘请一名研究助理协助工作。开发跨学科课程的教师还可以聘用其他院系的优秀硕士生、博士生。哈佛文理研究生院将鼓励研究生参与教学，为他们提供培训，协助教师招聘有经验的助教，提供经费用于课程质量提升、教学活动和课外作业，教学成绩突出的教师将在职称评审、评优评奖方面享受优先优待等。助教主要负责主持小组讨论，每个小组学生人数控制在 12～14 人，通识教育课程助教将获得额外补贴，接受通识教育课程教学培训（主持小组讨论、评价学生表现和作业等内容），表现突出者将得到奖励。文理学部三个分部负责人在评估院系年度招聘需要时，将统筹考虑支援通识教育的需求，适当增加数字助教、导师及其他教学和行政岗位。

# 第二节　耶鲁大学通识教育实践案例

本科教育一直是耶鲁大学的核心使命，耶鲁学院①几乎是耶鲁大学的代名词，耶鲁学院的中心地位从来没有因文理研究生院及专业性学院的相继成立而发生动摇，数百年来从耶鲁学院走出无数政界显要、商界名流和科技精英。今天，耶鲁学院筛选全球最有前途的学生加以调教，通过理智训练和社会体验最大限度地发展他们的心智能力、道德能力、创新能力和公民素养，使之成为对西方传统具有深刻认识、引领并服务于人类所有活动领域的世界公民。耶鲁学院成效卓越的博雅教育模式成为全世界的模仿对象和研究热点。

## 一、耶鲁学院的教育哲学思想

耶鲁学院致力于提供博雅教育，培养学生的求知欲、独立思考和领导能力。耶鲁

---

① 耶鲁大学由耶鲁学院、耶鲁文理研究生院和13个专业性学院三部分组成，耶鲁学院是本科生院，该校所有本科生都集中在这里学习，耶鲁学院是耶鲁大学历史最悠久、地位最高的学院，在校生约占全校的45%。

学院更多体现理性主义教育哲学思想，哈佛大学则是工具主义哲学思想的典范。

### （一）博雅教育是精英人才培养的最佳选择

耶鲁学院致力于培养社会各界领导者，而博雅教育①被当作完成这个使命的最佳选择。耶鲁学院博雅教育的首要目标是培养见识广博、训练严格的理智。这种教育把学院看作探索的重要阶段，满足好奇心的场所，发现新兴趣、新才能的机会。耶鲁学院强调，学会以多种方式批判性、创造性思考比获得事实更重要。耶鲁学院不仅用知识武装学生心灵，更强调拓展学生心理官能。耶鲁学院希望学生不仅拥有训练有素的头脑、广博的知识面和敏锐的公民意识，而且能够更深刻地认识到系统规范学习的乐趣。耶鲁学院所践行的正是不追求即时结果、独立于职业效用的博雅教育。

耶鲁学院始终不渝坚守博雅教育传统，历经农业经济向工业经济、工业经济向知识经济转型以及教育改革大潮数百年考验。第一次工业革命（1770—1870）对博雅教育提出挑战，耶鲁学院没有随波逐流，而是在深入研究分析基础上理性地坚持自己的根本特色。1828年面世的《耶鲁报告》是美国高等教育历史上最具影响、最有价值的研究文献。《耶鲁报告》捍卫博雅教育的核心思想得到耶鲁随后历任校长的继承和弘扬。第二次工业革命（1870—1914）期间，以哈佛大学为代表的课程选修制十分盛行，波特（Noah Potter III, 1811—1892）校长回应道："在学院中两个原则不容置疑：高等教育的目标应该是理智培养而非知识获取，应该尊重长远利益而非眼前结果。"② 格里斯沃尔德（Alfred Whitney Griswold, 1906—1963）校长强调，博雅教育能够最大限度地拓展个体自我教育，让他能够在所从事的每件事中寻找和发现意义、真理和快乐。③ 二战期间，西摩尔（Charles Seymour, 1885—1963）校长坚持保留文理博雅学科，认为它们对于塑造国家灵魂不可或缺。吉尔马蒂（Angelo Bartlett Giamatti, 1938—1989）校长指出，博雅教育的目标是培养深谋远虑、灵活运用知识、意志坚定、心胸开阔的人，培养对新事物反应敏锐、对使人类进化的传统价值负责的人。④ 施密特（Benno C. Schmidt, Jr. 1942—）校长提出，博雅教育解放了人的个性，培养了人独立自主的精神，它同时也增强了人的集体主义精神，使人更乐意与他人合作，更易于与他人心息相通。⑤ 列文（Richard Charles Levin, 1947—）校长指出，博雅教育是本科生体验的核心，目标是培养学生的批判性独立思考能力，为终身学习打下基础。⑥

---

① 博雅教育是一种教育哲学思想，是通识教育理念的母体。按照美国大学和学院协会（AAC&U）的理解，博雅教育包括通识教育和至少深入研究某一个领域的教育。博雅教育倡导让个体掌握宽广的知识，拥有可迁移的能力，形成正确的价值观、强烈的伦理和公民责任感，从而获得生存和发展的力量。博雅教育的特点是直面重要问题的挑战，更多强调学习方式而不是具体内容。

② KELLEY B M. Yale：a history［M］. New Haven：Yale University Press, 1999：240, 424, 264.

③ 同上.

④ GIAMATTI A B. A free and ordered space：the real world of the university［M］. New York：W. W. Norton & Company, 1988：109 – 110.

⑤ 陈宏薇. 耶鲁大学［M］. 长沙：湖南教育出版社, 1990：3, 8.

⑥ LEVIN R C. The work of the university［M］. New Haven：Yalk University Press, 2003：15, 16, 18.

### （二）专业教育是实现博雅教育的有效途径

耶鲁1701年的宪章上写道：教育的目的是使年轻人"能为教会和公共事业服务"。最初，博雅教育是没有专业之分面向学生全体的最高层次的教育。19世纪学系和专业出现以来，知识通过专业化不断增长，个人通过突破学科界限获得发现知识的兴奋感。工业社会伴生的专业教育一度对博雅教育冲击很大，专业化渐渐成为本科生教育的主导。同时，专业化给人才培养带来了严重的负面影响。在这个历史进程中，耶鲁学院博雅教育内涵发生了显著变化，专业教育从基本被排斥到成为实现博雅教育目标的有效途径。如今，耶鲁学院设76个主修课程项目，鼓励学生更深入地探索自己感兴趣的某个知识领域，但主修的首要任务是以更加符合知识增长规律的方式实现博雅教育目标，而不是为学生从事某个职业做准备。耶鲁学院敏锐地发现主修一门学科是最有益、最有激励性的人类经验，能够形成终身的职业和兴趣基础，能够提高学生的判断力，让学生熟悉发现真理的过程。耶鲁学院创造性地把主修和博雅教育统合起来，让专业教育成为博雅教育坚实和适切的组成部分，借以保证博雅教育的深度。为了避免让学生过度专业化，耶鲁学院设立专业教育委员会，监管评估各专业并审批新专业。每个专业要做到既让学生尽可能广泛地接触本专业领域知识，又要鼓励学生进行最高水平的专业研究。各专业既要为非专业者提供导论课程服务，也要为专业学生提供更高水平的习明纳课程。要求在新设专业提议中必须有说服力强的理念，证明有足够的选修需求和兴趣、学术连贯性、共同的标准，具备充足的师资和辅导等资源基础，还要比较同类院校的同类专业，评估其他专业受益或受损情况。

### （三）通识教育继承着博雅教育传统的精髓

耶鲁学院认为，博雅教育是高等教育的源头，现代通识教育则是博雅教育传统精髓的继承。通识教育面向学生全体，通过学习人文、社会和自然科学等广泛学科，确保博雅教育的宽度，为发展重要的知识能力、公民能力和实践能力打基础。通识教育让学生视野开阔、心胸宽广、意志坚定，能够灵活运用知识解决现实问题，敏锐应对新生事物，合理尊重传统价值，摆脱偏见、迷信和教条束缚。通识教育在加强和提高学生心智才能的同时，也让他们熟知人类探询的知识中重大课题的主导原则。耶鲁学院强调，通识教育只是起点，不是目标；是最低限度的教育，不是完整全面的教育。通识教育课程优选原则是必修最能指导学生集中注意力、训练思维和分析问题的科目。耶鲁学院通识教育课程没有专门机构和独立师资，全部由各学系开设并列在所属学系的课程清单里，同其他主修课程没有本质区别。可以说，耶鲁学院所有课程都是在博雅教育理念指导下开设的，只存在集中和分配两种组合原则，不存在其他院校专业教育和通识教育的硬性界限，从而保证博雅教育课程结构宽度和深度的平衡，确保学生学习既不过于集中也不过于分散。耶鲁学院现行通识教育课程是包括学科和技能两类必修课，旨在保证课程结构纬度、宽度和广度的平衡，确保所有本科毕业生熟悉多个探究领域以及多种获取知识的方法。耶鲁学院认为，这些知识和技能是通向未来学习和生活机会之门的钥匙，如果没有在早期获得这些知识和技能，必然对学生未来发展造成不可预知的影响。

### （四）职业培训无助于实现博雅教育目标

数百年来，耶鲁学院形成并保留着排斥职业训练的传统。1828 年《耶鲁报告》明确提出，学院教育应该是博雅教育，目标是训练官能、平衡心理、完善心智、发展潜能、涵养性格。学院教育不应该提供任何具体职业需要的专门知识，因为它们只是支撑片面或浅薄教育的松散材料，这些东西只有在能够实践的具体场所里学习得到。① 《耶鲁报告》强调，学院教育要为学生从事各种职业和接受完整教育打下宽广、深厚且坚实的共同基础，专业或职业领域的高级研究学习只能安排在完成本科博雅教育之后进行。② 《耶鲁报告》解释道，万物相通，没有一种科学对职业技能毫无帮助。教育的目的不能限定在为学生谋生做准备，而是完成获得生活艺术更宏大的任务。拓展和平衡的智能、博雅和综合的观点、比例均衡的性格，所有这些思想总是被限制在某个特定领域的人身上是找不到的。③ 格里斯沃尔德校长指出，博雅教育的目的不是要教会商人经商，或教会语法学家语法知识，或者教会大学生希腊语和拉丁语……博雅教育是要在学生进入职场之前，唤醒并培育个人的智力和精神的能力，以便让他们把智力、机智、判断力和性格等禀赋最大限度地用于职场。至今，耶鲁学院反对在本科阶段开展狭窄的专业训练或职业培训，76 个主修项目剔除明显职业化内容，而且不就某个特定职业对学生进行系统训练。学生选择主修主要依据自身学术兴趣，而不是未来从事的职业。莱温校长接受中国记者采访时说，教育学生服务社会并不意味着教育必须专注于掌握实用技能。耶鲁旨在为学生提供宽广博雅的教育，而非狭窄的职业化教育，以便使他们具备领导才能和服务意识。④

## 二、耶鲁学院通识教育课程设置

耶鲁学院坚持集中和分配学习相结合的原则，提供深度和宽度平衡的博雅教育课程。耶鲁学院 76 个主修课程项目体现博雅教育的深度，最低限度的两类分配必修课

① LUCAS C J. American higher education：a history ［M］. New York：Palgrave Macmilan，1994：133.
② LEVINE A. Handbook on undergraduate curriculum ［M］. San Francisco：Jossey-Bass，1979：545.
③ 同上书，548.
④ 三百年名校的思索：访美国耶鲁大学校长理德·莱温 ［J］，国际人才交流，2001 (5)：6 - 9.

（即通识教育课程）① 保证博雅教育的宽度。通识教育课程包括学科和技能两类分配必修课，学科分配必修课细分为人文和艺术、社会科学和自然科学三组，技能分配必修课细分为写作、量化推理和外语三组。耶鲁学院深信，学生在学院生涯早期完成分配必修课要求，再接着建构新知识和新技能受益最多。

## （一）学科分配必修课

### 1. 人文和艺术

人文和艺术组课程探索广泛的人类思想、言论和奋斗历程，培养学生对过去伟大成就的全面深刻认识，丰富学生全面参与当前生活的能力；探索其他古代和现代文明，教会学生洞察他人的体验，让学生知晓对自身文化的批判性评价；赋予创作或表演艺术，学生亲身体验艺术表达的快乐和训练；让学生通过评估周围事物的价值和目的，获得不同类型职业的基本准备；同具体应用相分离，增加学生对人类精神范围和历程的理解和兴趣。

耶鲁大学是世界上最早设立"人文和艺术"学科的大学之一，拥有众多一流的人文科学系和人文科学研究计划，学校非常重视对学生进行人文教育。艺术被视为直抵灵魂深处的教育力量，耶鲁学院为了赋予学生更加充实的艺术体验，与耶鲁大学艺术学院、建筑学院、音乐学院、戏剧学院等艺术教学科研单位建立密切合作关系，为本科生开设丰富多彩的艺术类学术课程项目，外加 80 多个艺术类本科生社团和表演团体，还有具有世界顶尖级别的校园博物馆和艺术画廊，共同营造出全世界最具优势、充满活力的校园艺术氛围，确保本科生作为积极的参与者保持与艺术新观点、新作品、新成果的演变过程的密切联系。

### 2. 自然科学

自然科学组课程帮助学生认识科学是什么，科学获得了什么，科学可能继续获得什么，哪些是科学已知或未知的，哪些是科学可知或不可知的；培养学生评价专家见解的能力，区别诡辩、谣言和真正科学的能力等作为有教养公民必须拥有的关键才能；让学生明白理论探究、实验分析和直接解决问题能够创造新的思维模式；让学生了解科学是对自然和宇宙万物的鉴别，科学隐藏在偶然观察之中，一旦被揭示就能丰富日常生活。21 世纪没有涵盖科学和量化推理的教育算不上是完整教育，耶鲁学院非常重

---

① 2003 年前，学科分配必修课分四组：I 组 "英语及外国语言文学"，II 组 "艺术及人文学科"，III 组 "社会科学"，IV 组 "数学与自然科学"。学生必须在他们专业之外从中选择三门课程学习。这种沿用了三十余年的制度存在不少问题：其一，必修课分组标准模糊，学生可以不选写作课就能够满足 I 组必修课要求，不选数学就能满足 IV 组必修课要求，不能有效地保证学生毕业时具有任何具体知识基础或技能。其二，一门课程是否满足分配必修课要求，由授课教师所在学系决定，而不是根据课程本身的学术内容决定，因此非科学专业学生倾向选择科学学术内容最少的课程满足科学必修课要求。其三，不要求具有一定外语水平的学生继续选修外语课，语言水平不高的学生则必须选修四门语言课程。2002 年 7 月，耶鲁学院院长理查德（Richard H. Brodhead）领衔课程改革委员会，启动本科生课程改革。2003 年 11 月，200 多名耶鲁学院教师投票通过了本科生课程改革方案。2004 年，理查德院长因改革成功被杜克大学（Duke University）聘为校长。

视提高本科生的科学素养。而今，耶鲁学院科学教育正在发生巨变，从基因组学到纳米技术，从材料科学到生物医学工程，都得到学校重点投资。耶鲁学院正在培育新一代科学家，他们将是未来的创新者。处于科学前沿的教授投身教学，通过课程学习和实验室工作培育学生新思想，让他们学会积极且独立地思考。

### 3. 社会科学

社会科学组课程帮助学生理解通过社会科学获得洞见在世界人口急剧增长、多种文化密切接触并偶发冲突的时代具有重要意义，在美国接受教育的学生特别应该了解北美和西欧以外的文化知识，同时应该加深对所知社会的理解；让学生学会用社会科学方法检验熟识和新奇、传统和当代、个人和群体、可预知结果和异常结果之间的关联性，用社会科学理论解释政府组织、经济组织、社会组织、传媒系统、文化实践和个体心理等人类现象。

### （二）技能分配必修课

#### 1. 写作技能

重视培养学生卓越的沟通能力是耶鲁创办伊始的重要目标，早期主要通过修辞学、逻辑学、演讲术、辩论等课程培养学生的口语及写作能力。1828 年《耶鲁报告》非常强调口才和扎实学习相结合，教育学生积累丰富思想的同时拥有超强的演讲水平和交流能力。[①] 良好的写作能力是博雅教育品质证明之一，是大多数学科高级研究不可或缺的技能。耶鲁学院鼓励各学系开设写作课程，现有 45 个学系提供 325 门写作课程，涵盖哲学、心理学、生态学、进化生物学等 25 个学科，包括英语学系的基础写作课程，以及其他学系与学科背景相关的写作技能课程。写作课程的特征是通过写作发现思想、通过范文学习、通过小组探讨写作、翔实地反馈等。在提高写作能力时，学生就会由被动的学习者转变为主动的学习者，从而发展智力。写作中心为学生提供大量面对面或网络写作支援，中心主办的"耶鲁新闻计划"开设高级新闻写作课程，组织并推动系列记者访谈，提供各类出版物的实习机会。"创造性写作主修项目""住宿学院习明纳项目"（通常由著名的获奖作家授课）、"写作中心伙伴项目"和"巴斯写作辅导项目"（专业作家和编辑任教）等也是很受欢迎的写作体验。耶鲁大学出版 25 种学生刊物，包括《音乐评论》《全球化研究》《钓鱼》《卫生》等，《耶鲁每日新闻》还是美国第一份大学日报，每年组织本科生写作竞赛，获奖作品可以在写作中心网站展示。

#### 2. 量化推理

量化推理课程主要由数学系、统计学系、计算机科学系提供，量化方法对于很多学科非常关键，量化研究伴生的严密思维一直备受称赞。数学和统计学是自然科学和社会科学的基本工具，在人文艺术领域也日益重要。信息技术和各学科逻辑参数的严格分解都依赖算法和正式的逻辑结构，受过教育的人应该能够使用量化信息理解并评

---

① LEVINE A. Handbook on undergraduate curriculum [M]. San Francisco：Jossey-Bass, 1979：546.

估参数。

### 3. 外语技能

外语学习是博雅教育与众不同且有决定意义的特征，21 世纪超越单一语言的知识显得越来越重要。学习外语能够了解其他语言发挥作用的原理，从而提高学生使用母语的熟练程度。学习外语能够直接阅读外文文献获得及时信息，提高识别和跨越文化障碍的能力。耶鲁学院开设 29 种外语课程，要求学生大三结束时完成所有外语技能必修课。根据分班考试成绩，安排学生学习相应的外语技能课程（L1－L5），学习第二至第四学期时外语课程也可以新选一种外语课程并达到 L3 水平，学习第五学期外语课程时也可以新选一种外语并达到 L2 水平。分班考试成绩超过第四学期课程水平，或法语、德语、西班牙语高级分班考试得 5 分，或拉丁语高级分班考试得 4 或 5 分，或在国际学士学位高级水平考试中得 6 或 7 分，只需要选修一门标识为 L5 的外语课程，也可另选一个新语种并达到 L2 水平即可。高中阶段学习语言不是英语的学生可以选修英语 114a、114b、120a、120b、450b 等课程，或学习除母语和英语之外的第三种语言并达到 L2 水平。[①] 耶鲁学院鼓励学生亲身体验外国文化，在真实语言环境中学习外语，允许学生用国外学习项目满足外语必修课要求，国外一学期语言强化课程可以等同于全年课程学分。

## 三、耶鲁学院通识教育实践模式的特色

### （一）管理精细，确保学生为终身学习奠定基础

严谨和自由看似相互矛盾，二者却在耶鲁学院结合得很好，既保证了对学生的严格训导，又赋予学生自由发展的空间。很多人想当然地认为美国是自由天堂，大学生更是可以随心所欲。其实，美国大学的规章制度在很多方面比我国还要严格。耶鲁学院学生行为规范重点包括自我修行和尊重他人两方面，涉及饮食、住宿、卫生健康、社交联盟、助学金申领、机动车使用、课程选修、图书借阅、学术诚信等诸多内容。在自我修行方面，耶鲁学院要求学生做到公平正义、诚实正直、学术诚信，不准醉酒、吸毒、偷盗、毁坏公物、伪造文件、冒领助学金、考试作弊等。在尊重他人方面，耶鲁学院要求学生在学术共同体里恪守相互尊重和宽容的承诺，持有善意的异议，对他人友好，不准制造骚乱、扰乱听课、性骚扰、暴力恐吓、歧视他人、限制他人自由等。耶鲁大学专设大学裁判所对全校学生行使司法权，耶鲁学院院长任命执行委员会对违纪学生进行处分，这些处分包括警告、训斥、限制使用学校设施、罚款、停学、开除等。值得一提的是，受到处分的学生拥有抗辩权，可以向大学裁判所陈述冤情或提出复议，在制度设计上降低了处置者滥用职权的可能性。

耶鲁学院通识教育课程全部列在所在学系课程清单里，分别用所属组别的简称

---

① Yale College. Academic requirement ［EB/OL］. ［2017 - 17 - 16］. https://yalecollege.yale.edu.

Hu、Sc、So、QR、WR 标明，外语课程则用 L1、L2、L3、L4、L5 标识，具体课程属于哪一组由教师理事会研究决定。课程成绩采用字母评分制，从 A ~ D 共分 11 个及格等级，F 则表示不及格。自然科学必修课和量化推理必修课必须通过自然科学理事会和量化推理理事会的审查，并符合两个理事会制定的指导大纲规定，而且已经通过审查的各门课程还要接受年度再审查，确保每门课程没有偏离相关标准，这在同类院校里是绝无仅有的最严格程序。学生可以通过网评系统对教师授课做出评价。

耶鲁学院每年开设 2000 多门课程，学生要在 8 个学期内修满 36 学分（12 学分为分配必修课，12 学分为主修课程，12 学分为选修课程）才能获得文学士或理学士学位。[①] 要求学生从三组学科分配必修课中各选 2 学分课程，写作技能 2 学分，量化推理 2 学分，外语技能 1 ~ 3 学分。在同一学系选课不能超过 4 学分，在同一学科（人文和艺术、自然科学和社会科学）选课不能超过 6 学分，除非因选修实验室课程必须获得科学领域 7 学分。速成课程学分不能满足一至三年级分配必修课要求，也不能满足攻读学士学位对分配必修课的要求，自学也不能算作分配必修课学分。被耶鲁大学录取前所修学分或其他院校所得学分不能满足一年级分配必修课要求。主修必修课学分可以满足一至三年级及学士学位的分配必修课要求。无论高中阶段的积累如何，通识教育课程都不能免修，"走得更远"是耶鲁学院的响亮口号。作为过渡期和试验期，一年级学生拥有广泛自由从数量庞大的课程清单中选修自己感兴趣的课程，试探一些有潜在兴趣的领域。第一学期最好选修 4 ~ 5 门课程，第二学期必须在三组技能分配必修课中各选 1 门课程。科学专业课程选修通常有顺序要求，一年级就要起步。进入三年级学习之前，所有学生必须在三组学科分配必修课和三组技能分配必修课中至少各选 1 门课程。四年级之前，所有学生必须完成技能分配必修课全部学分。

（二）珍视自由，鼓励学生做学习的真正主人

耶鲁学院珍视自由在实现通识教育目标中的价值，赋予学生充分的言论自由和选课自由，让学生自由地发展个性、追求真理。1987 年，施密特（Benno C. Schmidt, Jr. 1942—）校长在总结耶鲁大学的传统精神和价值观时，把信奉自由的学术空气和坚持真理作为重要内容。[②] 现任校长莱温也说，耶鲁大学是一个相互尊重的社区，并且珍视自由的表达和对世间万物的探索。[③] 耶鲁学院不硬性规定课程项目，不限制学生专业选择的自由，相信学生对自己选择的课程会更投入地学习。耶鲁学院前院长布劳德海德认同"布朗理念"（Brownian Notion），即学生按照自己的兴趣自由地追求知识，个性是学习体验必不可少的组成部分。教育是发生在心灵的事情，不可能通过完成外在必修课自然而然地获得，学生经常通过无法预料的方式学习，不应该为他们设定框框。

---

① 耶鲁学院开设的学期课程绝大多数都算作 1 学分，极少数课程算作 1.5 学分，为方便起见，本文中 1 门课程和 1 学分含义相同。

② 陈宏薇. 耶鲁大学 [M]. 长沙：湖南教育出版社，1990.

③ 三百年名校的思索：访美国耶鲁大学校长理查德·莱温 [J]. 国际人才交流，2001（5）：6 - 9.

一个典型的例子是，耶鲁校友玛雅·林（Maya Lin）原计划学习动物学，结果成为著名的女建筑学家。[①] 1828 年《耶鲁报告》（耶鲁做出的最具有影响力的教育文献）宣称，没有一种智力教育制度比最有效地让学生投入自身智力资源的职责和动机安排，更具有重要性的特征。如果没有这些，图书馆、仪器设备、标本、讲演和教师都是不充足的。

耶鲁学院把言论自由看作学者社区最受重视的原则和价值观，因为追求真理是学者社区的首要价值，言论自由对于追求真理至关重要。耶鲁校徽上书写着"光明与真知"几个字。1975 年发布的《伍德沃德报告》强调，知识增长和知识发现的历史表明"想象不能想象的，讨论不能提及的，挑战不能挑战的"是十分必要的。学生同意被录取，就意味着要容忍挑衅性、令人不安或异端的言论。学院需要把知识发现和知识传播同教学结合起来，因此特别重视言论自由。耶鲁学院告诫学生，当你遇到和自己想法不同的人，你应该尊重他们的言论自由，哪怕他们所说的是错误的或冒犯了你。言论自由有时会让学院这样小社区的生活不愉快，因此在尊重言论自由权利的同时，耶鲁学院也强调互动的礼貌，教育学生保持对环境和感受的敏感性，只有在有礼貌和互相尊重的社区，言论自由才能够更好地兴盛起来。

### （三）国际体验，引导学生做服务全人类的世界公民

国际体验是耶鲁学院本科生教育的重要内容。早在 19 世纪初期，耶鲁大学就开展了对外交往活动，耶鲁教师率先到国外求学或从事研究，耶鲁也率先接受外国留学生。21 世纪，耶鲁学院国际化体验着力创办举世闻名的全球大学和国际体验中心，吸引全世界最有才华的学生与学者，为学生在日益相互依存的世界里发挥领导作用或提供服务做好准备。耶鲁学院为本科生国际体验提供了很多机会，除了雄厚的学术课程项目和多样化的学生群体之外，还有北大—耶鲁本科生项目、耶鲁—伦敦项目、卡梅伦发展与社会变革项目、世界范围的暑假课程等海外学习、研究和实习机会等。国际学习交流成为课程中越来越重要的组成部分。耶鲁学院"斗牛犬实习项目"安排学生到 16个国家政府、商业、文化、非政府组织等机构进行长达 8 ~ 10 周的暑期实习。每年 300多名学生申请到国外开展实地调研或独立的实验室研究。2012 年，来自全球 108 个国家 2072 名国际留学生在耶鲁大学学习，占全校学生的 17.49%（本科留学生占10%）。[②] 耶鲁设有广泛的国际研究学科，有五十余种常规外国语言课程外加 45 种少数语言课程，750 门学术课程与国际事务有关。全球背景的学生成为国际化的一个重要资源。很多教师都有国外教育和培训的经历，性别、种族、国别等多样性，研究领域也具有全球重要性。基本上能够确保每位本科生在校期间都能够拥有海外学习、实习或

---

① KRUG L L. Yale votes to accept curricular reform [N]. The Harvard Crimson, 2003 – 11 – 10.

② Yale College. Quick facts about Yale University [EB/OL]. [2017 – 09 – 16]. http://oir. yale. edu/yale-factsheet.

研究的经历。

### （四）住宿学院，让学生在大学里享有小型共同体

耶鲁学院认识到，大学最显著的优势是为学生提供广博的学习机会，让学生在知识交流和知识发现的过程中接触到著名学者。同时，大学的潜在缺陷是规模庞大、机构繁多，有可能阻碍师生有效交流，降低师生相互挑战的概率，削弱学生年级意识和相互交往。1933 年，耶鲁大学效仿牛津和剑桥在美国首创住宿学院制度，赋予其特殊的教育功能和使命，成为耶鲁学院最鲜明的教育特色，被誉为耶鲁学院教育的中心。耶鲁学院现有 12 个住宿学院，每所住宿学院以四合院形式构成独立街区，能够容纳 400～500 人，耶鲁学院 95% 的本科生住在住宿学院。住宿学院不仅是住宿的场所，更是一个志趣相投的小型共同体，既能为本科生提供亲密的小型学院生活氛围，又能提供研究型大学所有的资源。每个住宿学院配备舍监 1 名、训导主任 1 名、工作人员约 50 名，为学生提供课程选修指导、课外活动辅导、与导师交流安排等。舍监是住宿学院的最高负责人，训导主任则为学生提供学术性和非学术性事务的咨询，舍监和训导主任与学生生活在一起，负责学生的学业指导和日常生活管理。工作人员多是耶鲁大学正式教师或行政管理人员，大部分住在住宿学院公寓内或被称作老校园的地方，其他人则在住宿学院设有办公室，协助舍监和训导主任照管和帮助学生。住在老校园的工作人员定期组织活动，让新生熟悉耶鲁学院的各类资源，包括学术辅导、医学院预科规划、暑期工作和实习、国外留学等。

### （五）导师辅导，帮助学生顺利度过关键过渡期

耶鲁学院绝大多数导师辅导活动都安排在住宿学院里进行，住宿学院和导师辅导相辅相成，成为通识教育的重要补充和有力支撑。除了强调对担任导师职责的相关人员专业化培训外，耶鲁学院导师制特别重视本科生两个过渡期的咨询和辅导：高中过渡到大学（一年级），向专业学习者过渡（二年级）。复旦大学、墨西哥国立大学、新加坡国立大学等深受耶鲁大学导师辅导的影响。

耶鲁学院安排各类导师为学生提供学术性和非学术性辅导和咨询服务，包括住宿学院训导主任、新生辅导员、新生导师和本科学习主任等。训导主任和本科学习主任负责指导具体课程选修或必修课相关问题。训导主任是学生最主要的学术导师，负责监管住宿学院的咨询网络，回答有关学术必修课的问题，并为学生获取其他辅导资源。各学系设有本科学习主任，规模比较大的学系在住宿学院派驻代表，负责和学生讨论学系开设的课程及专业必修课等。学生还可以通过年度学术集会，从本科学习主任和其他教师那里获得课程、分班考试、各专业预备知识等方面的指导。四年里耶鲁学院都会安排相应的导师帮助学生选课、制订学习计划或确定主修专业，这些导师不一定熟悉每一门具体课程，但可以帮助学生联系相关教师。新生辅导员是住在附近的四年级本科生，他们告诉新生如何充分利用学院各种资源的第一手经验和建议，为新生提供有关课程选修、课外活动选择等方面的很多信息。新生入学时，各学系、卫生职业

咨询委员会、本科生职业服务部、国际体验中心等都会安排工作人员同学生见面。新生导师则来自耶鲁大学教师团或行政管理人员，他们义务同学生探讨学术兴趣及个人抱负，全面指导新生制订第一年学习计划，帮助学生思考更宏观的问题，规划并获得相关资源，让学生尽快适应耶鲁学院的学术文化。开学之初，住宿学院安排新生导师和学生见面，1 名新生导师负责 4~5 名新生，随后安排一对一交谈，导师认真听取学生的学习兴趣、目标和关注点，同新生讨论修改试听期选修的课程、在课程选修单上签字等。耶鲁学院建议新生在期中和期末同新生导师见面，分别汇报课程学习进展和下学期的设想。一年级期末，学生开始选择二年级导师，他们都是教师团成员，负责帮助学生选修课程、规划第二年学习项目。三、四年级的导师是学生所在学系的教师团成员，通常是学系的本科学习主任。研究生通常充任教师助理、讲演课小组讨论主持人、实验室小组主持人、评分人或语言导师，极少数作为兼职教师为本科生开设小型导论课和独立习明纳，但没有资格主讲讲演课。

**（六）课外活动，为学生插上自由翱翔的翅膀**

耶鲁学院学术性课程质量是全球标杆，学生在课堂里接受的是宽度和深度均衡的理智训练、心灵滋养和精神熏陶。不容忽视的是，更多内容丰富、形式多样的课外活动毫不逊色于学术性课程的教育价值。正如 1976—1988 年担任本科生教育主任的格里芬（Martin Griffin）教授所说，博雅教育不仅限于学术组成部分，一些课外活动或亲身体验也是重要内容，它们能让学生比学术训练更全力以赴。学生把课堂中学到的理论运用到自己组织的俱乐部或社团活动里，学校也充分利用课外生活提供各种非正式的教育机会，使课外活动成为名副其实的合作课程。耶鲁学院课外活动既包括学生自己组织的各类社团、俱乐部和运动队等活动，也包括学校通过住宿学院、博物馆、图书馆、艺术画廊等提供的课外教育机会。

学生社团和运动队为本科生提供额外的教育机会，能够促进学生个人成长和发展，提升学生的教育品质，大大丰富了大学和纽黑文市的文化氛围，学校和纽黑文市形成互动友好的邻里关系。耶鲁学院被校方认可的本科生社团有 330 多个，涉及学术、艺术、体育、交流、竞赛、咨询、烹饪、文化、表演、宗教、政治、服务等不同领域。校方认为，学生社团对学生个人成长和发展有利，能够为学生提供额外的机会，提升学生的教育，大学也会得益于各种服务及活动。学生事务主任和本科生社团委员会负责为学生社团提供必要支持，如建议和资金，阐明大学相关政策和程序，授权使用大学资源和设施。耶鲁大学现有 35 支大学运动队，本科生运动员是主力，在全美大学生运动会上都有上佳表现。历史上，耶鲁大学举办过美国第一个大学赛艇比赛（1843年）、第一个校际现代棒球比赛（1865 年），现代美式足球和现代篮球规则也都是耶鲁学院本科生的发明创造（1880 年）。

耶鲁大学斯特林纪念图书馆（Sterling Memorial Library）正面墙壁上刻着奥斯勒爵

士（Sir William Osler）的一句名言：图书馆是大学的心脏。① 耶鲁大学图书馆是全世界最伟大的图书馆之一，是世界最大的研究图书馆之一，北美两个最大的大学图书馆之一，收藏 700 多语种图书 1299 多万册，还有缩微印刷品、地图、音像资料中心、多媒体等。耶鲁大学还有三个不同凡响的公共博物馆和美术馆：皮博迪自然历史博物馆、大学美术馆和英国艺术中心。博物馆藏品数量世界第一，安排有永久性设施和临时性特色展览，为师生教学和研究提供专门学习室和档案馆。1832 年开馆的美术馆是西半球最早的大学艺术馆，藏有古埃及至今 185 000 多件艺术作品。此外，耶鲁大学校园是美国最美丽的城市校园，校园里 439 座建筑凝聚着数百年众多建筑师的心血，从新英格兰时代到维多利亚哥特式建筑，从摩尔式建筑风格到当代风格，大楼、高塔、草地、庭院、走道、大门、拱桥等构成了美国最美丽的城市校园。所有这些都为学生提供了很多意想不到的非正规、非正式教育影响。

### （七）继承中创新，成为耶鲁学院的文化基因

作为一所建校三百余年的世界名校，耶鲁大学继承了很多优良传统。然而，耶鲁大学从不故步自封、裹足不前，而是站在更高的原则立场上坚持根本性特色。知识进步、科技创新和时代发展无不在本科人才培养模式中得到恰如其分的体现，从而保持了一种与时俱进、永葆青春的生命活力。耶鲁学院在美国历次经济社会转型和教育改革浪潮中从不放弃自身特色和根本原则，体现出一种不唯新、不媚俗、不盲从的大学精神和风骨。耶鲁学院在继承和创新之间找到了恰到好处的平衡点，在继承优良传统的同时有所选择地创新。1828 年《耶鲁报告》就是一个很好的例证。国内仍有不少学者想当然地嘲笑《耶鲁报告》跟不上时代前进的步伐，却不知化学、矿物学、地质学、政治经济学等完整系列的现代科学知识早在《耶鲁报告》出台之前就成为其本科课程的组成部分，美国现代科学之父希里曼（Benjamin Silliman Sr.）于 1802 年就在耶鲁大学开设化学课程，站在美国大学现代科学教育最前列。事实上，《耶鲁报告》反对的只是让肤浅的、片面的、琐碎的实用性知识进入大学课程，因为这些知识对于理智涵养作用不大，而且在职场很快就能掌握，这条原则至今值得我国研究型大学办学者深思和借鉴。《耶鲁报告》强调拓展学生心理官能、重视理智和精神训练的博雅教育思想得到耶鲁大学历届继任校长的继承和弘扬。美国从农业社会过渡到工业社会，再转型到信息社会，耶鲁学院博雅教育内涵不断深化。知识经济时代人们需要解决前所未有的新课题，专业知识和普通知识不再界限分明，耶鲁学院坚信有教养的美国公民应该对人类的相似点和不同点有所认识，有能力把不同的人团结起来共同解决问题，而博雅教育恰恰是解决问题的最好准备。

艺术体验、国际体验、写作体验和科学体验是耶鲁学院颇为自得的教育特色，这四个体验正是继承和创新相结合的结晶，是耶鲁学院推陈出新的优秀成果，是耶鲁学

① Yale University library〔EB/OL〕.〔2011 - 12 - 18〕. http://www.library.yale.edu.

院继承和创新相结合的典范。艺术被视为直抵人类灵魂深处的教育力量，耶鲁大学拥有艺术学院、建筑学院、音乐学院、戏剧学院等全序列艺术教学科研单位，它们同耶鲁学院构成密切的合作关系，共同为本科生开设艺术类学术课程项目，外加80多个艺术类学生社团和表演团体，还有世界顶尖级的校园博物馆和艺术画廊，共同赋予学生深切充实的艺术体验，营造出世界最具优势、最有活力的校园艺术氛围，确保本科生同艺术新观点、新作品、新成果的演变过程保持密切联系。科学是教育不可或缺的组成部分，这是耶鲁学院在科学萌芽阶段就形成的共识。伴随科技进步，提高本科生科学素养在耶鲁学院越来越受重视。耶鲁学院科学教育正在发生巨变，从基因组学到纳米技术，从材料科学到生物医学工程，都得到学校重点投资。耶鲁学院正在培育新一代科学家，处于科学前沿的教授们积极投身本科生教学，通过课程学习和实验室操作培育学生新思想，让他们学会积极且独立地思考科学问题。

## 四、耶鲁学院通识教育实践模式的启示

近些年，我国部分研究型大学积极探索拔尖创新人才培养新路径，取得了初步进展。但总体来说，这方面的努力还存在很多问题。参照耶鲁大学的经验，我们至少应该在以下三个方面多下功夫。

### （一）在人才培养理念方面多下功夫

凝练人才培养理念重点解决认识到位的问题，认识到位了，人才培养实践就有了方位感。凝练符合国情、区（域）情、校情的人才培养理念大致有以下几个途径：从办学历史中汲取经验教训，从战略定位中确定规格类型，从地域区位中寻找特色优势，从国际比较中获得启发灵感。耶鲁等世界一流大学本科生院和各专业性学院都有各自明确的教育使命，办学者对于培养什么样的人才、如何培养这样的人才了然于胸。人才培养理念明朗了，还有两个相关问题值得注意。一是理念和实践相互割裂的问题。比如部分高校把"创新"挂在嘴上、刻在墙上、写在纸上，但是校园里弥漫着管控气息，学生呼吸不到自由空气，一致性和贯通性存在问题。二是继承和改革不能兼顾的问题。比较常见的是，部分高校在改革的名义下随意丢弃本应坚持的办学传统和特色，延续性和继承性得不到保证。耶鲁大学在继承和创新之间找到了恰如其分的平衡点，她的"保守"实际上是对真理的坚持，至今仍然认为本科毕业就成为专家是一种失败，这种不盲目追随时代潮流，敢于坚持真理、实践真理的精神，值得我们学习。

### （二）在课程与教学方面多下功夫

人才培养目标、规格、类型明确之后，课程设置和教学组织便是关键。从规格和类型来看，高校本科人才培养选择无非是应用型人才、复合型人才或拔尖创新人才，与之相应的课程与教学应该各有侧重。应用型人才培养定位在普通劳动者，更接近职业教育或专业教育，专业技能必然占据显著位置。拔尖创新人才培养定位在精英领导层，通识教育的重要性就要超越专业技能，宽领域厚基础是通则。与耶鲁大学相比，

我国研究型大学特别在高水平师资方面存在明显差距，相应的精品课程资源相当匮乏，成为拔尖创新人才培养的最大掣肘。更糟糕的是，部分高校在大学排行榜的误导下（或在各类评估的压力下），对人才培养这项中心工作有所忽视，教书育人几乎成为某些教师的副业。基于此，在课程设置方面，应该充分挖掘校内（校际）和校外、文化遗产和科技前沿、现实世界和网络世界、国内和国际等多方面的教育资源，既要重视课程数量和科类的增加，也要重视课程标准的提升和结构的优化，还要重视课程实施、管理和评估的改进。在教学组织方面，既要坚守课堂教学主阵地，也要重视整合课外活动、社会实践等非正式、非正规教育影响因素，打造立体育人空间，还要发挥网络等现代多媒体科技产品的优势。在师资建设方面，应该在加大引进高层次人才力度的同时，完善相关制度，发挥教师团队优势，加强师资存量培训，比如建立教师教学发展中心等。

### （三）在学生管理方面多下功夫

以耶鲁大学为代表的世界一流大学，在强调赋予学生自由发展空间的同时，从不回避对学生必要的纪律要求。学校改革和发展的一切成果最终都要落实到学生成长这个关键点。当前，我国高校学生管理方面问题较多，亟待从所谓军事化管理、高中化管理、应急式管理、放任式管理转向科学化管理。首先，我们应该在专业选择、课程选修、修业年限、学术探讨、表达观点、社团活动等方面给予学生更多自由和权利，为学生自主选择、自我成长、自由探索提供更加宽松的环境。其次，我们应该在个人修养、尊重他人、学术诚信、社会责任等方面对学生提出更高要求，进一步明确规范，加大对违规行为的处分力度。还有，我们应该尽快提高辅导员专业化水平，在学术（职业）生涯规划、个人生活、身心健康等方面给予学生更多辅导和救助。近年来，部分高校已经构建了由教师、社会人士、高年级学生等人员组成的辅导员队伍，为学生提供多方面的咨询辅导服务，取得了良好效果。

# 第三节　东京大学通识教育实践案例

东京大学是日本明治维新时期建立的第一所帝国大学，现为日本首屈一指的世界一流大学，日本社会各界很多精英人物都是东京大学毕业生。东京大学通识教育实践模式在日本国内外享有盛誉，为个人发展奠定全面人格、心智和知识的基础，培养出日本历史上最多的政治家和官僚，很有必要进行深入研究和学习。

## 一、二战后日本通识教育改革历程

二战前，通识教育在日本统称教养教育，由精英主义的旧制高中学校负责实施。

二战后，通识教育在日本先后有一般教育、通识教育、共通教育等不同称谓。1950—1991 年间，日本"大学设立基准"要求所有大学设立"教养学部"等专门承担通识教育的部门，配备专职教师，还明确规定了本科学位必需的一般课程体系及学分数等，为的是"培养可以推进自由民主社会的善良市民"。许多战后从事一般教育的教师是通过改革从高中升入大学的教师。

二战后，日本通过教育改革实施一般教育，但是开始并没有明确规定相关组织设计问题。1947 年日本出台《学校教育法》，确立"六三三四"新学制，一般教育理念开始引入，一般教育的位置一直在摸索中。1947 年 7 月制定《大学基准》对新制大学实施一般教育做出具体规定：各大学必须从人文科学类、社会科学类、自然科学类三类一般教养科目中各选 3 门以上加以开设，文科类大学或学部一般教养科目总数为 15 门，学生必须履修 10 门以上；理科类大学或学部为 12 门，学生必须履修 9 门以上。同时，日本大学通过实行"二·二"分段的课程设置和教学管理，为一般教育的推广提供运行机制保障。

1956 年，日本制定《大学设置基准》，规定一般教育科目为必修，但是现实中存在各种各样的难题，一般教育的理念并没有得到完全落实。1956 年文部省制定的《大学课程标准》规定，大学课程由一般教育课程（包括人文科学、社会科学与自然科学）、外国教育课程、保健体育课程和专门教育课程四大类组成，各类课程所占比例依次为 29%（36 学分）、6.5%（8 学分）、3.2%（4 学分）和 61.3%（76 学分）。以此为基础形成的"二·二"分段课程模式在战后日本大学实施了近 40 年。1963 年修改《全国学校设置法》，各校普遍成立专门的"教养部"，负责为学生开设一般教育课程。

1991 年 6 月，文部省采纳大学审议会提交的《关于大学教育的改善》咨询报告，再次修改《大学设置基准》，废止了大学课程一般教育、专门教育、外国语和保健体育的四部分划分，将本科生课程划分为必修科目、选修科目和自由选修科目，分别安排在各年级，不再强求将"一般教育"安排在一、二年级，"二·二"分段的课程设置和教学管理模式被"四年一贯制"代替。要求充分考虑培养广博深厚的教养和综合的判断力，涵养丰富的人性，目的是实现一般教育理念在学士课程教育体系中的功效。设置基准大纲化五年后几乎所有大学都废除了教养部，只有以东京大学为首的几所大学坚持下来。一般教育被淡化或削弱，专职教师并入专业院系，影响力一度辐射全国的"一般教育学会"于 1997 年更名为"大学教育学会"。

2000 年，日本大学评价学位授予机构发布评价报告《国立大学通识教育现状》，一般教育概念被通识教育取代。各校科目设置更加丰富，教学方法更加多样，包括讲座、研讨、辩论会、小组作业、实习及现场培训。2004 年 4 月，日本正式实施"国立大学法人化"改革，国立大学由文部科学省的直属机构转变为具有独立法人资格的办学实体，各校自主开发富有特色的通识教育课程成为现实。

21 世纪到来前后，大学审议会提出系列研究报告，包括《关于高等教育进一步改善》（1997 年）、《关于 21 世纪的大学和今后改革方略》（1998 年）、《关于全球化时代高等教育现状》（2000 年）、《关于新时代教养教育现状》（2002 年）、《我国高等教育的未来》（2005 年），反复强调本科阶段教养教育的重要性，明确提出教养教育理念，要求改善教学内容和方法，推进更加细致的指导。

## 二、东京大学通识教育课程理念

东京大学教育的特征是具有多样化的高度选择性，世界最高水准研究的教师提供高水平的教育，与优秀的学友切磋并成为终生的良性竞争对手。东京大学的培养目标是为所有具备资质进入东京大学的人打开大门，帮助他们开阔视野，培养他们掌握高深的知识，具备理解力、洞察力、实践力和想象力，具有国际性和开拓者的精神，成为各领域的领导者。为此，东京大学尊重学生的个性和学习的权利，力求提供世界最高水平的教育。为了回应学生和社会期待，以及面对日益激烈的国际竞争，2013 年 7 月，东京大学推出"本科教育综合改革"行动计划，目标定位为培养国际领袖人才，进一步完善教养教育，培养在任何情况下都能独立自主、能动地思考，并且坚毅、锲而不舍地付诸行动，具有国际视野、公共责任感、现代文明的宏观判断力，在多变的 21 世纪保有竞争力的平民精英。

东京大学本科生教育从基础到高端依次展开，分为前期课程和后期课程两阶段，各需至少两年。第一、第二学年前期课程实施通识教育，以培养宽广的基础力和多种专业领域适用的学术力量为特征，接触各学科领域最前沿，认识到自己的适应性。东京大学通识教育理念和制度由首任教养学部部长矢内原忠雄奠定，他说："在这里要掌握一些专业知识的基础——一般教养，获得一种作为人不偏颇的知识，还需要培养能够在任何地方都弘扬的探索真理精神，这种精神是教养学部的生命。"教养学部采用兴趣、潜质和教育"三位一体"的教育模式，让学生接受通识教育，培养学生成为完整的人而非通才。东京大学通识教育的重要特色是延后分专业与提前涉猎知识全貌两大支柱。第一、第二学年的前期课程很重视博雅教育，通过不细分专业领域的广博教育，让本科生较早地接触最前沿的知识全貌，尽早发现自己的特长和兴趣，培养学生不偏向任何特定专业领域的宽广视野和综合判断力，掌握后期专业课程学习必要的知识和技能、专业的观点和思维方式。

完成前期课程后，学生对自我与社会有了更深刻的认识，对知识全貌与特定专业也有了更准确的把握，能够更明智地选择专业方向。在此基础上，根据个人适应性、志愿、前期课程成绩等进入本乡校区 10 个专业学部 50 个专业的后期课程学习广泛的专业教育。后期课程各自院系通过开展多样化教学，砥砺学生的才能，引导学生迈向各领域的最前沿。

## 三、通识教育课程设置

前期课程以通识教育为主，由位于东京都驹场的教养学部承担，接受不分专业的教养教育。东京大学驹场校区是全日本独一无二的教养学部，是战后日本最早专门对本科生进行通识教育的独立机构，设立于 1949 年 5 月 31 日，与战后新制东京大学同时起步。驹场校区师资和场所主要来自旧制第一高中。东京大学教养学部前期课程分为文科一、二、三类和理科一、二、三类共 6 个科类，两年里除了学习各自科类的特色课程外，还要广泛地学习社会、文化、人类、宇宙、物质、生命世界等课题，掌握不同学科的问题意识、思维方式和方法论。①

文科一类：重点学习以法学、政治学为核心的社会科学基础课程，深入理解相关的人文科学、自然科学各领域知识，养成人类及社会的广泛见识。

文科二类：重点学习以经济学为中心的社会科学基本课程，深入理解相关的人文科学、自然科学等各领域知识，养成人类及组织的广泛见识。

文科三类：重点学习以言语、思想、历史为中心的人文科学基础课程，深入理解相关的社会科学、自然科学各领域的知识，养成人类的、文化的、社会的广泛见识。

理科一类：重点学习数学、物理、化学为中心的数理科学、物质科学、生命科学的基础课程，养成自然基本法则的探索心，深入理解科学技术和社会知识。

理科二类：重点学习生物、化学、物理为中心的生命科学、物质科学、数理科学基础课程，养成自然基本法则的探求心，深入理解科学技术及社会知识。

理科三类：重点学习生物、化学、物理为中心的生命科学、物质科学、数理科学的基础课程，养成人类探索心，深入理解生命世界和社会的知识。

教养学部为所有本科生构建了基础科目、展开科目、综合科目和主题科目四部分组成的前期课程体系。

基础科目让学生学习各专业领域使用的基本知识、技能和方法，是为专业学习打基础的必修科目，分为 11 类：①外语。从英语、德语、法语、汉语、俄语、西班牙语、韩语、意大利语、日语（仅限外国留学生）中任选两种语言，还可从综合科目中选择第三外语。②信息。学习关于信息科技的科目。③身体运动与健康运动实习。体育实技，包括运动科学讲解和实践。④基础演习。旨在培养文科生文献查找、讨论、发表等必要技能的小组讨论课。⑤社会科学。涵盖法律、政治、经济、社会、数学等五个领域。⑥人文科学。涵盖哲学、伦理、历史、词汇和语法、心理等五个领域。⑦方法基础。覆盖哲学演习、史料论、文本分析、数据分析等领域的小组讨论课。⑧数理科学。包括微积分、线性代数以及演习。⑨物质科学。由力学、电磁气学、热力学（理科一类）或化学热力学（理科二、三类）、构造化学、物性化学组成。⑩生命科学。⑪基础实验。理科一类的基础物理实验和基础化学实验为必修，理科二、三类的基础物理学、化学实验和基础生命科学为必修。文科生学习外语、信息、身体运

---

① 東京大学教養学部．前期課程各科類の特徴［EB/OL］．［2018－04－16］．http://www.c.u－tokyo.ac.jp/info/academics/zenki/intro2/index.html.

动与健康科学实习、一年级文科习明纳、社会科学、人文科学等 6 门课程。理科生学习外语、信息、身体运动与健康科学实习、一年级理科习明纳、自然科学（基础实验、数理科学、物质科学、生命科学）等 5 门课程。

展开科目以完成基础科目为前提，更深入地学习高级课程必要的学术研究方法和思维方法。展开科目有社会科学习明纳、人文科学习明纳、自然科学习明纳，采取小班教学，就教师提供的专业内容分析、研习、讨论、发表意见。

综合科目是主体，即通识核心课程，从现代社会共有知识的基本框架中习得多重视角和观点，还原前期课程的大学水准，学习最前沿的主题，理解学术多样性和深刻性，养成综合的判断力、灵活的理解力。每学期开设 400 ~ 500 门 2 学分的课程，部分课程由教养学部以外的各专业教师担任，共有六个门类：A. 思想与艺术；B. 国际与地域；C. 社会与制度；D. 人类与环境；E. 物质与生命；F. 数理与信息。文科需要在 A、B、C 三类中至少选两类并修满 8 学分，在 D、E、F 三类中也至少跨两类并修满 8 学分。理科需要在 A、B、C、D 四类中至少跨两类并修满 8 学分，E 和 F 两类均须涉及且修满 8 学分。

主题科目是新颖的研讨体验型、全学自由研究、实验探究、国际研修类课程，帮助学生掌握各专业领域的问题意识和学术途径，共有 4 类：①学术前沿讲义。学生带着各自关心话题参与，以学生为主体精心配置，多名教师围绕某一主题集体承担。②全校自由研究习明纳。来自全校不同院系、研究所的教师开讲，以小组讨论的形式研讨教师设定的主题。③全校体验习明纳。利用东京大学全国的研究设施，让学生在校内外做志愿者，亲身体验东京大学附属的演习林、博物馆和美术馆的自然景观和文化资源，接触研究室的前沿研究和研究设施。④国际研修。基于先前学习，赴海外数周研修，选修海外大学课程等。

## 四、前期课程与后期课程的对应关系

前期课程和后期课程的"升学分流"是教师与学生间的第二次双向选择，大致在第三学期结束。教养学部前期课程的科类和专业学部后期课程的专业呈对应关系，选择某科类意味着更适合某些专业，但因为所有学生前两年都学习通识课程，学生有更大选择自由空间。比如，文科一类学生后期课程通常选择法学或政治学，若要选择哲学或文学甚至数学专业也没有问题。

前期课程科类与后期课程（学部）的对应关系①

| 前期课程科类 | 对应后期课程（即学部） |
|---|---|
| 文科一类 | 法学部，教养学部 |
| 文科二类 | 经济学部，教养学部 |
| 文科三类 | 文学部，教育学部，教养学部 |
| 理科一类 | 工学部，理学部，药学部，农学部，医学部，教养学部 |
| 理科二类 | 工学部，理学部，药学部，农学部，医学部，教养学部 |
| 理科三类 | 医学部 |

2006 年，教养学部启动改革，综合科目和主题科目成绩是前期课程结束后升级的重要依据。学生递交专业申请后，各专业学部根据学生前期课程成绩和面试情况决定是否录取。各专业学部对前期课程科类不设要求，但后期课程对前期课程选修科目有要求。例如，完成理科三类前期课程的学生可以申请经济学部、文学部继续学习后期课程，但必须选修指定的必修科目。2016 年，东京大学再次改革，不再将所有前期课程科目成绩的简单平均作为依据，而是把计入学分的科目成绩进行加权计算，成绩更高的科目权重更高，以降低成绩更差科目的影响。同时，学生完成前期课程后可以同时申请学习不同学部的后期课程，志愿数不设限制。

东京大学为满足社会要求和学术发展要求，努力构筑灵活的选修制度，让多样化选择渠道成为可能。但是，广泛的选择自由不是为了避开不擅长的科目，从而能够轻松舒服地毕业，而是积极地尝试各种各样的课程，让学生获得渊博的知识和强韧的思考力。②

## 五、通识教育支援体制

东京大学为通识教育构建了良好的辅助支援体制。教养学部下设学部教授会和运营咨问会议，学部教授会下设前期课程运营委员会、教务委员会、教养学部报委员会、教养学部评价委员会、情报基盘委员会等。运营咨问会议下设事务部、教养教育高度化机构、共通技术室、博物馆、全球地域研究机构等机构。其中，事务部提供更为关键的支援服务，下设总务科、经理科、教务科、学生支援科、图书科等。教养学部还专门设置学生咨询所、升学信息中心等咨询窗口为学生提供服务。每年通过问卷调查询问学生对这些机构的意见和建议。2011 年 4 月，改组扩充教养教育开发机构，设置教养教育高度化机构。

2011 年秋，教养学部启用运用节能环保等理念建成的"21 世纪驹场卓越教育中心"，是高科技社会性实验场所，内有礼堂、教室、交流空间、实验室等优良设施，开

---

① 東京大学教養学部. 前期课程教育と進学選択［EB/OL］.［2018 - 04 - 16］. http：//www．c．u－tokyo. ac．jp/info/academics/zenki/intro3/index．html.

② 同上.

展上课、讨论、展示、交流等活动，为开展高水平的通识教育提供基础设施保障。2012 年 10 月，启动用英语授课的 PEAK（Programs in English at Komaba），第一期学员是来自包括日本在内的 11 个国家的 27 名学员。若干年后，驹场校区将能够成为多国语言通用的国际化校园。

## 六、通识教育课程评价

东京大学每年坚持以学生为主体进行通识教育实施效果评价，即从学生视角评估学生自身能力是否提升、教师的教学质量是否提高以及教育辅助体制是否到位。同时东京大学也接受独立行政法人"大学评价与学位授予机构"的评估，并将评价结果通过官网向社会公布。

### （一）学生满意度问卷调查

教养学部每年 3 月下旬通过个人信息系统面向完成前期课程的本科生进行问卷调查。调查问卷包括两个部分：一是询问学生通过两年通识教育学习对自身能力提升的自我评价；二是询问学生对教养学院的相关教职员、设施和服务等的评价。2018 年 3 月，教养学部通过网络问卷对 3111 名完成前期课程的本科生进行调查，470 名学生回答了问卷，回收率较以前有所降低。

1. 各项关键能力提升的自我评价

调查显示，经过两年的通识教育学习，超过八成学生认为基本或很好地掌握了所学知识（19.1% 的学生认为掌握得很好，66.2% 认为有一定程度的掌握）。接近八成学生认为基本或很好地掌握了逻辑、分析思维能力（19.8% 的学生认为掌握得很好，58.5% 认为有一定程度的掌握）。超过六成的学生认为自己完全或基本具备表达自己知识和想法的能力（17.2% 的学生认为完全具备，49.8% 认为基本具备）。超过四成的学生认为自己完全或基本具备与他人探讨的能力（10.0% 的学生认为完全具备，31.3% 认为基本具备）。五成以上的学生认为自己完全或基本具备发现问题和解决问题的能力（13.0% 的学生认为完全具备，44.3% 认为基本具备）。接近六成的学生认为自己完全或基本具有自主行动力（17.4% 的学生认为完全具备，41.7% 认为基本具备）。接近五成的学生认为自己与他人合作能力得到提高（10.2% 的学生认为提高很多，38.9% 认为有所提高）。只有 26.8% 的学生认为，教养学部的课程安排是以培养学生上述七个方面的知识及能力为目的调整整合后实行（24.5% 的学生认为没有，48.7% 的学生回答不好说）的。①

2. 学生对教养学部教职员、设施和服务的评价

调查显示，13.4% 的学生认同通识教育课程正变得更容易，另有 40.2% 的学生也

---

① 東京大学教養学部. 教養教育の達成度についての調査：平成三十年三月実施［EB/OL］.［2018 - 04 - 16］. http://www.c.u - tokyo.ac.jp/info/about/assessment/deguchi17.pdf.

略微认同。更多的学生认同通识教育课程教学很充实（28.3%认同这个说法，46.2%略微认同）。超过四成的学生认为教员与学生接触机会很多（13.6%的学生认同，28.9%基本认同）。超过三成的学生认为行政事务部门的应对周到（10.9%的学生认同，24.3%基本认同）。超过五成的学生认为学生咨询所、升学信息中心等咨询窗口服务完备（14.3%的学生认同，44.7%基本认同）。近八成的学生认为教室、图书馆、信息教育、体育设施等完备（33.6%的学生认同，45.3%基本认同）。超过六成的学生认为学生会馆、校园广场等促进学生交流活动的场所环境完备（20.4%的学生认同，44.0%基本认同）。10.6%的学生认为与学期制相比限时授课制对自己学习有好的影响，23.8%认为大体上有好影响，47%回答不好说。2016年改革了前期课程完成进入后期课程学习的制度，不再把前期课程的所有科目的成绩简单平均作为依据，而是把成绩更高的科目成绩加权后再算平均成绩。35.3%的学生认为2016年改革对确定选修计划整体有好的影响，27.9%的学生认为算是有好影响。2016年完成前期课程的本科生可以同时申请几个专业学部的后期课程（类似国内平行志愿），32.1%的学生认为整体来说对自己选择后期课程有好的影响，27.9%的学生认为算是有好影响，40.9%的学生认为无所谓。超过九成的学生认为升学结果达到预期理想（79.8%的学生认同，14.5%基本认同）。超过五成的学生认为教养学部的教育总体上让人满意（52.8%的学生认同，38.3%回答不好判断，8.7%的学生不满意）。[①]

**（二）学生对任课教师教学效果的调查**

任课教师结课时，教务科工作人员会对学生进行问卷调查，内容包括教师上课是否守时、教师上课准备是否充分、讲课内容是否与发给学生的课程目录和摘要一致、教师对学生提出的问题是否能很好地解答等。问卷分析后算出平均分数和方差告知任课教师，敦促教师提高教学水平。任课教师只知道自己的分数结果，以及自己上课水平在全体教师中的排位，不知道其他教师的评价情况。

**（三）第三方机构评价**

独立行政法人"大学评价与学位授予机构"，负责对日本的大学和大学共同利用机构的教育研究活动成果和状况进行全方位评价，并将结果面向社会公布。该机构对照《大学设置基准》对于通识教育的一般要求，即培养学生优良的教养和综合的判断力、具有丰富的人性和涵养，通过问卷调查和访谈等方式对通识教育的实施体制、课程设置、教育方法与效果进行评价。东京大学历次评价均获得了较高的等级。

---

① 東京大学教養学部. 教養教育の達成度についての調査：平成三十年三月実施［EB/OL］.［2018-04-16］. http://www.c.u-tokyo.ac.jp/info/about/assessment/deguchi17.pdf.

# 第四节 大阪大学通识教育实践案例

二战后，特别是 2004 年国立大学法人化以来，日本大学从极端国家主义的桎梏中解脱出来，自主性、自律性不断增强，各校自主开发富有特色的通识教育课程成为现实。通识教育在日本有一个演变过程，二战前统称教养教育，二战后先后有一般教育、通识教育、共通教育等不同称谓，各校依据国会立法、文部科学省令及政策咨询审议机构的咨询报告，结合自身特色自行设置通识教育课程。大阪大学充分利用综合性大学优势，以全校出动的方式开展对话型、体验型、田野工作型跨学科通识教育，坚持富有特色的实践研究方向，是日本大学通识教育改革与实践的突出典范。

## 一、大阪大学的通识教育理念

大阪大学的核心办学理念是"本土生长，全球成长"，与之相应的教育目标是培养具有高度教养、国际性视野、构想力的高级职业人和贤明研究者。教养指建立在广阔视野之上的准确社会判断力，国际性指充分理解并具有同异文化背景者沟通交流的能力，构想力指自由的想象力和立体的网络构筑力。大阪大学认为，通识教育和专业教育是一鸟之双翼、一车之两轮，专业教育是深度挖掘的道具，通识教育则是达成广博的基础。当今世界国际化、信息化和价值观多样化日益深入，通识教育就是要培养学生适应社会变迁和科技进步的能力、综合的判断能力和敏锐的分析能力，让毕业生具备深厚广博的教养、丰富的人性。专业教育则由学生所属学部的专业教师提供，面向本学部学生。[①]

大阪大学倡导从学部（本科）到大学院（研究生院）一贯制的教养教育，第一、第二学年的教养教育即全校共通教育，第三、第四学年和大学院阶段统称高级教养教育和辅修课程项目。全校共通教育几乎是全校本科生前三学期学习的全部内容。专业基础教育是专业教育的重要一环，全校共通教育涵盖专业基础教育的目的是让通识教育和专业教育更好地相互衔接。大阪大学不希望学生通过全校共通教育掌握实用技能，而是鼓励他们达成以下目标：不限定任何专业分野，培育学生关注广泛领域的问题；不仅能够解答被安排和被要求的教育问题，还要养成主体性学习姿态；学会跨学部和学年自主构建跨学科的网络。这些能力都是成为贤明研究者和高级职业人的基石。2011 年，大阪大学正式启动面向高年级本科生及大学院研究生的高度教养教育课程"知识的体操"，全校课程正在进行根本性变革。下表是大阪大学全校共通教育、专业

① 大阪大学大学教育実践センター. 外部評価報告書 ［M］. 大阪：大阪大学出版会，平成十八年：3.

教育和大学院教育的定位，前三个目标主要是理论知识、实践知识、经验和人际的网络，第四个目标是在此基础上形成的方法论和伦理观。

全校共通教育、专业教育、大学院教育的定位①

| 全校共通教育（教养教育）<br>第一、第二学年 | 专业教育（高度教养教育）<br>第三、第四学年 | 大学院教育（高度教养教育和辅修课程项目） |
| --- | --- | --- |
| 接触专业之外广泛的知识和思维方法 | 深入学习并理解专业知识 | 掌握专业知识，融合其他学科知识，练就一般社会应用能力 |
| 田野工作、从各种各样的经验中获得知性的成功体验或失败体验 | 就具体问题进行田野工作 | 以实践经验为基础，具备从事精细研究和学习活动的能力 |
| 同其他专业的同学、年龄和立场不同的人、国籍和文化不同的人相识接触 | 同与自己持相同目的意识的朋友活动增加，但是养成和其他人、其他专业视角的批判检讨习惯 | 具备在专业领域内充分的沟通交流能力，具备向非专业者进行有效说明、说服的能力 |
| 掌握作为处理知识的专家常用的通用方法论和规则 | 以教师指导为本，掌握专业方法论 | 以所学方法论为基础，进行主体性研究，取得学术成果 |

## 二、大阪大学通识教育课程设置

大阪大学本科生课程主要包括全校共通教育和专业教育两部分，此外还开设教师教育、沟通设计和国际交流等课程。全校共通教育包括共通教育（即通识教育）和专业基础教育两部分，共通教育课程包括教养教育、言语信息教育、基础研讨课和健康运动教育四部分。专业基础教育学习专业基础知识和基础方法论，因学部不同而有所区别，如法学部开设法学概论、工学部开设力学、医学部开设生物科学概论等课程。

### （一）教养教育

教养教育是导入教育，目的是培养学生广博的跨学科视野，以及解决现代社会各种各样难题的能力。由基础教养课程、现代教养课程、先端教养课程和国际教养课程四个科目群组成。基础教养课程是教养教育的核心，包括人文科学基础教养Ⅰ、面向文

---

① 大阪大学大学教育实践センター. 学生参画型共通教育改善に向けて［M］. 大阪：大阪大学出版会，平成二十年：5－7.

科生的自然科学基础教养 II 和面向理科生的自然科学基础教养 III。基础教养课程向学生提供各学科准确的知识，让学生理解该学科存在的意义，了解大阪大学现有学部结构和学科专业精髓。现代教养课程多学科、多视角探讨现代社会贫富差距、环境保护、人权、沟通交流、少年犯罪、安全、生命伦理等问题，让学生思考现代社会所面临的复杂挑战。先端教养教育课程介绍大阪大学现有学科最前沿的研究成果，以及国际相关领域其他研究者的研究进展，引导学生感受研究的魅力，培养学生从事研究的兴趣。国际教养课程培养学生同外部世界沟通和交流的能力，涵养学生知性修养。国际教养课程包括介绍世界各地文化历史的国际教养 I 和着重言语习得的国际教养 II。工学部在第四学期开设英语国际交流、地域言语文化课程，可以算作国际教养 II 的学分。

### （二）言语信息教育

言语信息教育培养学生的沟通和交流能力，包括外语教育和信息处理教育。外语教育课程语种多样、目标明确、小班教学，采取 CALL 和 ESP 等现代教育技术，目的是培育言语文化高级素养，提高外语实际运用能力。大阪大学把外国语视为遨游世界的翅膀，外语教育课程开设第一外语（英语）、第二外语（8 种）、选修外语（7 种）和特别外语（12 种）。2007 年大阪外国语大学和大阪大学合并组建外国语学部，提供以 25 种语言为主修的专业，开设 30 多种外国语课程，外语教育课程得到进一步充实。① 信息处理课程培养学生利用微机收集活用信息的基本能力。信息处理教育包括信息活用基础、微机系统、信息科学入门、信息科学伦理、信息探索入门、赛博科学世界、计算机模拟等课程。

### （三）基础研讨课

基础研讨课是大阪大学最有特色的通识教育课程，这种对话型、体验型、小班化（每班 10 名学生）的课程自 1994 年开设以来很受欢迎。大阪大学认为，一年级是本科生学习风格转变的重要时期，应该从高中时代的教师教，转变为大学时代的学生学，尽早培养学术性思维方法，增强主体性。2010 年推出新型基础研讨课，旨在培养学生准确的判断力（批判性、多角度的思考方法）、企划和管理能力（领导、企划和构筑力）、沟通交流能力（向他人传达、理解他人的能力）、对待学习的态度（积极参加，课外自主学习）。② 学生在教师启发下自己设定题目，形成学习小组，自主寻找辅导教师指导，从低年级就养成主体性学习习惯，关注宽广领域问题，构建跨学科的学习网络。学习主导者是学生而不是教师，教师为学生主体活动提供必要支持。根据学生进度，新型基础研讨课分为基础类课程和高级类课程。基础类课程由不同学部的学生通过小组作业等发现问题、深化问题并设定题目，通过主持教师或助教协助形成研究小

---

① 大阪大学大学教育実践センター. 外部評価報告書 ［M］. 大阪：大阪大学出版会，平成二十年：9 – 12.
② 大阪大学大学教育実践センター. 学生参画型共通教育改善に向けて ［M］. 大阪：大阪大学出版会，平成二十年：22 – 28.

组。高级类课程由学生研究小组自主选择指导教师，自主实施调查研究，自主公开研究成果。主持教师从全校教师中选聘，学生也可以选择其他教师。助教来自大学院，负责辅助小组讨论和小组活动、提出研究或调查方法建议、监督研究进展等。监测教师负责测定教育效果，收集学生学习状况等质性或量化数据信息并做出客观分析。

### （四）健康运动教育

健康运动教育培养学生在一生中自发健康管理、不断从事体育运动的能力，让学生获得体育运动和健康相关的基础科学知识，自主地合理地进行终身健康管理。健康运动教育开设健康科学、运动科学、健康科学实习 A、运动实习 A、运动实习 B 等课程。

## 三、通识教育的组织实施和管理

大阪大学设置专门机构负责通识教育实施和管理。1947 年始创教养部，1949 年改置一般教养部，1994 年再设全校共通教育机构，2004 年 4 月新立大学教育实践中心（以下简称"实践中心"）。实践中心是大阪大学法人化改革的产物，是独立预算执行和事务组织部门，隶属于教育情报室。① 实践中心的主要职能是开展大学教育实践研究，动员全校教师参与全校共通教育，培养活跃于国际社会具有深厚教养、宽广视野、丰富创造性、高度语言表达能力的高层次人才。此外，实践中心还负责全校教师专业发展培训，借此提高大学教育质量，开发教育评价系统及反馈系统，促进教育 IT 化和社会贡献职能一元化，强化大学与社会的密切联系，倡导终身教育，增加高质量开放讲座和网络公开讲座数量等。实践中心现有专职人员 22 名、兼职人员 71 名，2009—2010 年度运营费为 8.34 亿日元。② 实践中心下设教育实践研究部（简称"研究部"）和共通教育实践部（简称"实践部"）。实践部主要负责通识教育课程的组织实施，实践部部长由兼职教师担任。研究部由专兼职教师共同组成，研究通识教育现状和改进措施，开发新课程，组织教师培训等，研究部部长由专职教师担任。

---

① 2004 年 4 月 1 日，大阪大学启动法人化改革，大阪大学运营组织也发生相应变化。校长和 8 名副校长组成董事会（日文为役员会）负责审议重要事项，做出最终决定。教育情报室隶属于董事会，直接向校董事会汇报工作，同财务室、评价室、综合规划室、产学研联合室、广报和社学联合室、人事劳务室、国际交流室等并列。

② 国立大学法人大阪大学. 平成二十一事业年度财务诸表［EB/OL］.［2011-02-07］. http://www.osaka-u.ac.jp/ja/guide/information/joho/zaimu/h21.html.

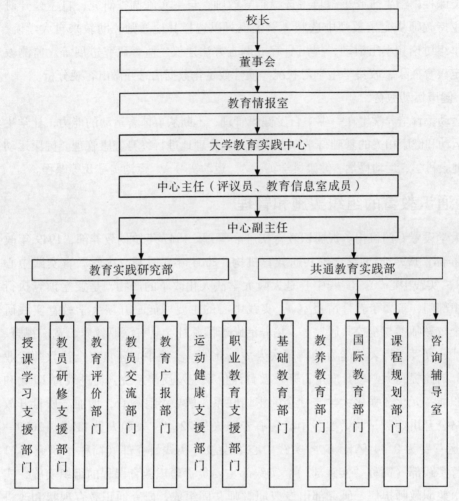

**通识教育实施和管理机构设置**

大阪大学采用一学年两学期制，每学期15周，前三学期以全学共通教育为主，部分学部在第三学期开设专业基础课程。一天最多安排6节课，每节课1.5小时，单节实验课不超过3小时。学习量用"单位"（即学分）衡量，1学分时限45小时，包括课堂授课和自学时间。通常一门课程每学期上课15次，1次2小时，合计30小时，教养教育课程计2学分，外语教育课程则计1学分。专业基础教育的实验课程45小时计1学分。通常，本科毕业要修满124~126学分，全校共通教育需要修满40~55学分，约占总学分的1/3。文科类和理工类学生全校共通教育学分要求有所不同，比如工学部要求51~55学分，文学部要求42学分。①

---

① 大阪大学大学教育実践センター. 外部評価報告書［M］. 大阪：大阪大学出版会，平成二十年：17.

## 工学部全学共通教育课程及学分分布①

| 学科 | 教养教育科目 | | | | | | 言语信息教育科目 | | | | | 基础研讨课 | 健康运动教育科目 | 其他 | 专业基础教育科目 | 合计 |
|---|---|---|---|---|---|---|---|---|---|---|---|---|---|---|---|---|
| | 基础教养科目 | | 现代教养科目 | 先端教养科目 | 国际教养科目 | | 外语教育科目 | | | 信息处理教育科目 | | | | | | |
| | | | | | | | 第一外语 | | 第二外语 | | | | | | | |
| | 基础教养I | 基础教养II | | | 国际教养I | 国际教养II | 大学英语 | 实践英语语专业英语语 | | | | | | | | |
| 应用自然 | | | | | | | | | | | | | | | 24 | 51 |
| 应用理工 | | | | | | | | | | | | | | | 28 | 55 |
| 电子信息 | 2 | 2 | 2 | — | — | 6 | 6 | | 3 | 2 | — | 2 | 2 | | 24 | 51 |
| 环境能源 | | | | | | | | | | | | | | | 26 | 53 |
| 地球综合 | | | | | | | | | | | | | | | 28 | 55 |
| 备注 | | | | | | | | | | | | | | | | |

① 平成二十一年度全学共通教育科目履修の手引 2009，大阪大学大学教育実践センター編，第 21 页。

#### 文学部全学共通教育课程及学分分布①

| 学科 | 教养教育科目 | | | | | | 言语信息教育科目 | | | | | | | 健康运动教育科目 | 专业基础教育科目 | 其他科目 | 合计 |
| | 基础教养科目 | | | | 国际教养科目 | | 外国语教育科目 | | | | 信息处理教育科目 | 基础研讨课 | | | | | |
| | | | | | | | 第一外语 | | | | | | | | | | |
| | 基础教养Ⅰ | 基础教养Ⅱ | 现代教养科目 | 先端教养科目 | 国际教养Ⅰ | 国际教养Ⅱ | 大学英语 | 实践英语专业英语 | 第二外语 | 选修外语 | | | | | | |
| 学分 | 2 | 2 | 2 | 2 |  |  | 8 | 8 | 4 | 4 | 2 | – | 2 | 4 | 2 | 42 |
| 备注 | 专业基础教育科目如果超过毕业必须的 4 学分，所超的学分优先充任其他栏的学分要求，前提必须是选修文学院专职教师的课程且不超过 6 学分；其他栏的学分可以由教养教育科目、言语信息教育科目、基础研讨课和专业基础教育科目超额学分充任 | | | | | | | | | | | | | | | |

作为提高质量的重要一环，实践中心 2002 年开始设立共通教育奖。共通教育奖有四个奖项：优秀授课实践奖、优秀教科书编著奖、优秀共通教育实践著作奖、共通教育运营突出贡献奖。前三项都是学生推荐候选人，后一项由实践中心专职和兼职教师推荐，经严格审查后决定获奖者。2006—2010 年度，共有 110 名教职员获得共通教育奖。② 除了教职员奖项外，实践中心还面向前三学期共通教育学业优秀的学生设立奖学金，2005—2009 年共有 245 名学生获奖，由大阪大学校长亲自颁发奖状，每人奖学金 20 万 ~25 万日元。③

## 四、通识教育实践的特点

### （一）尊重学生主体性，重视倾听学生声音

在大阪大学，Faculty 从来就是包括教师、职员和学生三者在内。大阪大学本科生是学习的真正主人，无论是在教室、研究室或实验室，还是在校内外的其他活动场所，学生都是平等的参与者和积极的贡献者，学生主体性得到充分尊重和鼓励。特别是基

---

① 平成二十一年度全学共通教育科目履修の手引 2009，大阪大学大学教育实践センター编印，第 18 页。

② 国立大学法人大阪大学. 平成二十一事业年度财务诸表［EB/OL］.［2011 - 02 - 21］. http://www.cep.o-saka - u. ac. jp/education/ourwork/prize.

③ 国立大学法人大阪大学. 平成二十一事业年度财务诸表［EB/OL］.［2011 - 05 - 16］. http://www.cep.o-saka - u. ac. jp/education/grant/granttop.

础研讨课，学生是研究的主导者，教师仅提供必要辅导和支持。实践中心很重视倾听学生的声音，每学期末都要以纸质和网络页面两种形式向学生发放教学评价问卷进行授课改进调查，每门课程都有教学评价统计数据供学生和任课教师查询，授课教师可以利用教务信息系统和学生交换意见。实践中心定期对在校生、毕业生和教师展开调查，征求他们的意见和建议。实践中心每学期召开班级代表恳谈会，邀请新生班级代表同专职教师座谈，听取学生代表对教学方法、课程设置和学习环境等方面的看法和建议。此外，2008年起，实践中心每学年定期召开学生教职员恳谈会，召集学生、教员和职员直接对话，共同思考全校共通教育存在的问题和改善策略。调查表明：92%的参会者觉得活动对自己有益，69%的参会者觉得提高了对共通教育的认识。[①] 实践中心还组织对话型、学生策划型教师职业发展活动，让学生积极参与策划教师发展活动，刻意创造尊重学生意见的文化。

**（二）创设自由学习环境，培养学生对话能力**

鼓励学生和教职员对话是实践中心一贯坚持的教育原则，实践中心为学生安排很多学习和学业支持项目，为本科生创造和教职员对话的机会。大阪大学聘请校外著名企业负责人以及关西经济界领袖作为讲师，以接力讲演和质疑应答的方式，介绍产业界和社会发展最新动向。大阪大学还通过远程教育方式聘请美国各界领袖人物作为讲师，为学生提供来自旧金山的世界信息。2009年，实践中心开辟学生公共空间，特意为学生、教职员、附近市民等自由交流对话提供专门场所。学生公共空间是以学生为主体的学习场所，实践中心、交流设计中心、全球合作中心、学际融合教育研究中心共同携手开展以涵养学生教养、创造力和国际性教育目标的各类学习活动，构筑从学部到大学院一贯制教养教育。学生公共空间设有咖啡馆区、信息情报区、小组学习区、多功能讨论区、自习区，各功能区桌、椅、屏风能够随意重组，IT辅助人员全天候为学生准备白板、电脑、投影仪等多媒体设备。学生公共空间很快成为本科生知识交流、小组学习、小型研讨会、预习或复习的首选场所。

**（三）建立辅导工作机制，提供优质咨询服务**

大阪大学建立了相对完善的学生辅导工作机制，为学生提供咨询服务。其一，实践中心成立之初，就专门设有辅导咨询室，由各学部辅导咨询室13名教员轮流担当为学生提供有关转学部（专业）、个人前途、选修课程、大学生活、未来规划等方面的咨询和信息。2010年，辅导咨询室开始聘用三、四年级本科生和大学院的研究生作为兼职学习导师，为新生提供学习咨询服务。在轻松愉快的氛围里，讨论授课中没弄明白的问题、专业课程学习、大学院招生考试等。其二，实践中心设有IT支援室，负责帮助师生处理电脑和网络使用过程中出现的问题。其三，实践中心安排很多类型的助教

---

① 国立大学法人大阪大学. 大阪大学大学教育実践センター紀要［EB/OL］.［2011 - 02 - 07］. http://www.cep.osaka - u. ac. jp/about_center/publications/bulletin.

为学生提供学习支持，如教学助教、IT 助教和语言学习助教等，每年度助教经费超过4000 万日元。外国留学生配有语言学习助教，他们通常是留学生所在学部或研究科的先辈，负责帮助留学生在前两学期快速适应日本留学生活，应对学习中遇到的各种问题。教学助教重点帮助低年级本科生更快适应大学生活，认清大学教育和高中教育的不同。

### （四）采用现代教育技术，提高教育教学效果

大阪大学很重视开发利用现代教育技术，提高教育教学效果。2000 年 4 月，大阪大学自主开发计算机辅助语言学习系统（CALL），是 21 世纪多媒体外语教育的先驱。同以往使用教科书、图片和录音带学习外语不同，CALL 是利用计算机提供融合三种媒体的多媒体学习环境，彻底实现双向交流，给人身临其境的现场感，满足每位学生订单式语言学习需求。目前，CALL 系统开发有英语、法语、汉语等 10 多个语种，教学内容以大阪大学原创为中心。CALL 系统可以让数万人同时使用，学习者可以在计算机支持的语言学习教室，自由设定个性化学习环境，按照自己的步伐调整进度，模仿动画练习发音，计算机自动保留学习者的学习记录。CALL 系统还可以通过电子揭示板进行公开质疑应答，和其他学生或教师交流学习心得。

WebCT Vista 是大阪大学利用网络辅助授课的重要工具，该软件设有师生、同学之间交流的讨论板，各种课程讲义和 PPT 幻灯片等教学材料可以任意下载，还有在线报告接收等功能。实践中心教育交流部门利用 WebCT Vista 等为学生、教职员提供很多支持，教育交流部门和赛博媒体中心合作定期召开 WebCT Vista 讲习会，实施授课内容WebCT Vista 化支持工程，实现师生通过 WebCT Vista 进行对话授课。教师把授课使用的教材、幻灯片和相关文档等用邮件发送给学生技术工作人员（STS）后，将会被上传为 WebCT Vista 教学内容。课后作业、小测验和授课问卷等，学生技术工作人员都可以按照指示和要求加以设定。WebCT Vista 和教务信息系统（KOAN）相互配合使用，可以登录个人学习网页，也可以利用信息伦理和英语等自修教材。

### （五）构建全校出动体制，形成通识教育合力

全校出动体制是大阪大学通识教育的显著特点。实践中心各部门内部紧密配合，共织全校共通教育网络。实践中心每月召开全体会议，专职教师和兼职教师共同商讨工作中存在的问题和改进方案。专职教师以数学、理论物理学、哲学、心理学等学科为主，学科领域宽广，专业背景多样，便于开展工作。兼职教师由校长在各学部推荐名单中选定，兼职教师是所在学部的窗口，充当实践中心和该学部联系的渠道，以兼职教师为主体的课程委员会负责年度课程计划及实施。实践中心还召开部门长会议，中心主任、副主任、研究部部长、实践部部长、各部门负责人共同讨论具体事项的立案，研究中心运营、规划及活动方针。

策划和运营跨越学部界限的全校共通教育离不开其他部门的支持，实践中心定期召开运营协议会，邀请教育情报室、各学部、研究所（研究中心）等部门负责人共同

商讨决定实践中心人事及组织的重要事项。实践中心每年召开通识教育恳谈会，邀请校长、教育情报室长、各学部（研究所、研究中心）负责人，同实践中心各部门负责人共同探讨通识教育重大问题。此外，实践中心还组织召开各学部教育委员长参加的实务恳谈会。目前，来自全校的授课教师共开设通识教育课程 2200 多门，单是基础研讨课就有 160 多门。①

### 五、结语

大阪大学通识教育实践模式没有照搬国际经验，没有拘泥自身传统，也没有受限于教育行政部门的宏观指导，而是以学生发展、社会需求和时代精神为出发点，围绕本校教育理念和人才培养目标，设立专门机构，整合全校力量，不断完善课程设置，更新教育技术，改进教育教学方法，创设自由学习环境，提高教师发展水平，最终获得日本社会的广泛认可和赞扬，在国际社会也享有较高知名度和美誉度。大阪大学通识教育实践模式并非尽善尽美，至少在培育学生领导力、策划力和外语沟通交流能力等方面，还有较大改善空间。② 但是，大阪大学妥善处理了国家宏观要求和大学自主选择的关系，有效保证了核心教育理念和课程设置的贯通性和一致性，全面整合了校内外各种教育资源，竭尽所能为学生发展创造各种机会，这种精益求精、严谨务实的精神值得我们学习借鉴。

# 第五节　圣约翰学院通识教育实践案例

文理学院是美国高等教育体系中的重要一环，也是美国本科教育的重要力量。文理学院为学生提供广博的通识教育，在教育理念、课程和教学、师资和学生管理等方面都颇具特色。哈佛和耶鲁等名校的自然科学、社会科学和人文科学的博士学位获得者，相当比例是文理学院毕业生，有些著名文理学院的报考难度与哈佛、耶鲁等名校比肩。③ 中国学者研究美国研究型大学和州立大学通识教育实践的成果较多，但对文理

---

① 大阪大学大学教育实践センター. 魅力ある授業のために［M］. 大阪：大阪大学出版会，平成十八年：120－123.

② 大阪大学大学教育実践センター. 大阪大学卒業生アンケート（全学共通教育）：に係る集計分析結果報告書［EB/OL］.（2010－03－12）［2011－03－18］. http://www.cep.osaka-u.ac.jp/files/researches/sotugyosei_2010030.pdf.

③ 王丽. 美国文理学院通识教育课程模式研究［D］. 北京：首都师范大学，2011.

学院的关注相对较少。圣约翰学院以名著课程①著称，是美国永恒主义教育思想最著名、最彻底和最持久的实践者，但至今没有人系统完整地研究过圣约翰学院的通识教育课程。本文旨在全面介绍圣约翰学院通识教育改革概况、课程特色和重要影响，借此为我国众多普通本科院校开展通识教育改革提供重要参考。

## 一、圣约翰学院的前世今生

圣约翰学院是美国一所四年制文理学院，不隶属于任何宗教派别，1696 年创办（始称威廉王学校），1784 年被授予特许状，改称圣约翰学院。圣约翰学院在马里兰州安拉波利斯市和新墨西哥州圣达菲市各有一个校区。圣达菲校区创建于 1964 年，是美国高等教育大扩张时期的产物。两个校区各有一名校长和教务长，各有一套行政管理人员，但是课程都是同一的，两个校区的治理机构、监事会和董事会也是同一的，两地课程由同一联合教学委员会监管，学生可以在两个校区间自由流动。圣约翰学院的学生来自美国 30 多个州，男女生比例为 10：9，82% 的学生寄宿在校园里。约 1/3 的学生是从其他院校转学而来，有的已经在其他院校学习三年，有的甚至来自哈佛大学、麻省理工学院、加州大学伯克利分校等世界名校。圣约翰学院 80% 的毕业生进入研究生院继续学习，其中 20% 的毕业生最终选择商务，10% 选择法律，7% 选择医学。②

圣约翰学院诞生之后的发展历经曲折，其间多次面临关门倒闭的危险。1937 年，处于困境中的圣约翰学院迎来巴尔（String fellow Barr）校长和布坎南（Scott Buchanan）教务长，两位是美国具有革命性教育思想的著名学者，是永恒主义教育思想的代表人物。同年，巴尔和布坎南在圣约翰学院联手推出"名著课程"，随即在美国引起强烈反响，来自全美的学生踊跃申请学习新课程，圣约翰学院最终得以在美国高校之林中立足。二战结束后，圣约翰学院更是受到美国社会的热烈欢迎和追捧。1949—1979 年，圣约翰学院在维格勒（Richard Weigle）院长的带领下，成为美国高等教育界一面独特的旗帜。目前，圣约翰学院的名著课程已经通过马里兰州教育厅、中部各州高等教育委员会、美国自由教育学会、北部学院和高中中央协会的认证。2008 年之后，全球金融危机给高等教育带来很大挑战，其他开设名著课程的院校招生受到较大冲击，加利福尼亚州的托马斯·阿奎那学院学生申请数减少 30%，位于芝加哥市的夏默学院（Shimer College）一年级新生从 45 名下降到 36 名，圣约翰学院却受害甚微。③

---

① 名著课程最早出现在哥伦比亚大学（第一次世界大战前），芝加哥大学的名著课程也比圣约翰学院更早，但是它们的名著课程只是本科生课程的一部分，而圣约翰学院的名著课程是本科生课程的全部。阅读清单也不是圣约翰学院首创，最早出现在哥伦比亚学院、芝加哥大学和弗吉尼亚大学。

② DE VISE D. An education debate for the books [EB/OL]. http://www. washingtonpost. com/wp – dyn/content/article/2009/08/26/AR2009082603408. html? wpisrc = newsletter.

③ 同上。

## 二、圣约翰学院的教育理念

圣约翰学院专注于提供自由教育，与美国研究型大学明显不同。"通过自由教育解放学生、让学生自由"是圣约翰学院创办伊始的教育目标，至今坚守不渝。圣约翰学院的校训是"我用书籍和均衡让孩子长大成人"。圣约翰学院的自由教育，寻求把学生从未经检验的观点和传承而来的偏见的禁锢中解放出来，也试图让学生为公众生活和个人生活的最终目的和手段做出明智选择。圣约翰学院寻求给学生传递对人类社会今天必须面对，以及所有时代都必须面对的基础性问题的理解，既反映连续性，也反映非连续性。圣约翰学院强调给学生生活的技能，而不是工作的技能。圣约翰学院高度重视激发学生自信，让学生觉得自己无所不能。事实性知识在其他高校可能就是学生接受教育的全部，而在圣约翰学院只是理解概念和思想的副产品。

圣约翰学院践行永恒主义教育哲学思想，历代名著是学生学习的核心。永恒主义思想家们认为，教育应该教给学生永恒的真理，教育不是仿效生活而是生活的准备，学校的目的是训练学生的理智能力。1937年，布坎南教务长提出，传统人文学科可以作为教学的正式结构，为此他设计出一套名著课程作为讨论课的基础。名著课程的目标是建立自由教育社区，解放人类智力。圣约翰学院认为，自由主要是通过与反映西方文化传统的名著的对话中获得的，因而非常重视开发名著的教育价值，把名著作为圣约翰学院学习的核心，这些名著大致按照年代安排阅读，从古希腊直到现代。圣约翰学院坚信，名著转变我们的思想，震撼我们的心灵，触动我们的灵魂深处。名著是人类知性传统的原始源泉，名著不仅启发人们理解始终困扰人类生存的问题，而且与当代社会问题有很大相关性，因此名著的价值是永恒的，是合乎时宜的。

## 三、圣约翰学院的课程与教学

圣约翰学院为所有本科生开设以下课程：四年语言（古希腊语和法语）、四年数学、四年交叉学科研究、三年实验课（生物、物理和化学）、一年音乐课、两个八周训诫课、每周一次全院讲演。所有课程内容都是由历代名著组成，阅读清单是名著课程的核心。1937年以来，圣约翰学院阅读清单不断修订和改进，但阅读清单每年变化并不很大。名著如何在四年里分布至关重要，为了方便和理解，以编年史为序，两千年的思想文化史是前两年课程的背景，最近三百年的历史是后两年课程的背景。第一年学习希腊作家的作品，以及他们对人文科学的开创性理解；第二年学习的名著覆盖罗马、中世纪和文艺复兴时期；第三年学习的名著集中在17—18世纪，绝大多数都是用现代语言写成；第四年主要阅读19—20世纪的名著。圣约翰学院没有教授，没有学术院系，也几乎没有讲演。圣约翰学院所有学生都学习同样的必修课程，只有为期9周较为深入的训诫课有少量选择余地，所有必修课程都要阅读、研究和讨论反映西方传统的名著。名著课程的教学方法包括研讨课、导师指导课、实验课和训诫课四类。

## （一）研讨课

研讨课以最纯粹的形式体现了圣约翰学院的使命，经常被描述为名著课程的心脏，是学生学院生活的核心。研讨课由两位导师同时主持，每班学生 17～20 人，每周周一、周二上午 8～10 点进行，学生为自己的学习承担绝大部分责任。研讨课以导师提出的激发好奇心的问题谈话开始，随后几乎全部是学生讨论，讨论可以是自问自答，也可以和其他人对答，讨论时间持续约两小时，讨论的走向和进程都不预先设定。研讨课聚合学生注意力，引发学生质疑，诱导学生判断、想象并直面新观点，心甘情愿地接受反驳，培育学生耐心、勇气、机智、领导力和团队意识。研讨课希望学生养成专注的阅读习惯，激发学生清晰的思想和慷慨的精神，鼓励学生积极探索陌生领域。

一年级研讨课（希腊年）是未来几年学习的基础，如同荷马、柏拉图和亚里士多德代表西方思想的基础。一年级研讨课以《伊利亚特》和《奥德赛》作为开端，接着是埃斯库罗斯和索福克勒斯的戏剧，柏拉图的作品安排了很多时间，以亚里士多德收尾。第一年学生养成认真阅读、探究和对话的习惯。

二年级研讨课的阅读材料历史跨度最长，希伯来文的《圣经》选读、古罗马诗歌和历史选读之后，从福音书开始的阅读将作者分类，这些作家以各种方式把两个不同世界放在一起，并且试图发现同化和判别它们的方法。即使是罗马作家，如何处理部分相异的传统的问题也是中心主题。研讨课的多样化阅读材料通过古典和《圣经》的共同根源，以及通过对它们的累积性反应记录获得统一。

三年级研讨课从 17—18 世纪的作品中选取，时代跨度小很多。秋季学期伦理和政治探究和形而上学的探究交织在一起。春季学期二者则是分开进行，春假之前形而上学的阅读就结束了，而伦理和政治探究很长时间以后才结束。伦理和政治探究直到和美国作家的作品对接（麦迪逊、汉密尔顿和马克·吐温），并和反映美国生活方式的作品对接。

四年级研讨课基本上都是当代作品，《战争与和平》《浮士德》《卡拉马佐夫兄弟》等伟大的小说作品都在其列。学生还要学习最具有挑战性的作品，如黑格尔、尼采和海德格尔的哲学著作。与学院培养富有教养的公民的使命一致，四年级也学习以美国民主为中心的作品，如《联邦党人文集》、林肯演讲、高级法院的主要判决和托克维尔对美国实验激进本质的评论等。

## （二）导师指导课

导师指导课也使用研讨课的对话式方法，但是讨论的内容限定于导师指定的任务。每位学生参加为期四年的语言导师指导课和数学导师指导课（通常每周四个上午），二年级学生还要参加音乐导师指导课（每周三次）。导师指导课还有为期四年的实验室科学，学生在导师指导下做科学试验，研究原子结构等主题（每周两次）。

语言指导课。学生学习外国语并把它们翻译成英语，比较不同外国语之间，以及它们同英语的异同，从而对各种语言性质有大致理解，对母语有特别的认识。四年时间里学生以外国语为媒介，把语言作为理性话语加以探索。前两年学习希腊语，后两年学习法语。

数学指导课。圣约翰学院认为，数学是理解人的理解力和外部世界不可分割的一部分，数学教程寻求让学生深入理解数学的基本性质和目的，深入理解从定义和原理系统地推导必要结论的推理方式。学生四年里学习纯数学、数学物理和天文学的基础。

音乐指导课。二年级开设的音乐教程寻求通过视听练耳、研究音乐理论和分析音乐作品（如巴赫、贝多芬、莫扎特、帕莱斯特里拉等），培养学生对音乐的理解，学生全面学习自然音阶体系，研究韵律、复调和和声，学习单词和音符的节奏。

### （三）实验课

在为期三年的实验室课程里（二年级没有），圣约翰学院的学生不仅要从合乎逻辑的演讲中学习，也要通过动手观察和分析学习。学生尽可能依赖原始文本、复制实验，思考所有时期科学家们的思考的基础性问题，探讨托勒密、哥白尼、开普勒、牛顿和爱因斯坦的理论，追随科学家们的革命性思想和决定性实验，如18世纪的哈维、20世纪的沃森和克里克。圣约翰学院并不认同科学研究和人文科学的严重割裂，好像二者是显著不同、独立存在的学习领域。圣约翰学院坚信，完整的科学探索起源于所有智力生活共有的源泉。实验室课程由14～16名学生在一名导师的指导下工作，高年级学生充当助手提供必要帮助。师生一周两次在实验室相聚，其一是时间较长的实验部分，其二是时间较短的讨论部分。

一年级实验课主要涉及生物学和化学，学生观察动植物、物理和化学现象，学会仔细观察、解剖、测量和实验技能，以及如何用绘图、符号、图标和数学表达方式记录所观察的事物。一年级实验课被分成生物、物理和化学三个序列，但是自然科学被视为连贯的整体。学生以观察和理解动植物为开端，阅读文献（如亚里士多德的作品《动物的各部分》和《论灵魂》），观察并解剖动物。在测量和平衡部分，学生探究数学解读自然的基础，阅读阿基米德、帕斯卡、巴拉克、吕萨克的著作。物质构成的研究以阅读拉瓦锡的《化学原理》为开端，接着转移到研究道尔顿、托马斯和吕萨克、阿伏伽德罗、康尼查罗和门捷列夫的原子理论。

三年级实验课主要涉及物理学，把阅读、讨论和动手实验结合起来。秋季学习动力学和光学；春季学习波和电学，文献自伽利略到麦克维尔，按编年史安排；秋季顺序的主线是运动，包括运动的性质和原因。教师和学生依次尝试用笛卡尔的动量，莱布尼茨的生命力，牛顿的力，迈尔的动机，麦克维尔的功处理、动能、势能和热，替换亚里士多德的动力因学说。主要学习资源还有惠更斯、泰勒、欧拉、伯努利、法拉第等人的著作。

四年级实验课主要涉及生物学、遗传学和物理学。秋季学期继续研究一年级实验课就开始的物质构成，延伸到原子结构，把三年级学习的古典机械学、光学、波的运动和电磁学四个领域融会贯通起来。学生尽可能阅读原始实验记录或实验解释，重复必要的原始实验。阅读材料涉及定位电荷和物质的基础单位，不能复归的粒子概念，光的波粒二象性的提法，以及对于粒子运动理解的固有局限的可能性。学生讨论诸如此类的主题：物质的性质、时间和空间、描述自然数学的目的和地位、知识确定性的可能性。四年级的阅读材料主要包括法拉第、汤姆森、麦利肯、卢瑟福、爱因斯坦和海森堡的著作。

### （四）训诫课

训诫课是圣约翰学院最接近选修课的课程，主要满足学生更深入探讨某位作者的著作或在更高水平上探索某个哲学问题的需要，学生可以从 15~20 个主题中选择。训诫课要么是多个学生小组研究探讨书单上的同一本著作，要么是研究几本著作中的同一主题，或是研讨课的阅读主题，也可能研究课程中不出现的名著或主题。训诫课安排年中 7~8 周时间，三、四年级学生的研讨课暂停，研讨课导师提出研讨主题，三、四年级学生向教务长提交申请，通常一名导师指导的学生不超过 10 人。训诫课的附加部分是校外导师的讲演，讲演之后是师生每周一次的讨论。

2009—2010 年度，圣约翰学院的训诫课列出以下选题：奥古斯汀的《忏悔》、福克纳的《喧嚣与愤怒》、斯宾诺莎的《伦理学》、马赫的《机械学》、黑格尔的《精神现象学》、索福克勒斯的《特拉基斯少女》和《菲罗克忒忒斯》、"叔本华、瓦格纳和尼采"、莎士比亚的《安东尼与克里奥佩特拉》、柏拉图的《理想国》和《泰阿泰德篇》、贝克莱的《对话》、亚里士多德的《修辞学》、"西塞罗"、普鲁斯特的《追忆似水年华》、"社会思想读物"、克莱因的《古希腊的数学思想和代数起源》、加尔文的《基督教原理》、司汤达的《红与黑》和《论爱情》、陀思妥耶夫斯基的《卡拉马佐夫兄弟》、"苏东坡的诗歌和书法"。两个校区选题一样，但主持导师并不完全一样。

## 四、圣约翰学院的课程实施与管理

圣约翰学院名著课程强调学科间的相互关联性，没有院系结构，没有专业和学系之分，没有教科书，没有选修课，所有毕业生统一授予文学士学位。学生通过研读名著，学习古典文学、哲学、神学、心理学、政治学、经济学、历史、数学、实验室科学和音乐。圣约翰学院所有教师都被称为导师，教师没有职称评比，也没有发表论文的要求，教师的职责是激励学生，他们主持希腊课、文学课的讨论，或者托勒密几何班等。所有课程都是以研讨为主，没有教授讲演。课堂上，师生聚集一起共同探讨正在阅读的名著和彼此提出的基础性问题，从各自的不同观点中学习，发现彼此共同的深层次人性。圣约翰学院不给学生评分，也不讨论分数，只给学生进入研究生院做成长记录，学生的成绩在于整体表现，重点是在班级讨论中的贡献，而不是考试。最重要的评价形式是导师质询，即每学期期末学生同自己所有的导师见面，无拘无束地汇报自己的学习及成长状况。

社区氛围和小班教学是圣约翰学院名著课程的必要条件。圣约翰学院没有学生社团"兄弟会"的晚会，也没有学校代表队的体育比赛，但是学生可以在校园里同任何人探讨任何问题，是真正的学习社区。圣约翰学院面向所有人，不论性别、宗派、性取向、财富等背景，多样化的背景和经验丰富了学习社区氛围。四年自主学习以后，学生知道自己喜欢什么，自己擅长什么，学生有能力在宏大背景下找到自己的位置，知道如何开展自己的研究。圣约翰学院研讨课通常由 2 名导师同时为 20 名左右学生做主持，导师指导课和实验课则是一名导师负责 12～16 名学生，训诫课则是一名导师最多指导 10 名左右学生。为保证小班教学，每年两个校区的学生数都控制在 450～475人，师生比为 1∶8。

## 五、圣约翰学院名著课程的影响和评价

长期以来，圣约翰学院被看作是世界上难度最高的高等院校之一，该校毕业生一直被誉为美国接受了最优秀教育的年轻人。2010 年，刘易斯基金会在马萨诸塞州筹办一所四年制文理学院，副校长盖恩（Gayne Anacker）宣称："我们将仿效圣约翰学院苏格拉底式的教学，这种教学同标准讲演有很大不同。"[①]在圣约翰学院留学的中国学生纪语感慨地说：圣约翰学院复苏了我对梦想中教育的渴望，这种渴望曾经在分数、知识点、考试还有排名等的嘲弄中显得异常可笑。[②] 2009 年，《普林斯顿评论》从美国2500 多所四年制学院中评出 371 所最佳学院，圣约翰学院再次名列其中。学生给圣约翰学院学术质量评分是 99 分（满分 100），学生认为大多数教师见解深刻、智力超群、乐于奉献，所有教师都能够很容易地接触到。[③] 美国著名作家波普（Loren Pope）盛赞圣约翰学院和里德学院（Reed College）是美国两所最知性的学院……它们改变了人类生活。[④] 圣约翰学院的组织设计、制度安排和理念创新解放了教师、解放了学生，也解放了学校，为名著课程的成功实践创造了充要条件。

圣约翰学院解开了捆绑在教师身上的种种束缚，彻底消除了研究型大学重科研轻教学、重社会服务轻人才培养的诸多弊病。圣约翰学院的教师不需要为发表学术论文而殚思竭虑，也不需要为评聘教授、副教授等职称而钩心斗角，更不需要为争取科研项目而东奔西走。圣约翰学院教师的核心职责是激励学生，他们能够全身心投入课堂教学和培养人才。圣约翰学院的教师不是亚里士多德那样百科全书式的大师，面对包罗万象的名著课程，他们和学生一样都是非专业者，这种非权威身份更有利于师生在

---

① BEAM A. The great books are coming to Massachusetts [EB/OL]. http://www. boston. com/ae/books/articles/2010/03/05/chronicles_of_the_great_books/.

② 中山大学博雅学院学生会. 从圣约翰看博雅 [EB/OL]. [2010 - 07 - 15]. http://lac. sysu. edu. cn/xzhd/byyk/68671. htm.

③ St. John's College. News & publications, one of the best [EB/OL]. [2010 - 02 - 27]. http://www. stjohnscollege. edu/news/best. shtml.

④ POPE L. Convocation Address. "The Gift of the Gadfly" [EB/OL]. [2007 - 08 - 22]. http://www. stjohnscollege. edu/about/colleges. shtml.

平等对话中共同成长。

圣约翰学院把学生从考试地狱里解放出来，不设正式的考试时期，不给学生评分，只给学生进入研究生院做成长记录，学生记录的重点是在班级讨论中的贡献。学生不为考试而读书，不为分数而学习，而是每天和同学、教师一起沉醉在同历史上最伟大的思想家、科学家和艺术家们对话的兴奋当中，为真正的成长和发展而努力。圣约翰学院的学生不是教室里被动的听讲者，也不是所谓真理的继承人，更不是陈腐意识形态的收纳箱，他们是学习的真正主人，在很大程度上决定着自己所受教育的质量。

圣约翰学院拒绝参加所有校外远离教学一线、偏爱量化分析的所谓科学评估和大学排名，这些排名和评估无关人性关怀、灵魂涵养和理智训练等教育内在本质特征，从而摆脱了外部的不恰当控制和干扰。很显然，改革不能拘泥现有成规，体制内的改革不能以体制外的评价标准衡量成败。圣约翰学院把教育质量评价的权力交给所有教师，由教师集体负责记录学生的成长，为学生提出富有价值的发展建议。圣约翰学院组织动员全校力量以全校出动体制推行名著课程。所有学生学习同一课程，统一授予文学士学位，不设职业性院系，没有学科和专业区别，避免了通识教育和专业教育的冲突，杜绝了学系、职业性学院、学科、专业等对通识教育的干扰。事实证明，圣约翰学院毕业生没有因为缺乏专业训练而影响进一步深造和发展，该校80%的毕业生进入研究生院继续学习，是美国输送博士生最多的学院之一。①

在三百余年的岁月里，美国高等教育改革浪潮此起彼伏，任何大学的盲目跟风或故步自封都有可能把自己断送，圣约翰学院对此深有体会。幸运的是，圣约翰学院能够科学分析、合理定位、独辟蹊径，以永恒主义教育哲学思想为指导，充分挖掘名著的教育价值，走出一条富有特色的成功之路。名著课程本身或许不是我们学习的重点，勇于创新、善于实践、敢于坚守才是圣约翰学院带给世界的重要精神财富和行动启示。

# 第六节　圣玖斯弗学院通识教育实践案例

圣玖斯弗学院位于美国印第安纳州西北部伦斯勒市（Rensselaer），是创办于1890年的私立天主教文理学院，招收信仰各种宗教的学生。现有在校生约1000名，来自美国23个州，52%的学生是天主教徒。② 该院开设有79个专业课程、辅修课程和职业课程，专业课程开设有教堂音乐与礼拜形式、俗家基督教传教士、宗教/哲学等宗教专

---

① DE VISE D. An education debate for the books［EB/OL］. http：//www. washingtonpost. com/wp－dyn/content/article/2009/08/26/AR2009082603408. html？wpisrc＝newsletter.

② Saint Joseplis College. About the college［EB/OL］. http：//www. saintjoe. edu/about/ 2009－05－13.

业，还有会计学、生物学、计算机科学、化学等世俗专业；职业课程开设有药学、法学、职业疗法、兽医等专业，跨学科专业开设有艺术教育、生物化学、环境科学、国际研究、数学和计算机科学等。① 该院 95% 的毕业生 6 个月内成功就业或进入研究生院学习，大约 25% 的毕业生继续研究生阶段学习。②

1969 年，圣玖斯弗学院对普通教育课程进行了彻底改革，其核心课程改革方式得到外界广泛认可和无数赞扬。同时，成千上万的毕业生证实该院核心课程在他们个人生活和职业生涯中具有积极影响。1999 年，Templeton Guide 评估了美国十大类 405 所高校，圣玖斯弗学院被列为"学生性格发展培育"系列的领头羊。Templeton Guide 指出："圣玖斯弗学院的核心课程通过博雅课程学习提出了学术性挑战，它还包括许多评估策略，评估学生四年的认知和情感发展。"③ 美国著名高等教育专家博耶赞扬说："圣玖斯弗学院开设的核心课程是典范……师生一起以精心组织的顺序考察历史、科学、哲学和各种文化，课程强调知识的相互影响，强调知识如何应用于学生的专业之中。"1999 年，圣玖斯弗学院请校友对母校核心课程做出评估，1973 届毕业生让·科迪斯（Ron Curtis）说："我们的地区性社区相对来说很小，但是我的工作已为来自埃及、日本、沙特阿拉伯、丹麦、印度以及更多的人提供服务。核心课程让我睁开了双眼，发现如此众多的哲学、宗教、文化和世界观，帮助我更好地为顾客服务。"④ 如今，圣玖斯弗学院与哈佛大学、芝加哥大学、威斯康星大学的阿尔维诺学院、纽约城市大学的布鲁克林学院并列为美国普通教育最成功的 5 所院校。

## 一、核心课程的目标

圣玖斯弗学院的核心课程目标分为三个层次：最高层次主导性价值观、中间层次基本目标和各门课程的具体目标。圣玖斯弗学院把追求世界的、人类的和上帝的真理作为学院的统领性目标，与此对应的核心课程有三个主导性价值观：①世界是上帝的创造物；②尊重个人尊严；③信仰宗教，神的启示是多样化的，她把所有一切吸引到自身周围。⑤

该院核心课程的基本目标有以下六点：⑥

（1）培养认知和交流的技能。通过不同阶段的核心课程学习，希望学生不断地掌

① Saint Joseph's college. Majors [EB/OL]. http://www.saintjoe.edu/majors/2009-05-03.
② Saint Joseph's college. About the college [EB/OL]. http://www.saintjoe.edu/about/2005-05-13.
③ Joha Templeton Foundation. Templeton Guide：College that Encourage Character Development. 1999-10-22.
④ Saint Joseph's College. Recognition [EB/OL]. [2009-10-25]. http://www.saintjoe.edu/academics/core/recognition.html.
⑤ Saint Joseph's College. What do we do in core [EB/OL]. [2008-06-07]. http://www.saintjoe.edu/academics/core.
⑥ Saint Joseph's College. What do we do in core [EB/OL]. [2008-07-08]. http://www.saintjoe.edu/academics/core/goals.html.

握更富挑战性的认知技能训练（分析、评论、综合性推理），涉及所有形式的讲道和所有形式的技能（听、说、读、写）。

（2）建立真理追求者共同体。与核心课程的思想基础和学院的价值立场保持一致，让学生融入人类存在的合作本性和人类大家庭团结的强烈信念之中，并鼓励他们同时以认知的（科学的、哲学的、神学的、宗教的）和情感的方式（忠诚于共同的美好事物，甚至是全球范围的）形成这种信念。

（3）拓展多方面现实的意识。通过 8 个学期的核心课程学习，期望学生拓展跨学科的技能（以忠实于各领域方法论的方式使用本专业之外材料的能力），能够以受过博雅教育的通才水平分析评论学术性阅读材料，期望学生能够以不同的方法论途径探讨阅读材料。

（4）培养综合性的思考习惯。期望学生以众多的探求模式不断地留心，并且学会如何综合各种材料，如何联系各种材料。

（5）鼓励形成正确的价值观，唤起对价值观的热情，激发对价值观的责任感。学生经过 8 个学期的核心课程考验，形成个人的和共同的价值观（包括冲突的和含糊的），理解选择与结果之间的复杂性和相关性，重视作为应对当今与未来事务手段的博雅教育的价值，培养符合民主社会价值观的态度和习惯。

（6）恪守具体的基督教价值观。期望毕业生通过观察芸芸众生形成综合的信仰，鼓励学生在职业生涯和所有个人奋斗中恪守该信仰。

圣玖斯弗学院的核心课程共有 10 门，每门都有各自的具体目标，下面列出其中 2 门的培养目标：核心课程 ①"当代形势"培养目标：学生能够领会并展示撰写文章的若干步骤；能够构思并撰写一篇简单的议论文，论证材料充分翔实、种类多样（轶事的、统计学的、比拟的、权威的论点，《时代》或《华尔街》等杂志的相关文献研究）；理解并具备利用多种草案撰写文章的经验；理解并能够识别自己作品里的一般语法错误，重点学习的语法错误包括：句子不完整，主谓不一致，同音异义字混淆，所有格错误，该用而没有用被动语气。教师可以有选择地讲解词的挑选、用法和其他语法问题，但是核心课程②"现代世界"的教师可以认为上面所列主要语法问题已经学习过了，并在给学生写作评分时考虑进去。核心课程⑥"宇宙中的人类 II"的培养目标：让学生通过宇宙的、生物的和文化的进化演变，学习物质的、生活的、人类科学的关键性概念；让学生以受过教育的通才水平掌握科学方法，用科学方法认识一系列实践性科学，发挥科学方法的应用作用解决问题；每次分发讲演材料列出 3～4 个目标，帮助学生聚焦于演讲内容和考试问题，帮助学生达到上述目标。

## 二、核心课程基本内容和内在结构①

圣玖斯弗学院的核心课程不是从若干互不相干的系科里列出 10 门必修课，而是一套均衡地分配在 4 年大学教育里的 45 学分综合性跨学科课程。各门核心课程的基本内容，以及相互之间的关系具体如下：

一年级：核心课程①——当代形势　　　　　　　　　　　　　　　6 学分

　　　　*核心课程②——现代世界　　　　　　　　　　　　　　6 学分

二年级：**核心课程③——西方文明的源头　　　　　　　　　　　6 学分

　　　　***核心课程④——基督教对西方文明的影响　　　　　　6 学分

三年级：核心课程⑤和⑥——宇宙中的人类Ⅰ、Ⅱ　　　　　　　　6 学分

　　　　****核心课程⑦和⑧——跨文化研究（印度和中国，非洲和拉丁美洲）

　　　　　　　　　　　　　　　　　　　　　　　　　　　　　6 学分

四年级：核心课程⑨——迈向基督教人道主义　　　　　　　　　　6 学分

　　　　*****核心课程⑩——学术研讨课　　　　　　　　　　　3 学分

每门核心课程都有若干主题，每个主题下有若干教师集中讲演。核心课程①主要探讨二战后的美国，强调性别、种族、阶级和地域是如何在很大程度上影响一个人的性格、价值观与宗教信仰的，目标是自我发现和自我评价，重点在 20 世纪美国社会中的"自我"。核心课程②~④主要让学生熟悉西方文明的起源和其后的发展。学完核心课程④，学生具备了丰富的历史认识和批评的敏锐性，回到了核心课程①的起点。核心课程①~④试图介绍 4000 年的犹太—基督教传统和 2800 年的西方文化。核心课程⑤和⑥是关于亿万年宇宙和生物演变的历史故事，它探讨一个多维度的宇宙——人类生存的家园。三年级核心课程⑦和⑧让学生学习"宇宙"和"太空地球"的概念，把学生带到西方文明以外的其他文明当中，欣赏印度和中国、拉美和非洲的文化，从中学习其他文化的长处。核心课程②~④让学生接触西方文化的"根"，核心课程⑤和⑥从科学角度揭示我们人类生活和所有生物以及基本宇宙过程的联系是多么紧密——人类、宇宙和生物的"根"。三年级核心课程⑦和⑧通过政治、经济、生态、形而上学、宗教的途径，专注于人类大家庭的整体性事实。前三年的核心课程着重分析，提供关于人类所有事情的信息、观点和赏析。四年级的核心课程用基督教把前面所有的材料结合在一起。核心课程⑨和⑩探讨终极意义和最深层次的责任问题，核心课程⑨主要是理

---

① Saint Joseph's College. Core Syllabi［EB/OL］.［2004－12－22］. http://www. saintjoe. edu/academics/core/syllabi. html.

　* 早期，核心课程②是"希伯来和希腊罗马遗产"，6 学分。

　** 早期，核心课程③是"中世纪"，6 学分。

　*** 早期，核心课程④是"现代世界"，6 学分。

**** 早期，核心课程⑦和⑧是"非西方文化研究"，6 学分。

***** 早期，核心课程⑩是"基督教和人类状况"，3 学分.

论和原则的综合物，核心课程⑩在人类有意识地、审慎地控制演变进程的世界里应用这些理论和原则，是核心课程的"压顶石"，是一种综合性体验，帮助学生把前面学习的理论与打下的基础（特别是核心课程⑨），用于对实际生活中特定的道德问题做出基督教人道主义者反应之中。学生在教授的指导下，开展高水平的个人研究，经过老师同意，每个学生可以根据兴趣从8个主题中选择一个研究主题，研究结果（科研论文）还要在小组中与同学分享并加以讨论。核心课程⑩的8个研究主题与人类关心的事、当代紧迫事务和学生自选的职业密切相关，包括公共生活中的基督教、人类栖息地的基督传教士、基督教与艺术／文学、对变化中的世界的反应："9·11"后的美国、现代福利、日常生活中的道德困境、基督教人道主义：教育目的与实践、护理伦理学。

## 三、核心课程的教学①

圣玖斯弗学院核心课程的教学由集中授课、分组讨论、写作练习、阅读材料②、网络连接③（通常为15～20个）、电影欣赏④等部分组成。每学期（最后一学期除外）学习一门或几门6学分的跨学科课程，具体时间安排是：6学分的核心课程一周聚会4小时——在学院的讲堂里听2小时的讲座（一至四年级都参加），2小时分组讨论。教师和学生每周2次（三年级学生每周3次）聚集在装备着最先进多媒体软件和硬件的艺术大讲堂里集中授课，通常是具备相关讨论主题专长的教师团专家教授的讲演，有时也可能放映VCD或电影，或是客座教师的讲演，或是学生专题小组活动，或是戏剧表演。集中授课的教师以专家身份出现，对布置的阅读材料，或者相关的议题加以评论。在集中授课之前，所有学生必须认真阅读布置的共同阅读作业，学生在4年核心课程学习中要阅读大量著作，东西方名著是其中的一部分。

集中授课之后，学生通常在一名教授的主持下分成若干16～18人小组，讨论阅读文本和讲演。讨论小组强调与不同的人和思想互动，教师以合作学习者的身份出现（因为讨论的题目很可能在他的研究领域之外），教师还布置学生写作任务，举行测验和考试等。所有核心课程都要接受考试考察，写作是核心课程的重要组成部分，要求学生每学期平均撰写20～25页文章，用不同类型的写作任务训练帮助学生获得书面交流的技能。教师们共同协调各系和核心课程的书面写作任务安排，写作部分是螺旋式

---

① Saint Joseph's College. What do we do in Core [EB/OL]. [2004－07－06]. http://www.saintjoe.edu/academics/core/structure.html.

② 每门核心课程都为学生开列了阅读书目，听老师讲演之前要认真阅读教师指定的著作或材料。核心课程②开列了7本阅读书目，其中包括卡尔·马克思的《共产党宣言》和托马斯·莫尔的《理想国》。

③ 每门核心课程通过网络连接为学生提供了丰富的网络资源让学生批判性地使用，核心课程②列出了14个相关网站。

④ 部分核心课程为学生准备了经典影片或VCD，便于学生轻松感受异国／异族文化，核心课程⑦"跨文化研究（印度和中国）"放映6部电影（印度、中国各3部），核心课程⑧"跨文化研究（非洲和拉丁美洲）"放映4部非洲和拉美电影。

逐步构建的，以便学生和先前核心课程的学习联系起来。下面介绍该院的核心课程的教师小组和集体协议。

### （一）教师小组

圣玖斯弗学院各门核心课程都有来自不同院系的专门教师小组，大多数教师来自各个院系，也有专职从事核心课程教学的教师，还有来自其他院校或社会机构的客座教师。例如，核心课程①"当代形势"有18位教师，其中通讯学3位、历史学1位、政治学1位、国际研究1位、计算机科学1位、教育学4位、英语2位、市场营销1位、哲学1位、核心课程专任教师3位。核心课程②"现代世界"除了12位来自本校9个专业的教师外，还有7位来自外校6个专业的客座教师。对于教师来说，核心课程是不断学习的体验，因为他们挑战学生和自身，从更宽的视角寻找各个学科之间的联系。即使在教师之间，关于核心课程的交谈和对话产生了与其他大学不同的集体行动。每学期来自几个不同学科或专业的教师会聚一起共同规划核心课程，探讨课程所关注的问题，达成教学方法共识。

### （二）集体协议

针对自身课程特点，各门核心课程教师小组经过讨论形成集体协议。10门核心课程的教师集体协议大致相同，主要包括课堂考勤、认真阅读指定材料、测验和考试、写作练习（通常20页）、口头讲演等。核心课程⑥"宇宙中的人类Ⅱ"的集体协议是：期中考试占总分15%，期末考试占总分15%，如果有同学要求提前考试，必须使用替代性考试，不重复使用本学期其他考试使用过的试题；要求学生撰写10～15页的论文，强调培养使用和引用实践性数据的技能、观察和结论的批判性分析技能、简明的科学写作技能，写作可以是正规的试验报告、学期科学论文、课堂议论文、科研提纲或文学评论或复述；要求每位学生就研究论文或议论文做正式的口头讲演或参加有组织的辩论；要求所有学生认真阅读指定的著作和材料；超过4次旷课后每次扣3分。核心课程①"当代形势"，集体协议还强调，不能容忍考试和平时作业中的剽窃或其他形式的学术失信行为。核心课程④"基督教对西方文明的影响"，集体协议指出，每个学生在与课程材料相关的问题上采取道德的或者伦理的立场，并以严密的推理以及课程中出现权威观点为参照支持这个立场，以采取该立场的优势说服教授及同学们。核心课程⑨"迈向基督教人道主义"，集体协议要求，所有学生在写作和讨论中尊重所有人，不能使用禁忌语或与性相关的语言。

## 四、核心课程的特点

作为一所地方性天主教文理学院，圣玖斯弗学院能够跻身于全美普通教育最佳5所院校之列，与大名鼎鼎的哈佛大学相提并论，实属难得。圣玖斯弗学院核心课程的成功至少表现在以下几个方面：

## （一）课程组织安排的结构性

哈佛大学核心课程分成七大类 11 个领域，每个领域开设十几到几十门课程供学生选择，但是七大类 11 个领域之间缺乏内在逻辑联系，只是不同学科知识的平行罗列，具体到每位学生选修的课程更是杂乱无章、不成体系。相比之下，圣玖斯弗学院的核心课程是一套结构严谨的必修课程，它不是随意萃取人类文明的精华，然后毫无章法地任意排列，而是非常重视综合不同学科的知识，在各门课程之间建立内在逻辑联系。10 门核心课程至少覆盖历史学、政治学、物理学、化学、文化学、宗教学、心理学、遗传学、艺术学、天文学等学科基本理论与常识，每个学科以综合的跨学科方式被组织在历史框架之中，检验每个时期探讨的问题，为学生创造坚实的沟通基础，培育学生社会责任感和个人意识。三十七年来，核心课程具体内容紧跟时代步伐不断更新，但是基督教人道主义始终是内在主线，课程结构基本上没有改变，促使学生在各门学科之间发现联系，思考并审视价值取向问题和伦理问题，验证自己的价值观与基督教传统相关的信仰，可以把这些原则用来解决工作中遇到的两难困境。

## （二）课程内容选择的开放性

圣玖斯弗学院没有把学生性格发展、情感培育、道德伦理教育限制在狭隘的天主教文化小圈子里，而是以开放的胸襟，从人类文明的宝藏中博采众长汲取琼浆，为所有师生提供了人类的共同经验，包括人类状况、人类文明和文化、人类成就和问题、人类意义和目的等。在阅读书目中，学生们甚至被要求阅读卡尔·马克思、达尔文等人的著作，为学生提供丰富多彩的学习资源。其次，伴随着知识的更新和拓展，每门课程与各自领域的最新学术进步保持着同步，从不故步自封。此外，核心课程涵盖了西方文化、非洲文化、拉丁美洲文化、亚洲文化，让学生接触各种不同的价值观，熟悉并接受异国/异族文化和生活方式，在批判中接受基督教文化，让学生从宗教、历史、科学中学习所有日常生活必需的知识，从不同角度观察周围的世界，学会批判地思考问题，超越自己专业领域看问题，成为具有全球视野与完整眼光的"地球村"工作者，更好地迎接全球化挑战。

## （三）课程教学浸润性与合作性

圣玖斯弗学院核心课程教学方法灵活、形式多样，让学生从不同渠道参与学习过程，与同伴建立良好的学术关系，与教师建立多种形式的师生关系，体现良好的合作性与浸润性。除了集中授课之外，学生们还可以通过分组讨论、写作练习、阅读材料、网络连接、电影观摩等方式进行延展性学习。就合作性而言，圣玖斯弗学院核心课程的教学突破了传统教学一位教师独揽一门课程的做法，而是组建了来自不同学科、不同院系甚至是不同院校的教师小组，教师小组各展所长各尽其能，更有效地实现了教学目标。为了避免教师"一人一把号，各吹各的调"，各教师小组针对自身课程特点集体讨论制定集体协议，从制度上整合教师小组力量形成合力，保证了核心课程的教学质量。

### （四）高度重视书面与口头表达

圣玖斯弗学院核心课程考核评估方式以撰写研究性论文为主，积极倡导研究性学习，转变了被动接受知识死记硬背的学习方式，强调养成批判性思维习惯。该院要求学生全面接受立场声明书、分析性反馈论文、比较与对照论文、总结性论文、讽刺性论文、论辩性论文的写作训练，学完每门课程后必须完成一篇附有参考书目或注解目录的期末研究论文，论文资料来源必须多元化。其次，该院核心课程重视通过分组讨论和口头陈述个人观点等途径培养学生的口头表达能力、与他人沟通合作的能力，以及对持有不同观点和思想者宽容的态度。

### （五）核心课程与专业课程齐头并进

圣玖斯弗学院的核心课程与专业课程不是互不相干、彼此分割的两条线，而是在并驾齐驱中相互渗透、相互促进的整体。从一年级就开始开设专业课程，既让他们从专业学习中获益，也从普通教育中获益，还可以从其他专业学生身上获益，为学生提供扎实的博雅教育和独特的职业优势。

# 第七节　华盛顿州立大学通识教育实践案例

美国华盛顿州立大学是一所兼有教学使命的研究型大学，同时也是一所赠地大学。作为一所百年公立院校，其因课程品质优良而颇有名气，被赋予"公立常春藤"的美誉。作为华盛顿州立大学的一个重要办学特色，通识教育在该校几十年的实践中发育得相当成熟，已经形成一个系统完备的实践模式。

## 一、通识教育的宗旨和目标

美国高等教育界普遍认为，虽然对于绝大多数学生而言，他们的大部分学习课程是专注于他们的专业领域，但大学课程的基础是通识教育。那么对于华盛顿州立大学而言，任何进入该校的本科生——无论其就读于哪个院系，都要完成相应的通识教育必修课，通识教育必修课和专业必修课一起，构成了本科生的必修课程，这是获得学士学位的先决条件。华盛顿州立大学通识教育四大宗旨和六大目标不仅是该校开展通识教育的基础和立足点，也是美国大学根深蒂固的通识教育观念的体现和反映。

### （一）通识教育的宗旨

华盛顿州立大学的通识教育旨在应对与日俱增的学科专门化倾向，鼓励学生尽最大可能去发展和实现自我。它的宗旨具体如下：

（1）开发学生潜能。高等教育的功能之一就是培育和提升蕴藏在个体身上的潜能。因此，通识教育同丰富个性、感受文化和拓展知识直接相关。这些目的意味着通识教育课程强调审美和鉴赏能力，鼓励亲自体验创造以及提供自省的机会和验证自身的价值。

（2）培养合格公民。通识教育因其在高等教育中承担的角色而受到社会肯定，它为自由社会中普通公民的未来生活需要做出准备。当它专注于"面对普通人的教育"时，同时也为培养领袖和开展服务提供机会。从共同的教育经历中产生的共同价值观有助于社会融合，使沟通交流成为可能。因此，通识教育课程试图传授和展示对人类有价值的不断变化的知识体系。课程设计的重点是学习过去积淀的知识，目标是发展培养有见识、成熟和具有批判性的精神和头脑，最终是为了推动较高层次智能，如批判性思维能力的发展。

（3）夯实专业基础。虽然通识教育是"面对普通人的教育"，但是，教育内容也必须包含必要的专业教育和实用的知识技能。沟通和推理技能受到重视，因为它们作为主修专业的基础，能够提高学生的整体能力，推动学生的智力发展。通过通识教育，展示不同的价值观、愿景和文化传统，能够丰富学生对背景环境的理解，加深对他们未来职业活动意义的认识，对他们以后从事的不同工作来说都是有益的准备。

（4）注重终身学习。通识教育课程是对人类以往经验的表达：新知识在过去是如何获得的，在未来又是如何获得的。因此，通识教育课程强调宽广领域中学科基础知识。由于学生不可能在四或五年的大学生涯中学到他们需要的一切，通识教育课程注重培养学生持续的、终身的学习习惯，图书馆利用技能和计算机技能因在"学会学习"中的重要作用越来越受到重视。

## （二）通识教育的目标

华盛顿州立大学有六大目标，为了使每个目标更微观、具体、可操作化，又把六大目标细化为若干审批标准：

（1）养成批判性推理能力。①能够说明问题并解决问题；②能够整合知识；③能够判断决定和结论的正确性与有效性；④懂得如何思考、推理和进行价值判断；⑤理解不同的观念、分歧和不确定性；⑥了解不同的哲学和文化。

（2）制订自主学习或独立学习计划。①在图书馆和互联网上，展示研究和信息检索技能；②能够评估数据和应用定量原理与方法；③能够进行持续性的自主学习；④在创设和解决问题中显示创造性；⑤懂得一个人应怎样去思考、推理和进行价值判断。

（3）理解普世价值观念，包括伦理学和美学方面。①懂得价值观和现象陈述之间的区别，认清和评估证据；②以合理的价值体系为前提；③理解政治、宗教和美学价值观的历史与当代体系；④了解不同观点，尊重并支持别人的正确观点；⑤明白现象的偶然性，容忍分歧和不确定性；⑥发展对艺术、文学、自然界的审美感。

（4）（口头和书面）清晰、准确和有效地沟通交流、阐释和转达含义。①批判性分析写作素材；②定义、分析和解决问题；③在写和说的任务中清晰连贯地组织材料；④显示对环境和背景的洞察力；⑤能使用正确标准英语；⑥显示审稿技能；⑦协作性工作。

（5）获取多种不同模式和背景中的知识，吸收不同学科观点和方法。①懂得和利用科学原理与方法；②理解和运用定量原理与方法；③理解和运用艺术与人文原理和方法；④理解和运用社会科学原理与方法。

（6）理解人类知识和文化的发展历史，包括西方和非西方文化。①了解关于人类历史的主要观点；②理解美国和国际社会中与种族、性、人种划分相关联的事态发展前景；③懂得不同的哲学和文化；④理解社会与环境的交互作用；⑤认识个人作为公民的责任、权利和待遇。

## 二、通识教育课程内容

通识教育注重培养"全人"，通识教育课程体现知识的全面性和完整性，在华盛顿州立大学，它涉及人文艺术、社会科学、跨文化研究、科学、沟通技能、数学技能、美国多样性等七个知识领域范围。

（1）人文艺术。人文艺术领域的必修课程对于学习文学、语言、哲学、艺术、美术和戏剧等人类文化的学生来说，有助于形成历史的、批判的或可借鉴的眼光。这些课程将给学生介绍人类伟大的创造，为评价创造在人类发展中的价值、意义奠定基础。

（2）社会科学。这部分首先要关注人类社会中的社会、政治、经济和宗教制度。这一领域的必修课用不同学科的知识去验证、解释或创造隐藏在这些社会制度下的概念、学说、原理、规律。这些课程聚焦于社会科学如何运用对比方法去分析问题，这些知识如何在社会制度下强化对人类行为的理解。

（3）跨文化研究。跨文化研究拓展了学生对世界发展前景的认识，提升了学生对文化差异性的认知。这些课程运用不同的方法，关注不同的问题，但都强调对非西方文化，包括少数民族文化的研究。这些课程形成了对人类价值观差异性的认识，引入了对文化研究的一致性观点。

（4）科学。科学必修课宗旨是使学生熟悉基础物理学和生物学原理。学生通过对生物学、数学以及物理学方面经验的获得和数据的阐释，获得对科学方法的理解。学生获得科学读写能力的过程，促使他们关心科学发展，进而去衡量这种发展带来的价值，以及它同人类致力的其余领域间的联系。

（5）沟通技能。沟通技能着重通过训练英语口语和写作能力提高沟通交流技巧，总共占6个学分，占了通识教育必修课40个学分的将近1/6，这6个学分中又要求必须有3个学分是写作。课程设计主要是为还未达到一定水平的一些特殊学科和职业提高写和说的技能。

（6）数学技能。数学必修课的目标是在算术和代数练习外创建理解数学的基础，构建在现实世界中运用数学知识的基础。

（7）美国多样性。这门课程概述了美国历史和当代文化的多样性，把学生引入一种或多种问题情境中，使他们对文化的差异、特点和它们在美国社会中复杂的相互作用进行批判性分析。

华盛顿州立大学通识教育课程注重培养学生的科学素养，科学课程以 10 个学分占据了通识教育课程总学分的 1/4，并且在初级课程和中级课程中都有分布。初级课程中的科学课程是通识教育中科学和科学思维的入门课，内容涵盖了科学史、科学与文化的联系及与当代社会的相关性，探讨了现代科技对个人、社会和环境的影响，包括科技给人类带来的便利、问题及制约，怎样利用科学方法去解决一些现实性问题。尤其是这一阶段的科学课程淡化了科学知识的学科性，内容更多地涉及所有科学门类关注的主题和理念，课程不仅仅是把物理学和生物学综合，也对各个学科有所侧重。

华盛顿州立大学通识教育课程特别强调写作技能训练。通识教育的宗旨之一是培养合格公民，即为自由社会中普通公民的未来需要做准备。公民素养也包括良好的读写能力，因此写作技能在该校受到强调，所有通识教育课程都安排了一些适当的写作任务，写作任务可以是多种形式的，包括调查、综述、议论文、提议、技术报告、实验室记录、意向书、进展报告、学术论文等。在通识教育课程规划中安排写作任务的目的是为了协助学习过程的进行，同时也是为了帮助强化和拓展能力的生成。从一定程度上说，安排通识教育课程中的写作也是为华盛顿大学独特的写作档案袋做准备，写作档案袋不是单独的一门课，它是由以往的课程论文和与此同步的写作练习所构成的。如果学生不合格，说明学习高年级的课程有困难，需要得到进一步的写作指导。写作技能被看作学生选修高年级课程的条件，所有的学生都要达到相应的写作技能标准方可毕业。

另外，华盛顿州立大学通识教育课程不是一成不变的，而是根据社会发展不断调整。依据通识教育六大目标及一定的学术标准，由学校通识教育委员会主持会议，不断审查论证课程方案，在此基础上不断调整和更新课程方案，通过不断评估、改革和完善，使其在更大程度上适应社会发展之需。但无论通识教育如何发展，无论课程的内容如何变革，它都紧紧围绕其宗旨，即应对学科专门化倾向，引导学生充分实现自我。

## 三、通识教育的管理

设置专门的管理机构是通识教育顺利开展的组织保障。华盛顿州立大学通识教育取得成功的重要原因之一是设置专门的组织机构负责通识教育的长期规划、组织实施、改进完善等。华盛顿州立大学对通识教育负直接责任的机构是通识教育委员会，下辖顾问理事会、教师评议会及附属委员会。通识教育委员会有以下四个职能：①阐述推介：由顾问理事会和教师理事会阐述推介通识教育目标和宗旨；②建章立制：为通识教育课程设置和覆盖范围征询意见，通过决议，制定一般规章和制度；③审查建议：审查附属委员会给顾问理事会提出建议，并递交教师理事会；④监测实施：常规性地监测通识教育课程方案的实施。

通识课程审批程序如下：通识教育课程提案经系主任同意后提交给通识教育委员会，委员会审核提出修改意见后转给教师理事会，之后提案通过学校学术事务委员会和它的课程手册委员会纳入课程方案中。从2007年数据看，通识教育委员会共有19人任职，人员构成具体如下：每个学院或部门派出一名教师代表，包括院际保育中心和图书馆，任期三年；两名大学生代表，任期两年；登记员；教务长；通识教育主任（兼任秘书）；劝勉和学习中心主任；通识教育主要功能协调人。

## 四、通识教育课程实施

为了实现通识教育目标，各个学院及学系都在通识教育的学分、等级评定和必修课的任务等方面制订最低标准。学生入学后，都会拿到学校制订的通识教育方案指南，指南对通识教育必修课方针、课程标准、课程评价、教学和评判方法等方面的要求给予详尽、细致的阐释。对于通识教育实施过程中学生必须完成的学时任务、知识范围和知识的层次任务都有着详细明确的要求。

华盛顿州立大学共设置120个学分的必修课，其中有40个学分为通识教育必修课，学生毕业前一定要修完这40个学分方可取得学士学位。根据课程深浅程度为通识教育课程设置初级、中级、高级三个等级，每一个等级都有自己的特定目标，把上述的七个知识领域课程分布其中，对于每个等级和知识领域的课程设定相应的学分（如下表）。（一个学时对应一个学分）

**华盛顿州立大学通识教育课程结构**

| 等级 | 初级 | | | | 中级 | | | | | 高级 |
|---|---|---|---|---|---|---|---|---|---|---|
| 课程范围 | 写作 | 世界文明 | 数学技能 | 科学 | 交流技能 | 艺术和人文 | 社会科学 | 跨文化研究 | 科学 | 巅峰课程 |
| 学时（共40） | 3 | 6 | 3 | 3 | 3 | 3或6 | 6或3 | 3 | 7 | 3 |
| | 15 | | | | 22 | | | | | 3 |

初级课程主要为一般性基础知识，大部分课程是为下一阶段学习打基础，包括科学和文化知识、写作技能、初等数学及读写能力，目的是发展必需的学术技能，构建主要学术领域间的联系，传递基本问题意识和方法意识。这部分具体课程构成中，英语写作和世界文明是要求大一新生必修的核心课程，科学主要为大量入门课、数学技能设置了一些选修课。

中级课程为典型的学科导入课程，目的是拓宽学生的知识领域和视野。这部分课程通常是在大学的前两年中开设。虽然中级课程设置在初级的基础上，但初级课程并不绝对是中级的预备，有时两个等级的课程同时修习不仅可行而且必要。

高级课程是通识教育连续学习系列的最终构成部分，如同金字塔的塔尖一样，也是最高的构成部分，设置高级课程的目的是为了培养学生终身学习的技能，使之具备包括主攻专业在内的领域内进行研究和构建知识的能力。这部分课程一般要预备 60 个小时，它们是专业课程的特别预备。高级课程还包含了一个和主修课程一样严格要求的正规写作任务。

华盛顿州立大学学生入学后，都会安排一个通识教育指导老师，导师会根据学生的不同教育要求和职业目标，在同学生充分接触讨论学习计划的基础上，为学生制定不同的学术进展报告，并附上一些建议意见。学术进展报告清楚地展示学生必须要完成的和还需要去完成的通识教育必修课。在以后每个学期，导师都会更新学生的学术进展报告，并以 PDF 文件形式寄给学生在线最新版本。这样在老师的直接指导下，学生对通识教育课程的实施就很容易理解和应对了。

与美国其他研究型大学相比，华盛顿州立大学通识教育有很多共性，比如注重培养学生的沟通交流能力、科学素养、批判性思维、学会学习的技能等综合素质，通识教育课程也是采取分配必修课的结构方式，课程内容强调人文社科和自然科学的均衡性，高度重视全球化时代不同文化的理解和包容，为学生安排导师指导课程选修，成立专门机构负责监管通识教育等。不同的是，华盛顿州立大学通识教育课程虽然也是分配必修课的结构方式，但是该校根据学生不同学习阶段把通识教育课程分为初级、中级和高级三个层次，更加便利了课程的实施和管理。另外，华盛顿州立大学的通识教育管理机构也比其他院校相关机构更加完善，该校通识教育委员会下设顾问理事会和教师理事会，这种组织创新较好地处理了专家理论与教师实践相结合的问题。

# 第八节　印第安纳州立大学通识教育实践案例

印第安纳州立大学是一所规模较大的公立综合性大学，创办于 1865 年，1865—1929 年校名为印第安纳州立师范学校，1929—1961 年使用印第安纳州立师范学院，1961—1965 年使用印第安纳州立学院，1965 年百年之际改用现名。该校能够提供从副学士到博士全系列的学位课程，初等教育、学前教育、特殊教育、课程与教学、护理学、犯罪学、商务管理和体育学等专业实力强大，很受欢迎，2010 年，各类在校生达到 11 494 名。2010 年，《普林斯顿评论》第六次将印第安纳州立大学评为美国中西部最好的大学之一。印第安纳州立大学的通识教育培养学生成为积极的职业者、有所建树的公民，受到美国大学和学院协会（AAC&U）的公开表扬，被列为美国 20 所通识教育实践典范院校之一。该校通识教育课程大约十年一变，最近三十年先后启用三个版本的实践模式：1989年版、2000年版和2010年版。2010年秋季，该校启动新版通识教育课程，对原有通识教育课程进行了重组，名称也被改为奠基课程。本研究着重介绍2000年版，2010年版暂不涉及，因为2010年版的实践效果尚有待验证。

## 一、通识教育理念

印第安纳州立大学认为，专业教育只是本科教育的一半，通识教育则是另一半。本科教育不仅要帮助学生获得一份工作，更重要的是要培育学生的分析技能，以便做出合理的决策；培养学生的沟通技能，以便把决策传递给他人；培养学生的伦理价值观和智力技能，以便同他人合作，成为参与式公民；培养学生的审美感受性，以便养成对人文学科和人类处境的终身尊重。该校通识教育致力于向学生提供广博的教育，开发学生的智能，培育厚实的学术背景，同时给予学生必要技能并培养学生兴趣，让他们成为成功的职业人士、参与式公民，过上美满的生活。通识教育为所有专业的学生提供必要的知识基础和广博的学术根基，增强学生的专业能力。例如，商务管理专业的学生计划从事国际商务，他有必要选修中国文化和社会课程。专业教育为学生实现具体的职业目标做好准备，通识教育则让学生接触更宽领域的不同学科，培养高雅艺术的鉴赏能力，鼓励学生理解传统大学教育在艺术、人文和科学领域的价值，充实生活，帮助学生形成广泛的兴趣和技能以及对当今社会和政治现实的意识。通识教育是学生了解自我的过程，确保学习不同的领域，获得知识和智能，形成独立思考、批判性分析和理性探究的能力，通过听说读写表达思想的能力，做出知情判断和负责任决策的能力，倡导学生成为参与式公民，认同终身学习的价值，以便适应社会、技术、生态、经济和政治的变革。更重要的是，通识教育帮助学生成为有效的交流者、批判性思考者、难题的解决者、富有见识的决策者，这些都是成功扮演雇员、家长、配偶、子女和选民等社会角色至关重要的能力。

印第安纳州立大学的通识教育有四个目标，它们是：①培养学生独立思考、批判性分析和合乎逻辑探究的能力；②提高学生通过听说读写表达思想的能力；③提高学生做出知情判断和合理选择的能力；④帮助学生获得知识和提高智能，鼓励学生成为参与性公民，树立终身学习的价值观，帮助学生推动并适应不断变化的社会。简单地说，通识教育四个目标是批判性思维、沟通技能、价值观和信仰、终身学习。印第安纳州立大学认同密歇根大学斯塔克（Joan S. Stark）教授和劳瑟（Malcolm A. Lowther）教授的观点，即通识教育课程和专业课程具有共同的目标，它们帮助学生成为积极的职业者，拥有充当所有社会角色都用得上的技能。具体来说，通识教育和专业教育具有十大共同目标：①听说读写沟通交流技能；②批判性思维，即对任何事务进行理性、合逻辑性及连贯性审视的能力；③情境能力，即理解自己所学知识如何影响社会，并具备从不同角度看问题的能力；④审美感受性，即对艺术、自然环境和人类关注点之间关系的敏感性；⑤职业认同，即作为个体、公民和职业人士在这个世界中的位置感；⑥职业道德，即理解并接受职业行为准则；⑦适应能力，即参与并推动职业生涯的变换；⑧领导能力，即人类对知识和技能的运用智能，以及作为富有成效的职业人士做出贡献的能力；⑨关注改进，即具有参与职业改进应尽的义务意识；⑩持续学习，即终身探索并拓展个人、公民和职业的知识。在印第安纳州立大学，本科生可以为自己量身定制通识教育课程，为完成专业学习或辅修服务。没有确定专业的学生能够利用通识教育课程了解不同知识领域，探索自己潜在的兴趣领域，帮助他们更理性地选择专业及辅修，规划完美的职业生涯。

## 二、通识教育课程

印第安纳州立大学通识教育由基础课程和博雅课程两部分组成，基础课程选修主要依据是学生的专业和现有知识水平，博雅课程的选修主要依据学生的兴趣，也可以围绕一个主题。基础课程和博雅课程一样，帮助培养学生的批判性思维能力、拓展交流技能，这些都是能够预测学术事业成功、发展职业灵活性所必需的能力，为毕业生进入竞争激烈的职场或研究生阶段学习做好准备。本科生至少修满 14 门通识教育课程才能获得学士学位，基础课程 4~9 门（因学生专业和现有知识基础不同而不同），博雅课程 10 门。学生还可以通过学习维也纳、澳大利亚、意大利或其他 100 多所与印第安纳州立大学签署国际学生交流计划的高等院校的相应课程，获得博雅课程的学分。如果学生学习副学士学位课程项目，通识教育要求如下：基础课程 4 门，即写作（英语 101、英语 105、英语 107、英语 130）、口语交流（交际沟通 101）、量化素养（数学 102 或通过量化素养测试免修）、信息技术素养（基础课程 E 单元）；博雅课程 5 门，5 门课程至少要分布在博雅课程三个核心领域。

### （一）基础课程

基础课程强调培养学生的写作、说话、量化和计算机技能，有利于提高学生的量化素养、信息技术能力和交流沟通能力，重视通过掌握一门外语拓宽视野，倡导通过体育锻炼提高身体素质，帮助学生在专业学习、职业生涯和个人生活等方面获得成功。基础课程包含六个领域：写作、交际沟通、量化素养、外语、信息技术素养、体育。基础课程必修课如下：

#### 1. 写作

所有本科生在前两个学期都必须学习英语 101（大一新生写作Ⅰ）、英语 105（大一新生写作Ⅱ）、英语 107（修辞与写作）、英语 130（文学与作文）。SAT 英语得分低于 510 分，ACT 英语应用得分低于 20 分的大一新生，必须在第二学期学习英语 105 之前学习英语 101。SAT 英语得分为 510 分以上，ACT 英语得分为 20 分以上的大一新生，必须在第一学期学习英语 107 或英语 130。母语为非英语的学生，必须经过口语、文学、语言学部门的测试，再安排恰当的课程。母语为非英语的学生通常要学习 ESL

（英语作为第二语言）103A 和 ESL 103B。英语专业和辅修英语的学生必须学习英语 108（文学和文化写作），除非 SAT 英语得分在 510 分以上。英语优等生或大学优等生也要学习英语 108。完成大一新生写作和 48 学时的所有学生必须学习英语 305（高级说明文写作），或者英语 305T（技术写作），或者英语 405（学习英语 405 的学生必须完成 62 学时），或者商业报道写作 336，或者英语系批准的替代课程。英语专业和辅修英语的学生要学习英语 307（针对英语教师的写作和学习）、作为替代的英语 308（实用文艺评论）、英语 305。

2. 交际沟通

交际沟通 101（言语交际导论）是每位大一新生必须学习的，但也有以下例外：如果交际沟通系和该学生所在院系达成一致，那么该学生可以通过以下课程满足相应要求——交际沟通 102A（交流理论）、交际沟通 202（公共演讲）、交际沟通 215（商业和职业交流）、交际沟通 302（教师言语交流）。如果学生通过大学测试办公室的测试并获得相应的学分，也能免修交际沟通 101。

3. 量化素养

学生可以通过以下两种方式满足量化素养要求：一是通过量化素养免修考试获得及格分数，二是通过学习以下课程获得及格等级——数学 102、数学 115、编号更高的数学（数学 205 和数学 305 除外）、本科水平的统计课程。本科水平的统计课程指的是数学 111（或编号更高的数学课程）的预备性课程，或能够显示同等数学水平的分班考试成绩。目前，能满足量化素养必修课的统计课程有：商业 205、经济学 370、生命科学 485 和数学 241。任何其他统计课程也可以满足量化素养必修课，前提是要求学生学习以上提到的统计课程中任何一门或数学 111（或更高水平）作为预备课程，同时学生所在院系要提供教学大纲和通识教育课程相应变化的官方说明。另外，转学学生修过的相当于本校数学 018 水平的大学代数也可以满足量化素养必修课要求。

4. 外语

所有学生都要学习外语 101 和外语 102，两门课程应该为同一语种。在高中连续学习两年也就是四个学期并达到外语 101 和外语 102 C 级以上等级的同学可以免修，母语为非英语的学生也可以免修。从其他院校拿到副学士或更高学位转学而来的学生，经所在院系推荐可以免修。没有达到免修要求的学生，可以根据他们高中语言学习的记录安排进入相应的语言学习班（如外语 101 或外语 102）。

5. 信息技术素养

所有学生必须通过以下课程之一，满足信息技术素养必修课要求：BEIT 125（电子时代的信息）、CIMT 272（教室计算机应用导论）、ELED 272（教室计算机应用导论）、CS 101（信息技术能力）、HLTH 112（卫生、环境、安全科学等领域的计算能力）、MCT 295（计算机应用导论）（没有教学大纲）、MURS 108（卫生医疗信息技术能力），或者通过 Tex. xam 网站提供的信息技术素养测试。

6．体育

所有学生都要学习体育 101 和 101L，学习初等教育的学生要学习体育 348（小学体育教学法），专业是幼儿教育、小学教育和早期儿童教育的学生要学习体育 463（早期儿童体育）。

**（二）博雅课程**

博雅课程促使学生形成历史视野，欣赏哲学和美学传统，感知美国以及全球文化多样性，由此培育学生在专业知识领域做出批判性判断的能力，从而支撑通识教育课程计划对智力发展、职业准备和终身学习的强调和重视。博雅课程鼓励学生理解包含艺术、人文和科学在内的传统大学教育的价值，探索自由教育与所有专业课程的关系。一般来说，学生不能通过选修专业课程获得博雅课程的学分，但学生可以选修以下三类课程满足要求：①相关专业课程，即在授予学位的学科之外开设的专业必修课；②双修学生第一专业的相关课程，以及第二专业的所有课程；③学生本专业之外的课程，且是某一学科为两个或更多专业开设的课程。博雅课程也有六个核心领域：科学和数学研究，社会和行为研究，文学、艺术和哲学研究，历史研究，多元文化研究，巅峰课程。

1．科学和数学研究

学生需要学习 1 门基础实验科学必修课程和 1 门科学和数学研究选修课程。该领域的课程通过认识自然现象、科学和数学产品背后的基本原理，传授学生科学和数学知识。所有学生必须学习 1 门基础实验科学课程，除非他们学习的专业必修课或经批准的同源课程①满足实验科学课程学分要求。如果学分单独属于实验课程，那么学生不仅要完成实验科学课程，还要完成实验课程。例如：学生必须学习化学 100 和化学 100L 两门课，才能满足基础实验科学课程要求。完成某个专业或辅修专业 2 门编号为 100 或 200 实验科学课程的学生，既满足基础实验科学课程，也能满足科学和数学研究选修课程要求。

2．社会和行为研究

学生必须完成 1 门基础课程和 1 门社会和行为研究选修课程。该领域的课程向学生介绍社会和行为科学探索和研究的基本方法，鼓励学生反思社会机构和相关制度的运行和演变。

3．文学、艺术和哲学研究

学生必须完成 1 门文学和生命课程，以及 1 门文学、艺术和哲学研究选修课程。文学和生命必修课强调批判性和创造性思维，不仅要求学生讨论文学著作，还要写出

---

① 同源课程指学生所选专业要求必须学习，但不是由本院系开设的课程。例如：学生攻读护理学士学位，要求学习心理学 101 作为专业课程的一个部分。因为心理学 101 是心理学系开设的课程，而不是护理学院开设的，心理学 101 就被看作是同源课程。

评论，因此侧重文学、艺术和哲学研究的美学和文化维度。选修课程注重提高学生对文学、艺术和哲学研究如何反映人类经验的方式的意识与理解。英语专业和英语辅修专业的学生，可以通过修完英语 230 和英语 236，满足文学和生命课程的要求。

4. 历史研究

学生必须修完 1 门历史研究课程，历史专业的学生可以选修历史 101 和历史 102。通过广泛的探讨或对某个历史时期更加集中的研究拓展历史视野，通过对人类文化多样性和复杂性的历史角度进行准确理解，让学生更好地理解自己的文化。

5. 多元文化研究

学生必须修完 1 门反映美国多样性的课程和 1 门关于国际文化的课程。这两门课程揭示文化多样性，让学生更加敏锐地认识到不同文化群体复杂的权力关系，特别是导致偏见、歧视和压迫的关系。这些课程也让学生意识到那些试图重新定义当今社会和政治现实的传统上相对弱势的群体的雄心壮志。研究本国或他国文化，帮助学生反思且批判性地评价自身的文化背景。

6. 巅峰课程

学生必须修完 1 门博雅课程或某专业领域经批准的通识教育巅峰课程，巅峰课程要求学生反思自身博雅课程的学习，鼓励他们将博雅课程学习经验和专业学习、个人及职业目标联系起来。巅峰课程将通识教育的目标与学生的专业联系起来，证实通识教育的核心价值观也是学生专业成长和职业目标所必不可少的。

## 三、通识教育组织实施

印第安纳州立大学专门设置通识教育理事会（以下简称"理事会"），负责组织实施全校通识教育。理事会是教师团评议会的下属机构，通过课程及学术事务委员会（CAAC）向评议会汇报工作。理事会成员任期为三年，由所在学院的治理机构选举产生，图书馆也产生 1 名代表，成员比例依据是教师团的数量分布状况。理事会有 8 名固定成员：教务长办公室 1 名、课程及学术事务委员会 1 名、6 个学院的院长或院长指定代表。每年 4 月底，理事会开会选举 1 名成员任主席，任期为一年。理事会有权任命二级委员会、监管委员会或其他任务小组完成指定工作。量化素养监管委员会和信息技术素养监管委员会是理事会最重要的两个二级委员会。量化素养监管委员会负责对满足量化素养必修课要求的课程提出考试建议，开发彻底检验评估量化素养必修课的方法，并实施相关评估。一旦建议形成，无论受欢迎与否，都会送理事会审阅。

信息技术素养监管委员会主要从事以下工作：征求并支持开发课程、特殊研讨会或模块提案；提交理事会之前，审查课程、研讨会、模块提案；开发、评审并支持彻底检验评估执行程序，包括其他选项（特殊研讨会、教学模块和研讨会等），为学生参加必修课考试做好准备；开发预评工具和一整套评估常规问题；基于信息技术素养专业学生必修课，提出课程免修申请报送理事会；制定与信息技术素养相关活动年表、课程提案、基于项目的替代项目和完整评估等；持续地监管和评审核心内容领域和相关课程目标，确保这些领域、目标与学术研究机构中信息技术能力现状相一致。通识教育理事会和课程及学术事务委员会委任教师团成员，组成信息技术素养监管委员会，各学院、图书馆分别选1名代表，文理学院选2名代表。信息技术执行主任或他指派的人员是委员会固定成员。通识教育理事会和课程及学术事务委员会成员不能同时在监管委员会任职，但他们可以委任1名联系员。另外，由学生政府协会（SGA）委任2名学生成员。委员会成员的服务期限为2年，每隔2~3年改选，以保证委员会工作的延续性。委员会成员在秋季学期召开的第一次会议上选举主席和秘书长，会议记录报送通识教育理事会和课程及学术事务委员会。

## 四、通识教育课程评价

印第安纳州立大学通识教育课程评价以教师团为中心，尊重训诫的差异性，认可教师教学实践的多样性。课程评价由两部分组成：其一是课程评审，评判1989年版修订为2000年版后所设课程是否继续满足要求；其二是课程评估，鉴定教师团自主采纳的教学策略是否有效体现了通识教育的共同目标。以下以科学研究选修课评价为例做进一步阐述。

### （一）课程评审

课程评审主要依据是既定的课程目标，教学大纲、补充说明或选择性补充材料应该能够证明所开课程有效地实现了目标。科学研究选修课任课教师提交的材料必须证明该课程至少在某种程度上实现了以下六个目标：形成对基础科学原理宽视野、跨学科的理解；研究科学方法是什么，如何形成假设和理论，如何设计实验；弄清楚知识形成的这个过程如何与知识形成的其他方法相对照；培育恰当的获得数据和解释数据的技能；将科学原理与当今的问题、困难和事件联系起来；评判媒体报道具体科学问题的结论及其准确性。任课教师拥有相当的灵活性选择材料，证实自己开设的课程体现了六个目标。教学大纲在评审中将作为重要文件发挥作用，通常要求教师把教学大纲作为评审表的第一个附件。任课教师可以随意在教学大纲上标出实现的目标代码，在其他课程讲义上也可以这么做，以证明所开课程实现了既定目标。任课教师也可以参照教学大纲模板，了解符合要求的教学大纲的主要特征。除此之外，教师还要提交以下评审材料：其一，简短地解释六个目标中的任何一个是如何通过课程内容、阅读材料、其他教学活动或在课程讲义中没有描述的活动中得以体现的；其二，以学生对教学活动或考试的反馈为例，说明这些教学活动或考试是如何有助于实现某个目标的。

### （二）课程评估

课程评估的中心任务是，评估通识教育四个共同目标被当作课程核心的程度，完善并分享教师采用的有效教学策略，收集累积性信息说明学生的学习与以下四个目标相关联：批判性思维，沟通技巧，价值观和信仰问题，终身学习。要求任课教师在教学中很好地完成四个目标中的一个或更多，提交书面声明以及能够说明目标得到实现的支持性材料。要求教师简短说明目标在课程教学中如何得以体现，描述教学策略或提交课程材料说明如何促进和评价学生的相关学习，提交能够显示学生的学习活动与一个或更多目标相关联的评估数据。这些评估数据可以作为"中北部认证协会"实地考察的评估证据。

## 五、结语

印第安纳州立大学通识教育实践模式注重实效、特色鲜明、声名远播，其特点可以概括为灵活性、适切性、均衡性和先进性。

### （一）灵活性

与哈佛大学等名校不同，印第安纳州立大学将通识教育课程分为基础课程和博雅课程两个阶段，赋予两部分不同的使命，为知识水平和学术基础不同的学生提供各种灵活性选择，很好地满足了学生多样化的需求。此外，该校还为学生提供大量替代课程，甚至是国外100多所高等院校的相应课程，作为满足通识教育必修课的替代选择。

### （二）适切性

印第安纳州立大学通识教育以批判性思维、沟通技能、价值观和信仰、终身学习为目标，最终使命是把学生塑造成有效的交流者、批判性思考者、难题的解决者、富有见识的决策者，无疑满足了日益复杂多变的信息社会和知识经济时代的现实需要。学生拥有这些综合素质，可以从容应对未来工作、学习的任何挑战，成为全球社区深受欢迎的世界公民。

### （三）均衡性

印第安纳州立大学通识教育均衡地涵盖人文科学、社会科学和自然科学三大领域的主干学科，促使学生以科学视角分析问题的同时，不忘历史和文化维度；涵养学生科学素养的同时，养成中正的艺术品性和哲学的思维习惯；既重视西方文化价值观的灌输和培育，也强调全球多元文化的理解和认同。这种教育能够让学生拥有更多分析问题、解决问题的视角，能够与不同专业背景、文化背景的社会从业者有效沟通，避免科学理性、工具理性对于解决社会问题的偏颇性。

### （四）先进性

印第安纳州立大学自1915年开始就定期接受美国中北部院校协会（NCA）高等教育委员会（HLC）的认证及复审，此外该校很多教育课程及项目还接受专门机构及专业协会的认证。美国中北部院校协会（NCA）高等教育委员会（HLC）每隔十年组织复审。印第安纳州立大学通识教育作为该校教育的重要特色是认证复审的重要内容，通识教育课程每隔十年左右与时俱进重组，不断更新，及时完善，从而保证了持续的先进性。这种先进性既体现在通识教育课程内容的更新上，也体现在课程结构的调整上，还体现在课程组织实施和评价方式上。

# 第九节 美国社区学院的通识教育课程

美国社区学院也开设通识教育课程，强调通识教育和职业教育融合。社区学院是中学后两年制学院，主要提供文科副学士学位、理科副学士学位、证书教育、应用科学副学士学位等教育项目，前两种为转学教育，后两种为职业教育。2015—2016 年，美国共有 1563 所社区学院，在校生占本专科在校生总数的 38%（650 万人）。社区学院在校生总数比 2010 年下降 16%，同期本科生则增加 1%。①

## 一、美国社区学院通识教育溯源

1947 年，杜鲁门总统任命的高等教育委员会强调通识教育在社区学院的转学教育与职业教育中都具有重要意义。该委员会强调了职业训练的重要性，但是也强调这种训练"应该设计恰当，不能因为增加职业性和技术性课程而排斥通识教育。社区学院提供的教育应该促进社会理解与职业技能的结合"②。10 年之后，艾森豪威尔总统任命的高等教育委员会重申所有社区学院毕业生必须"了解广泛的知识领域，拥有共同学习的基础"③。

20 世纪 50—60 年代，美国社区学院是通识教育创新项目的主要倡导者。通识教育同综合性社区学院转学教育、职业教育、技能培训、补偿教育、社区教育并驾齐驱，是所有学生的必修课程。在全盛时期，通识教育既是高大上的教育理念，也是实践中成功的事业。1952 年，约翰逊（B. Lamar Johnson）撰写《通识教育在行动》，详细地记录了美国社区学院通识教育改革的情况。20 世纪 60 年代，几乎所有社区学院都设置了通识教育项目，规定所有副学士学位教育项目的学生都要学习通识课程。此时的通识教育旨在拓宽学生知识宽度，为所有学生提供专业学习的基础，传统而有效的方法是在人文学科、社会科学和自然科学等知识领域中自由选择课程。

约翰逊总结了受过通识教育的人应该具有的 12 种职业能力：①履行民主社会公民的特权和责任的能力；②形成健康的道德和精神价值观，指导自己人生的能力；③口头及书面表达自己思想的能力，以及在阅读和倾听时的理解能力；④在日常生活中使用必要基础数学和机械技能的能力；⑤运用批判性思维方法解决问题、鉴别价值观的

---

① The National Center for Education Statistics（NCES）. Characteristics of degree：granting postsecondary Institutions ［EB/OL］. https://nces. ed. gov/programs/coe/indicator_csa. asp.

② CONRAD C F. "At the crossroads：general education in community colleges American Association of Community and Junior Colleges ［M］. Washington DC：Council of Universities and Colleges, 1983：52.

③ 同上。

能力；⑥理解自己文化遗产、找准自身在时代及世界中位置的能力；⑦正确理解自身与生物环境和物理环境的互动，做出必要调整以更好地适应环境、改进环境的能力；⑧为自己、家庭和社区保持身心健康的能力；⑨养成平衡的个人适应和社会适应能力；⑩共同营造惬意家庭生活的能力；⑪养成满意的职业适应能力；⑫参与创新性活动、欣赏他人创新性活动的能力。20 世纪 50—60 年代，它们作为通识教育的目标，被要求完整或部分地出现在数百所社区学院的课程手册里。①

康拉德指出："在过去的 15 年里，大多数社区学院通识教育的发展趋势说明通识教育并没有经历文艺复兴。相反，许多的迹象表明在两年制社区学院中，通识教育呈现出衰落与杂乱。"② 主要表现在：通识教育课程体系结构松弛；社区学院没有专门的通识教育委员会，通识课程都是从各个院系中挑选的入门课程或更低水平课程；通常只由一位教务主任评定课程是否达到要求；以学科为基础的通识课程无法实现知识的整合，社区学院通识课程都是由各个院系自己设计，都是以学科为基础的，跨学科课程无法实施。

20 世纪 70 年代，生涯教育和技术教育带来专业课程项目的兴盛，社区学院自信满满的教授们通过构建专业课程体现自身兴趣。很多课程反映的是教师的学术兴趣，而不是表述清晰的学习结果和学生需要的职业能力。20 世纪 70 年代末，美国社区学院进行一次通识教育改革，强调在职业教育项目中融入通识教育。社区学院通识教育能够培养包括知识、技能、态度、美的鉴赏力、人际关系和身心健康等，对于生活在现代自由社会里的人必不可少的品质，帮助学生激发最大潜能。社区学院明确了通识教育目标，并把目标细化成具体的学习目标或学习结果，据此进行通识课程设置、实施和评价。改革后，美国社区学院通识教育的四大特点是：拥有具体且易于操作和评估的通识教育目标，拥有完善的通识教育课程体系，注重评估通识教育学习结果，强调通识教育与职业教育的整合。

## 二、社区学院通识教育的管理体制

美国各州设有高等教育委员会，对于本州大学生所应具备的基础知识、技能、态度做出规定，通常包括语言沟通能力、信息处理能力、批判性思维能力、美的鉴赏力、道德推理能力、全球意识和公民意识等。高等教育委员会下属的通识教育委员会制定该州高等教育阶段的通识教育目标，确定本州通识教育的知识领域和课程标准。有的州规定整个州本科阶段的通识教育目标，两年制社区学院的通识教育则必须满足部分要求。总的来说，州高等教育委员会或通识教育委员会规定本州社区学院通识教育的

---

① LOHNSON B L. General education in action［M］. Washington DC：American Council on Education，1952：21 – 22.

② CONRAD C F. At the crossroads：general education in community colleges. American Association of Community and junior colleges［M］. Washington DC：Council of Universities and Colleges，1983：29.

基本发展方向，它所规定的通识教育目标、基本内容、课程标准和最低学分要求为本州社区学院的通识教育提供基本框架。社区学院层面的通识教育目标，必须与州高等教育委员会的规定保持一致，并根据自身的办学使命、办学理念和学生实际情况对州的规定进行修订和细化。

以新泽西州为例，新泽西州社区学院教育系统（NJCC）设定课程类型和课程标准，各社区学院的通识课程要经过隶属于新泽西州学术官员协会（AOA）的通识教育协调委员会（GECC）审核和批准。如果课程不能通过通识教育协调委员会审核，那么社区学院要重新设计或修改课程。如果学院认为这门课程已经达到新泽西州社区学院教育系统所规定的要求，那么可以提交到新泽西州学术官员协会直接审核，而通识教育协调委员会要提供关于这门课程为何不能通过审核的证明资料。

## 三、社区学院通识教育的课程体系

经过 20 世纪 70 年代末至 90 年代的通识教育改革，通识教育目标由双轨制改为单轨制，社区学院的文学、理学和应用科学副学士学位都有共同的通识教育目标，但是具体要求不同。绝大多数社区学院都成立了通识教育委员会以指导学院的通识教育改革。加强学生在阅读、写作和计算等方面的基础技能，设置一个或更多跨学科课程，强调价值意识在快速变化的社会中生存的意义，培养学生一种欣赏和理解其他国家或民族文化的能力，强调提高学生的交流能力，提高学生的批判性思维、逻辑推理、有效思维和问题解决能力。转学教育项目的通识教育要求比较高，通常文学副学士学位的通识教育课程学分占总课程学分的 70% 以上，理科副学士学位占 45% 以上，应用科学副学士学位占 23% 以上。[1]

社区学院的通识教育课程体系有两个组成部分：一是通识必修课程，主要是写作或演讲课程，要求所有副学士学位和证书教育项目的学生修习，该类课程的目标是提高有效写作交流、阅读、批判性思维、信息管理、道德推理、听力和演讲的基本技能；二是分类必修课程，要求所有副学士学位教育项目的学生在指定的知识领域如人文学科、社会科学、自然科学与数学（有时也包括体育与健康）等领域选择课程并修满规定学分。应用科学副学士学位通识教育课程由通识必修课程、分类必修课程和部分主修课程三部分组成。有效写作、交际能力、推理能力、批判性思维、职业道德意识、应变能力等通识目标贯穿于某些主修课程中。

## 四、美国社区学院通识教育案例——圣达菲学院

1966 年成立的佛罗里达州的圣达菲学院（Santa Fe College），是当时最具创新性的学院之一。首批学生即学习校长福代斯（Joseph W. Fordyce）主持开发的通识教育课

---

① 蔡文敏. 美国社区学院通识教育课程研究［D］. 汕头：汕头大学，2011：39.

程。全校学生必须学习6门3学分的综合课程。行为科学100是核心，重点是个人发展。围绕行为科学课程的3门课程阐释影响个人发展的三个环境，HM-100代表美学环境，SC-100代表物理环境，SS-100代表社会环境，学生必须精通英语（EH-100）和数学（MS-100）适应所有环境。圣达菲学院有八条声明：学生是学习过程的中心焦点；学生学的时候才教；有效的教学体验将以积极方式改变人的行为；人人都应得到鼓励取得他们坚信美好的东西；教育对于师生应是激动人心的、创造性的和有收获的体验；人人都有价值、尊严和潜力；实验和创新是态度的反映，当实验和创新付诸实践教育过程就显著提升；传统教育观念是不可信的，需要同创新性实践一样仔细评估和审查。这些声明是该学院首要的价值观框架，是考察录用筛选新雇员的首要标准。所有课程的评分体系都使用A、B、C三个等级，每个等级都有最低的关键职业能力标准。每门课要求每位学生签订最低关键能力标准的学习契约。教学方法重视主动学习、基于问题的学习、合作学习。这些价值观和策略让通识教育课程迁移为学生的有效体验。

## 五、社区学院通识教育的评估体系

对社区学院通识教育的评估主要有两个层面：校外机构的整体评估和校内学生学习结果评估。校外整体评估主要来自两个方面：州高等教育委员会（或通识教育委员会）和高等教育认证机构。高等教育委员会侧重评估通识教育目标和课程，而高等教育认证机构注重评估通识教育质量。社区学院内部通识教育委员会（或下属通识教育评估委员会）负责评估学生通识教育学习结果。通识教育的能力目标或学习结果包括两个方面：一是关键文化技能，包括口头和书面表达能力、批判性思维能力、问题解决能力、人际交往能力、美的鉴赏力、道德意识等；二是公民素养技能，包括社区参与度、多元文化理解力、领导才能等。[1] 评估方法主要有标准化考试、基于个人表现的方法、校友跟踪调查和学生档案等。[2] 标准化考试重点考核学生获得的能力，主要测试学生关键文化技能，主要采用人文学科、社会科学、数学与自然科学等学科的知识内容考查学生写作、阅读、问题解决、批判性思维等技能水平。很多社区学院除了使用标准化考试之外，还开发具有独特个性的评估方法，基于学生表现的方法就是其中之一，以学生课堂表现、对某一问题（如道德问题、价值问题等）的回应、课堂作业、试卷、论文、作品等为依据，评估学生学习结果，以此作为评判学院通识教育质量的依据。

① Wyoming Community Colleges annual performance report：core indicators of effectiveness 2006-2007［EB/OL］.［2010-11-12］. http://www.communitycolleges.wy.edu.
② BERS T H, CALHOUN H D. next steps for the community college：new directions for community colleges［M］. San Francisco：The Jossey-Bass Higher and Adult Education Series, 2002：67.

## 六、21 世纪美国社区学院通识教育改革动向

科恩（Cohen）等人发现，绝大多数美国社区学院通识教育在理念上是高高在上，但在实践中却是一潭死水。[①] 20 世纪 80 年代，共同核心的理念开始破灭，教授们增加了太多的课程满足通识教育要求，自助餐厅、自助模式阻碍了通识教育目标的实现。今天的社区学院不再有课程完整性、内聚性和融合性，不再有共同的核心知识。通识教育不再是要求所有学生必修的一套紧密相关的核心课程，变成了自助餐式的课程，与主干学科存在着松散联系，学生可以从 100 门以上的课程里选修 2~3 门。过去几十年，社区学院提供的课程、项目和支持性服务之间没有实质关联，期望学生依靠自己导航。20 世纪 60 年代要求学生必修 1 门综合性人文课程，如今学院依然要求学生满足最低 6~9 个小时的人文艺术或社会科学的课程，但是学生可以从 60 门以上的课程中选修 1 门人文必修课。在很多提高保留率和毕业率的改革措施中，课程改革在很大程度上被忽视。克莱顿（Judith Scott-Clayton）引用一份"重新设计美国社区学院"研究指出，学生在过于丰富的专业和课程选择面前眼花缭乱不知所措。例如，哈佛大学附近的邦克山社区学院提供 70 个副学士学位及证书项目，覆盖 60 多个学术及应用领域，没有必修的核心课程，学生可以全日学习也可以业余学习。学生做出复杂选择的时候，能够获得资源和支持也不多。

很多社区学院认识到课程太繁杂、选择太多的不良后果，开始考虑为所有学生提供共同必修核心课程，任命教师委员会重新设计通识教育课程服务学生需要。俄勒冈的波特兰社区学院（Portland Community College）、北卡罗来纳的皮德蒙特中央社区学院等任命教授委员会改革通识教育，重建课程更好地满足学生的需要和兴趣。很多社区学院同意开设 1 门必修的学生成功课程，让所有学生共同创造联系，学习如何更好地导航学院体验作为所有学生需要的有价值的学习结果。由 1 门必修的学生成功课程可以发展到 5~6 门核心课程，要求所有学生必修。同时，出现了一种被称作要素教育的新共同核心体验理念，将博雅教育、生涯教育和职场教育的关键部分关联起来，确保学生有能力幸福生活，更有能力实现职业和转学目标。过去单一维度的通识教育被融合了博雅教育和职场教育的新要素教育取代。博雅教育和职场教育最重要的共同要素有批判性思考、问题解决、合作和团队合作、交流与沟通，可以围绕这四个方面开设 4 门必修课程，每门课程 3 学分。

---

① COHEN A M, BRAWER F B. The American community college [M]. San Francisco：Jossey-Bass，2008.

# 第十节　国外大学通识教育实践模式述评

美国早在 1940 年就进入高等教育大众化阶段，1964 年又进入高等教育普及化阶段。多样化是美国高等教育世界吸引力的重要原因，其多样化集中体现在培养目标和课程组织上，美国高校通识教育课程组织模式对于我国通识教育课程改革有重要参考价值。美国通识教育实践模式大致可以归纳为六种：学科课程模式、学生发展课程模式、名著课程模式、社会问题课程模式、核心能力课程模式、核心课程模式。每种模式都有优缺点和不同的着重点，也存在不同的变体：学习的地点（校内课堂教学—校外经验学习）、课程内容（知识宽度—知识深度）、课程组织者（教师—师生契约—学生）、课程的灵活性（必修课程—分配课程—选修课程）。此外，美国和日本通识教育课程评估都具有校内外评估相结合的特点。

2015 年 7 月 15 日至 10 月 13 日，美国哈特研究事务所通过网络调查了 325 名 AAC&U 成员院校学术高管或指定代表。调查发现，92% 的院校采取了混合课程模式，76% 的院校采用了分配式必修模式（68% 的院校主要采取分配必修课模式，同时以其他模式作为补充，只有 8% 的院校采用分配式必修课作为唯一课程模式），26% 的院校采用巅峰课程或顶点体验模式，46% 的院校采取高级组通识教育必修课程模式，42% 的院校采取专题式必修课程，41% 的院校采取共同学术体验模式，22% 的院校采取学习共同体模式。58% 的院校认为通识教育课程与专业必修课融合得很好或比较好，42% 的院校认为融合得不好或一定程度上融合。①

## 一、学科课程模式

学科是相对稳定、有着自身边界的专门知识范畴。亚里士多德曾经概括了三种类型的学科：理论性学科（形而上学、数学和自然科学），应用学科（伦理学和政治学等），生产性学科（美术、应用艺术和工程学等）。哲学家洛克、休谟、伯克利、康德等都对知识结构做过精彩论述。美国大哲学家杜威把知识分为 10 类，一度成为高校图书馆藏书的主要排列工具和手段。现代意义上的学科概念产生于欧洲的 18—19 世纪，人类知识自此开始分门别类，专业教育也从此愈来愈兴盛起来。关于学科定义很多，阿瑟·金（Arthur King）和约翰·布朗（John Brown）对学科的定义是："学科是一群学人的共同体，是人类想象力的一种表达，是一个领域，是一种传统，是一个句法结构

---

① Hart Research Associates. Recent trends in general education design, learning outcomes, and teaching approaches [EB/OL]. https://www.aacu.org/sites/default/files/files/LEAP/2015_Survey_Report2_GEtrends.pdf.

——探索知识的一种模式，是一个概念的结构，是一个专业性语言或其他象征符号系统，是文学和人工制品的遗产和沟通的网络，是价值的和情感的立场，是一个教学的社区。"① 学科组织是一个历史概念，我们对学科的思考和认识不断进化，从多学科到跨学科，到交叉学科，到后学科，甚至到转学科，高校里的学科数量和结构不断变化，学科组织随之变化，学科课程也随之多彩多姿。多学科课程从一个以上的学科中吸取知识，但保留各学科的标识和身份。跨学科课程从另一个学科视角来阐释某个学科的主题，例如物理学家讨论音乐作品的音响，或者文学专家研读法律合约。交叉学科课程产生的知识是融合了两个以上学科，形成一种新的基础性认识统一体，可能是一种新的混合领域。交叉学科课程创造了新知识，重新勾画出理论上是可以认识的知识边界，但交叉学科课程需要尊重正在受到挑战的学科规范。后学科课程引出一个新的知识世界，在这个知识世界里我们安置着过时学科结构的废墟，调和我们对失去知识统一的怀念和对知识统一衰亡能够提供的学术自由的兴奋。转学科课程是指最高水平的综合性研究，它倡导跨越各学科观点知识框架的统一，表明我们思考知识框架、概念、技术及尚没有想象到的词汇的可能性。需要指出的是，转学科的概念可能让许多人觉得是空想，是灾难，是铁板一块，是偷偷复辟到客观性和广博知识旧梦的阴谋。

学科课程倡导者认为，课程的组织模式依赖于知识结构的表达方式，知识结构理论应该广泛地应用于课程性质和范围限定，知识结构概念的最佳表达方式应该是学科。美国大多数院校的本科生课程是围绕学科组织的，学科课程的学习地点集中于校园内的课堂教学，极少数是经验学习。通过普通教育课程体现知识的宽度，通过专业课程学习知识的深度，甚至选修课程也倾向于知识的深度。课程组织主要由教师控制，课程灵活性可能高度僵化，也可能高度自由。支持者认为，课程要反映院系和学科结构限定的知识状态，课程应该围绕着学科进行安排，熟悉学科探究模式和概念是组织和交流知识的主要方式。现代社会的知识主要是围绕学科组织的，通过学科得到最有效的理解、组织和交流。因为大多数学校是通过院系组织的，以学科为基础的课程管理更为有效。课程组织的相似性还有利于学生在不同学校间流动，包括升学和转学。

批评者质疑，学科种类纷繁复杂，很难通过一种课程构建方式把主要的概念和探究方法统整到学科之中。其次，课程应该以教育目标和具体学习经验为基础，学科课程忽视了学生情感发展和学生个人感兴趣的教育目标。此外，学科的硬性边界和专业化学科话语阻碍了很多现实问题的解决，阻碍了更深入的调查研究，自然科学的发现要给世界带来利益，往往必须和政治家、社会学家沟通。例如，环保和城市规划等问题，就需要跨学科的专家进行论证，来自不同学科的专家往往很难达成共识。

美国实行学科课程模式的院校很多，我国高等院校几乎全部采用这种模式。值得

---

① KING A R, BROWNELL J A. The curriculum and the disciplines of knowledge [M]. New York: John Wiley, 1966: 95.

关注的新趋势是，很多院校以多学科视角审视特定主题或事件的方式开发核心课程。常绿州立学院（The Evergreen State College）是美国最早开发跨学科课程的院校，以聚焦主题的方式达成连贯性和整合性教育体验目标。菲尔莱狄更斯大学（Fairleigh Dickinson University）的核心课程是四门序列课程：个体的多重视角、美国体验、跨文化视角、全球议题。每门课程都牵涉跨越人文科学、社会科学和自然科学的多学科知识，作业设计和评估也融合多种方法。① 也有院校以不同院系围绕同一主题共同规划 2 ~ 3 门独立课程组成课程集群替代单一跨学科课程。例如西密歇根大学（Western Michigan University）的"世界中的万众"，就是英语系、人类学系、地理学系三个系开设的课程集群，三门课的学习材料和课外作业相互补充，由一名导师专门负责协调整个课程集群。②

## 二、学生发展课程模式

学生发展课程倡导者认为，课程组织的基础是学生的发展，课程应该是一系列灵活的经验，而不是学科的集合。早在 18 世纪，美国就流行一种"性格培育"的教育观点。20 世纪 40 年代，美国更是形成一股"发展"热潮，进一步推动了学生发展课程模式的形成与发展。发展心理学家莱维特·斯坦福（Nevitt Sanford）和玖斯弗·卡茨（Joseph Katz）批评课程设置紧紧抓住专业和学科不放的做法，他们认为学生个性发展是通识教育的要旨，应该通过师生契约组织个性化课程。他们主张，在组织课程时应该把注意力集中于赋予学生经验，促成学生发展性变化，学生有沉醉于自己兴趣的自由，应该按照学生具体需要教授知识。更近些的发展心理学家阿瑟·契克霖（Arthur Chickering）和肯尼斯·肯尼斯逊（Kenneth Kenistion）列出了学生必须经过的发展阶段和任务，他们反对课程围绕社会角色来组织，主张把重心放在帮助学生内在地统整自己，鼓励学生发展性成长，他们倡导把情感的、感知的、认知的和智力的发展结合起来。阿瑟·契克霖还论证了七个学生发展性矢量：发展能力、控制情感、发展自主性、身份认同、建立人与人之间的关系、发现目标、培育诚实正直品质。③

学生发展课程模式重视培养"全人"，学习地点不限定在校园内的课堂教学，校外经验性学习是重要补充。学生发展课程模式主要是自由选修课程，学生享有参与组织课程的权利，课程结构也是非常灵活的，提高了学生的创造性和积极性，课程内容既不偏重宽度，也不偏重深度。20 世纪 60 年代，发展性运动在美国受到广泛的好评，当时的潮流是给学生更多选择的自由，让学生承担自己课程组织的责任。

---

① GROB L, KUEHL J R. Coherence and assessment in a general education program［J］. Liberal Education，1997（83）：34，38－39.

② MATTHEWS R S，SMITH B L，MACGREGOR J. Creating learning communities. Gaff, Ratcliff, and Associates：463.

③ CHICKERING A W. Education and identity［M］. San Francisco：Jossey-Bass，1969：9－19.

学生发展课程模式的最大缺点是对获得知识重视的不够，忽略了大学传递知识的基本任务和目标。其次，该模式的精英主义倾向受到批评。有人质疑，大学是促进学生发展合适的机构吗？应该仅仅鼓励学生对个人发展感兴趣，而忽视职业准备吗？应该强调赋予学生自由，还是赋予学生更多的指导？此外，就本科生具体发展需要达成共识是很难做到的，而实质性的共识对于课程组织是至关重要的，该模式显得理论基础不足。

美国佛蒙特州戈达德学院的"个性化学习课程"定义是学生的整个生活，特别关注正式的学习活动，以及学生在学院合作生活的能力、在学院研究项目的表现、参与学院管理的表现。戈达德学院十分重视课程的灵活性，强调通过师生契约组织课程，多渠道提供课程资源和学习经验。在教师制定的大纲范围内，每个学生规划自己的学习项目，包括至少两个非住校的学期。该学院的正式学习活动有六种：小组课程（通常是讨论小组）、独立学习（师生共同组织，教师协助查找资源并做出评价）、工作室和车间活动（主要是实践工作）、校外田野工作服务（通过学校、医院等社会机构和其他社区的服务学习）、非住校学期学习（学徒、实习、短期注册学习其他教育机构主办的课程）、特殊夏季研讨会（学生从限定主题中选择单一主题，学习12周）。每个学期末，要求学生递交自评报告，教师、非住校学期辅导员、顾问和其他责任人也分别填写评价报告，这些报告构成了学生阶段性评价的基本内容。在第二年结束后，学生要确定自己学位候选资格申请的兴趣取向，提出此后两年的学习核心领域。最后一个学期，至少由3位教师组成"高级研究委员会"帮助学生规划高级研究课程。研究课程结束，高级研究委员会做出最终评价，决定学生能否毕业。①

## 三、名著课程模式

19世纪以来，模仿德国大学办学模式、推行课程选修制和贯彻"莫里尔法案"加速了美国本科生课程的专业化，本科生课程主要为研究生院、专业性学院和就业市场做准备，不再纯粹是追求知识本身，削弱了博雅教育传统。20世纪30—40年代，名著课程试图恢复博雅教育传统，纠正日趋严重的专业主义倾向，为本科生教育奠定西方思想的坚实基础。名著课程模式的理论基础是永恒主义，著名的代表人物有赫钦斯（R. M. Hutchins），等等。倡导者认为，让学生学习具体的学科，使学生注意力支离破碎，琐碎的问题淹没了博雅教育提倡的人类永恒主题，年轻一代通向未来之路需要的是永恒原则，而不是资料、事实和有用的小常识，名著承载着人类永恒的智慧精华。当今人类面临的主要问题，其实质和先前时代没有什么不同，伟大思想家们的思考应该作为学习的基础。因此，名著既是合乎时代要求的，也是具有永恒价值的，激进的

---

① Goddard College. B. A. in individualized studies program [EB/OL]. [2009-07-01]. http://www.goddard. edu/academic/IndividualizedBA. html.

改革者甚至希望所有课程都应该围绕着古典著作组织。

名著课程主要是校内课堂教学，几乎没有校外经验学习。课程内容强调知识宽度，很少重视知识深度。教师在选择名著方面比学生更具有发言权，在课程组织中担负着完全责任。课程灵活性较差，主要是必修课程。名著课程是综合性最强的课程之一，为进一步高级研究提供了坚实的基础。1997 年以来，在全美学者联合会的协助下，美国又有 11 所大学开设了名著课程。

名著课程的缺点是面向过去，没有覆盖新知识，在知识经济时代，这是很严重的缺陷。其次，该课程内容主要是人文社会科学，自然科学比例偏少，而且主要是西方文化，其他民族优秀文化涉及不多。批评者认为，名著课程是"欧洲中心主义"，是"种族主义"。在经济和教育全球化时代，这也是应该修正的地方。此外，名著课程教学刻板僵化，学生无法获得自由满足个人兴趣，而且无法为直接从事研究和工作做准备。

圣约翰学院 1937 年开始至今一直开设名著课程，其全部课程都是由名著组成的。名著课程内容（开列的书单）每年变化不大，所有学生学习同样的必修课程，没有院系结构，没有教科书，所有的教师都称导师。全校学生四年都要参加四年的语言导师指导课、四年的数学导师指导课、一年音乐导师指导课、四年的交叉学科习明纳、三年的实验室试验课、8 周的训诫课、每周一次全校讲演。除了两个为期 8 周较为深入的研究讨论训诫课有少量选择余地之外，其余课程都是必修的。语言和数学导师指导课通常是一位导师带着 12~15 名学生，每周上 3 次课。音乐导师指导课是为二年级学生开设的，一位导师带着 12~15 名学生每周上 3 次课，欣赏历史上音乐大师的作品并研究学习音乐理论，其中两次短课讨论，一次长课融会，两次短课并合唱。交叉学科习明纳通常被视为圣约翰学院课程的心脏，是学院生活的中心。习明纳由两位导师合作主持，带着 17~20 名学生每周一、周四分别讨论两个小时。通常从导师提出的问题开始，随后几乎全部是学生讨论，讨论的走向和进程不预先加以设定。实验室试验课每周 2 次，学生在导师指导下做科学试验，学习观察、解剖、测量和试验方法，阅读讨论历史上重要的生物学、物理学和化学大师的理论。训诫课主要是更深入地研究某位大师的作品，或者更深入地探讨某个哲学问题。三、四年级学生每年中间的 7~8 周暂缓习明纳，分成更小的小组研究一本书，或者阅读并讨论几本书中的某个主题。训诫课的主题由三、四年级习明纳的导师提出，三、四年级学生向主任提交申请，一般一位导师最多带 10 名学生。全校讲演安排在每个星期五晚上，全校师生集中听一位导师或外请学者的正式讲演，随后演讲者接受师生长时间的质询，目的是培养学生专注不断地聆听可能不熟悉的主题的习惯，提供与课堂不同的机会练习演讲技能。

## 四、社会问题课程模式

社会问题课程倡导者从教育的社会功能出发，认为教育在很大程度上是社会的功能，越来越需要社会的投入，所以教育应该集中研究社会问题，社会问题得不到解决，无论个人如何才华横溢也无法充分发展。社会问题课程围绕着一个或多个主题组织，如环境问题、城市问题和世界和平，等等。这类课程大多数以问题为导向、强调社会责任感和信奉知识综合为主要特征。课程组织注重灵活性和学生学习主动性，着眼现在和未来，强调通过社区行为和实践经验的校外学习。大学不再以传统的学科组织院系，而是以各种社会问题组织院系。在学习的高级阶段，强调学生直接处理有关的社会问题的经验学习。在此之前，传统的课堂学习可能更受重视。课程的内容既要强调宽度，也要强调深度。通过在更宽广的主题下明确社会问题领域实现宽度，在有限的方法论帮助下，深度在探究问题时得以体现。

社会问题课程模式能够激发学生学习动机，学生担负着组织自己课程的主要责任，可以选择社会问题主题，是自我导向的学习者。通过经验学习，社会问题课程模式以许多学生渴望的方式和真实世界结合起来。社会问题课程模式面向现在和未来，重视知识的宽度，避免了学科课程视野不宽的缺陷。

批评者认为，社会问题课程模式违反了"教育是一个价值中立的过程"的信条，倾向于轻视人文学科和科学中的博雅学科的丰富历史基础，对博雅教育传统是威胁。此外，社会问题课程模式只是强调解决问题的学术技能，承载了太多的外在价值，显得过于实用主义。社会问题课程模式突破了学科界线，在关注问题焦点方面视野是宽的，在强调未来方面视野可能是窄的。

威斯康星大学绿色海湾分校以"学习与生活密切联系"著称，其课程中心是人类及其生存的环境，课程目标是帮助师生和社区成员与环境建立更为友好的关系，为环境做一些建设性的事。该分校的 4 个学院围绕着环境主题进行组织：人类生物学学院、环境科学学院、社区科学学院和创造性沟通学院。还有一个职业性研究院作为主题学院的补充，它负责和 4 个学院相关的职业性课程。每位学生围绕一个很宽的物理和社会环境的问题从各种不同的领域组织个人课程，但是必须把课程中获取的知识和选定的中心环境问题联系起来。该校教师列举的问题有 12 个，包括环境控制、人类对自然环境的利用、现代化的不同过程等，学生从中选择一个问题作为自己的专业。在专业范围内，学生可以选择一个单一主题或双修，例如政治科学。此外，所有的学生都辅修职业性课程，得到教育教学、商务管理或其他行业的证书。在专业必修课外，还有两类全校必修课：分配课程和博雅教育研讨课。前者要求每位学生在 4 个主题学院中各自修满 5 个学分，某些领域的专业课程可以用来满足分配课程要求。博雅教育研讨课涉及每位学生与人类永恒问题和当代环境问题价值观相关的各种学习经验，一年级新生从诸如全球视野中的人类状况、技术和人类价值观、美国性格和资源利用、沟通的危机等主题中选择 4 个为期 7 周的模块。二、三年级学生学习如何融入社区和其他文化之中，通常有一个和这部分课程相联系的项目，学习者是项目的组织者，负责项目内容和在校外与其他人共同发展技能。四年级学生尝试把自己的知识和经验融合在许多其他专业学生的知识和经验之中，学习"社会意识和科学家"之类的主题的学生可以把他所学的知识应用到人类世界与文化的永恒问题之中。学生分析普通价值观和假设，把二者综合为概括性观点，通过在主题中运用这些概念回到具体问题，最后通过从新的视角检验自然和人类状况的质量超越先前的假设。博雅教育研讨课共 18 学分：一年级 6 学分，二、三年级 9 学分，四年级 3 学分。①

## 五、核心能力课程模式

核心能力课程倡导者认为，高等教育的核心在于它的功能性，着重点应该落实在未来生活中的应用。课程组织的核心问题是：毕业生应该具有什么样的核心能力？核心能力课程模式的理论假设是教育的结果可以描述为可以识别的若干核心能力，所有的学生可以获得这些能力。核心能力课程模式主要由三部分组成：识别学生核心能力，建构提高学生核心能力的课程，开发适当的程序评估能力提高的水平。

大多数核心能力课程模式既强调课堂学习，也强调经验学习。许多课程赋予入学前的生活经验学分，提供广泛的经验学习机会。课程高度个性化，很大程度上是学生自己规划。学生在教师的帮助下识别自己希望发展的能力，规划相应的课程，提出评价自己进步的手段和工具。课程评估的标准不再是分数/学分/证书，而是学生展示的核心能力提高水平。

核心能力课程模式通过清楚地定义教育目标，明确地指出能力如何评价，教育对于学生和公众更有作用。核心能力课程模式着重于能力培养和教育的结果，时间和学分不再是主要的评价机制，学位代表着某些水平的能力，而不是四年累积的学分。

批评者怀疑，人的能力水平能否简单地被测量。许多学习是意外的发现，某种学习效果是不可能测量的。教育是一个能动的过程，量化的测量不能抓住可能发生的质性学习。此外，学生仅仅学习自己必须学习的东西，获得某种能力水平。他们只是知道自己需要知道什么，不可能太多。随着时光流逝，未来又有了新要求，学生发现高等教育换来的只是些雕虫小技而已。

位于威斯康星州的阿尔维诺学院是地区性天主教女子文理学院。1973 年，该学院开发了以发展能力为基础的课程，要从该学院毕业，每位学生必须积累足够的"能力水平单位"证实自己接受博雅教育的成效。学院提出了 8 种学生需要提高的核心能力：沟通能力、分析能力、问题解决能力、决策时价值分析和取向能力、有效的社会互动能力、全球视野、有效的公民素养、审美活动。每种能力共分 6 个发展水平，所有的学生从水平 4 开始发展 8 种核心能力，鼓励学生作为过程建构学习，分步学习。此外，他们根据自己的专业从水平 5 或水平 6 开始发展核心能力。课程为学生提供框架，帮

---

① Green Bay, University of Wisconsin. Connecting learning to life [EB/OL]. [2009-07-14]. http://www.uwgb.edu/connect.

助学生使用校内外的学习资源网络，为学生提供相当多的相关实践和适时的评价和反馈。提供信息的有课本和图书馆资源、媒体演讲、现场讲演等，提供实践的有实验室、小组任务、校外会议，教学人员和其他评估人员提供评估和反馈。每门课程的大纲具体指出可供参考的学习方法和手段，评估每个能力水平的标准，反馈是文字说明，具体说明学生在某个具体水平的表现，取得的具体能力，达标就放进个人档案。如果不达标，在解释原因的基础上，建议学生如何改进学习。40 个能力水平单位包括 8 个核心能力的初始能力水平 4，共计 32 个初始能力水平单位，加上 8 个高级水平单位，其中至少包括一个能力水平 6。在开始高级能力水平学习之前，学生参与研讨课学习，以便能够在 8 个一般能力水平上评价自己的能力。专业领域的核心能力要求成功完成至少 4 个高级水平单位。如果获得 8 个高级水平单位，学生能够完成一个跨学科的专业领域，或者 2 个综合的专业领域，或者 1 个专业领域和几个支持性领域。[①]

## 六、核心课程模式

核心课程模式从受过教育的人应该具备的品质出发，思考毕业生应该知道什么，他们应该具有哪些技能，他们应该分享什么样的价值观。核心课程旨在培养学生思考问题的方式和思维的习惯，教给学生获取知识的方法，使学生具有接纳不同文化的国际视野，能够跨越历史、学科、地理与文化定势思索问题，能够在错综复杂的社会价值观中做出恰当判断和明智选择等。把本科生教育不可缺少的知识分成相互关联的 5～7 个领域，再细分为 10～11 个单元，要求所有学生从不同领域选修 7～8 门课程，提出如何获得知识和理解宇宙、社会和人类自身的最低限度的教育标准。例如，罗索夫斯基在 1975—1976 年度报告中详细地阐述了哈佛"受过教育的人"应该具备的品质：受过教育的人必须能够清晰有效地思考和写作；受过教育的人应该批判地评价我们获得知识的方式，以及我们对宇宙、社会和人类自身的理解；受过教育的人不能是无视其他文化和时代的目光偏狭的人；受过教育的人对道德和伦理问题有一定理解，并且思考过这些问题；受过教育的人有良好的行为举止，有很高的美学和道德标准；受过教育的人应该对某个知识领域了解得比较深。[②]

支持者认为，核心课程模式激发了教师向非专业学习者讲授自己专业的热情，塑造了学生独特的学习体验，培育了一种独特的文化，在不同专业的学生之间创造了共同的学习社区。核心课程的意义在于它传承了本科生教育对通识教育的持续责任。简单地说，核心课程试图说明当今"接受广博教育"含义是什么，并将这个认识落实到吸引师生兴趣的课程之中。核心课程是对"什么是真正学习的基础"的理解更深远转

---

① Alverno College. Ability-based curriculum [EB/OL]. [2009 - 08 - 10]. http://www. alverno. edu/about_alver-no/ability_curriculum. html.

② Missions of the college curriculum: a contemporary review with suggestions [M]. San Francisco: Jossey-Bass, 1979: 156 - 158.

变的反应。核心课程使本科课程形成一个完整的结构,扭转了混乱、无序、零碎的局面。核心课程的结构性保证了本科生教育获得某种程度的规定性和统一性,造就能够互相沟通和交流的"受过教育的人",形成多元化社会统一的思想基础。核心课程从广泛的领域识别博雅教育应该涵盖的基本领域,它不是宽泛的课程集合,而是在严格限定和有趣的领域内对知识的处理。核心课程各个领域内开设了不同的科目,为不同的学生个体满足个人兴趣提供了个性化选择,体现了课程的灵活性。虽然非专业必修课结构模式将大致保持不变,但是核心课程几大领域将伴随知识领域和学习方法转变而改变。从文化哲学角度分析,核心课程的理念带有浓厚的文化相对主义色彩,核心课程多是以全球文化为基础,体现设计者的文化开放胸襟。核心课程不再严格区分学系专业课程和非学系专业课程,只要适当调整关注的重点,几乎所有专家都可以从事核心课程教学。核心课程不是僵化封闭的体系,而是一个有机实体,不断地为适应社会环境和学生需求的变化而随时准备变化。

质疑者认为,核心课程强调多元文化价值观,却容易因此削弱西方文化价值观在美国社会的主导地位。其次,核心课程缺乏的恰恰是共同的对话和共享的价值观,甚至连核心课程这个名字都是用词不当。核心课程里没有一门课是要求所有学生都要学习的,并不能融合学术界的四分五裂。另外,核心课程缺乏革命性,折中主义明显。也有人认为,核心课程是新瓶装旧酒,甚至可能不是酒而是醋,充其量是一组缺乏院系专业课程严密性的非院系课程罢了,体现的是对教育宽度的肤浅追求。更多的人认为,核心课程削弱了提议者的原意,很容易觉察到政治权宜变通的气息。个人化学习拥护者评论说,核心课程强制学生必须学习一些领域的课程,是对自由和民主的挑战,也是难以达到理想教学效果的。还有人质疑,核心课程几乎不可能让学生在短时间内学会各种不同的学术方法论,很难让非科学专业学生学习 1~2 门科学课程就能深入理解科学技能。

哈佛大学、斯坦福大学、芝加哥大学、哥伦比亚大学、北卡罗来纳州立大学、大阪大学等众多院校的通识教育课程采取核心课程模式。21 世纪改革前,哈佛大学核心课程必修课如下:"文学和艺术" 3 门"半课程"、"历史研究" 2 门"半课程"(I 单元的一门专为核心课程设置,II 单元的一门通常是经过批准的学系里提供的课程)、"社会和哲学分析" 2 门"半课程"、"科学和数学" 2 门"半课程"(物理科学和数学 I 单元 1 门"半课程",生物的和行为科学 II 单元 1 门"半课程",或 1 门同时覆盖两个单元的"全课程")、"外语和文化" 1 门"半课程"。核心课程备受关注并被广泛模仿,核心课程基本原理的表述形成了很多变体,特别是常春藤联盟内部,差别只是在某些地方有所侧重而已。

## 七、校内和校外相结合的评估机制

美国和日本通识教育都是采取校内和校外相结合的评估机制,大学定期对本校通识教育实施情况进行自评，形成自评报告；校外有专门机构周期性对大学通识教育实施情况进行诊断评估，提出评审报告并提出改进建议。这是很值得我国借鉴的评估机制。

美国校外整体评估来自两个方面：州高等教育委员会（或通识教育委员会）和高等教育认证机构。美国各州设有高等教育委员会，高等教育委员会下属通识教育委员会制定该州高等教育阶段的通识教育目标，确定本州通识教育的知识领域和课程标准。通识教育委员会规定本州通识教育目标、基本内容、课程标准和最低学分要求，为本州院校开展通识教育提供基本框架，院校可以根据自身的办学使命、办学理念和学生的实际情况对州的规定进行修改和细化。高等教育委员会或通识教育委员会侧重评估通识教育目标和课程，而高等教育认证机构注重评估通识教育质量。

美国有六个地区性高等教育认证机构，大多数美国高校接受其中之一周期性评估（一般为 10 年）。这些认证机构都是美国联邦教育部正式认可的，它们的认证结果会影响到高校获得联邦财政资助、学生的选择、其他方面的援助等。学生和家长把认证结果看作是大学质量的排名，虽然这个结果并不是得到保证的。认证机构通过认证鼓励高等院校定期自查，并就自身特色和目标评估办学成功与否。认证机构通过出版自我评价程序指导大纲，派出专门小组实地考察高校，决定是否颁发或更新认证，对高校资源和表现做出外部判断。美国各州利用认证为从事某些职业和工作的人颁发执照，设立教育要求标准。学生也参考认证结果，从一所学校转学到另外一所学校，或者帮助挑选申请读研究生的院校。就课程而言，一些机构关注课程开发的过程——新课程是如何提出来的、如何对待的、如何被采纳的，本科课程各组成部分的均衡性，以及向普通民众宣传课程的合理公正性。美国全国还有 59 个专业认证机构认证高校具体的、特殊的课程项目。美国高等教育认证标准之一就是通识教育的实施情况。以美国中部州高等教育委员会为例，通识教育是 14 条认证标准之一，要求"院校的课程设置以通识教育为基础，以便培养学生大学水平的学术能力以及基本技能，至少包括口头和书面表达能力、科学及定量的推理能力、批判性分析和推理能力以及技术应用能力"[①]。"院校的学生项目包含实质性通识教育要素，这一通识教育要素不论是作为一个必要前提或界定清晰的元素，都将用以确保知识的广度并推进知识的探索。"[②] 美国高等教育认证与评估，一般以十年为一周期，因此通识教育改革也是十年周期性变革。

美国院校内部通识教育委员会（或下属通识教育评估委员会）负责评估学生通识教育学习结果。通识教育的能力目标或学习结果包括两个方面：一是关键文化技能，包括口头和书面表达能力、批判性思维能力、问题解决能力、人际交往能力、美的鉴

① 美国中部州高等教育委员会. 美国高等教育质量认证与评估［M］. 谢笑珍，译. 北京：北京大学出版社，2013：10.
② 同上书，12.

赏力、道德意识等；二是公民素养技能，包括社区参与度、多元文化理解力、领导才能等。[①] 评估方法主要有标准化考试、基于个人表现的方法、校友跟踪调查和学生档案等。[②] 标准化考试重点考核学生获得的能力，主要测试学生关键文化技能，主要采用人文学科、社会科学、数学与自然科学等学科的知识内容考察学生写作、阅读、问题解决、批判性思维等技能水平。除了使用标准化考试之外，很多院校还开发具有独特个性的评估方法，基于学生表现的方法就是其中之一，以学生课堂表现、对某一问题的回应、课堂作业、试卷、论文、作品等为依据，评估学生学习结果，以此作为评判学院通识教育质量的依据。例如，哈佛大学师生可以通过本科生教育委员会（CUE）参与课程评估体制改进。本科生教育委员会制定"本科生教育委员会向导"的编辑政策，该刊物报道哈佛大学本科课程的学生意见，提供详细的课程统计和质性评价分析，既是学生选修课程的向导，也是教授和小组讨论课组长的反馈机制。

日本通识教育课程也是采取校内外相结合的评估机制。日本国立公立大学通识教育课程要定期（每隔 5 年）接受校外专门机构的评估，大学内部也设置专门机构负责通识教育组织实施和评估。例如，大阪大学设立大学教育实践中心专门承担全校共通教育策划和运营责任，负责动员全校教师共同为全校共通教育服务，开展大学教育实践研究，策划以提高大学教育质量为目的的各种活动。

---

① Wyoming Community Colleges annual performance report: core indicators of effectiveness 2006 - 2007 ［R/OL］. ［2010 - 11 - 12］. http://www. communitycolleges. wy. edu.

② BERS T H, CALHOUN H D. next steps for the community college: new directions for community colleges ［M］. San Francisco: The Jossey-Bass Higher and Adult Education Series, 2002: 67.

# 第四章 美国大学师生访谈

## 第一节 哈佛大学本科生访谈

哈佛大学通识教育一直是全世界学习的典范，本科生教育在哈佛大学中占有重中之重的地位。2016 年 4 月，2013 届本科毕业生向芯同学在哈佛大学教育学院接受了我们的访谈。

### 一、导师制：全方位对接学生学习与生活

问：作为中国留学生，能够在哈佛大学读本科是很难得的体验。哈佛大学本科生教育最重要的特色之一是导师制。请你谈谈哈佛大学导师制的基本情况，以及个人感受吧。

答：每个人感受都不太一样，我 18 岁时心态很开放，知道自己要去一个新的国家，吃的用的等其他生活方式都会不一样。我觉得小孩子适应会更快一些，没有那么多讲究。第一次来的时候，算好时差在飞机上睡了几个小时，第二天就到了，而且当时很兴奋，所有东西都是新鲜的，更多的是先去尝试，然后反思有什么不一样。从大一到大四学生知识结构是不太一样的，因此哈佛大学本科生导师有很多种类。哈佛要求本科生住校，我们大一时住新生宿舍，宿舍全是大一新生。大二以后住在住宿学院，各年级学生混合一齐住的。十几栋新生宿舍楼都坐落在校园中心区哈佛大院及周边，距离教学区很近，一般五分钟就能走到教室。

第一类导师叫住宿导师。住宿导师一般是在读博士生或是博士后，负责管一个楼道，通常一个住宿导师管十几个人，可能这一层或者这半层都属于他管。住宿导师和学生们住在同一个楼道里，每周或两周有几十美金买零食和饮料举办"晚间休息茶会"，通常是周四晚 9 点钟开始持续一个小时左右，大家晚上学习累了都到住宿导师的房间里边吃边喝边聊天。遇到什么问题，同学们之间聊也好，找导师聊也好，这是宿舍里的一项重要制度。住宿导师每个学期至少要跟每个学生单独聊一次。

第二类是学术导师。大一学生都没有确定专业，学术导师是根据报考时学生填写的学术兴趣配备的，学生的学术兴趣也会经常变化。大一学术导师主要负责帮学生选

课，因为我们的课程都是自己选的，大一学术导师在开学前后 1～2 周内一定要跟学生见面谈一次，重点问你想选什么课，要考虑哪些因素，你想学什么专业，要不要先上这些专业课等。学术导师会为你参谋，你若对某方面有兴趣也可以考虑多去某个学院或者学系了解，确保选课的时候可以得到辅导。

第三类是同伴导师。同伴导师都是学兄学姐。国际留学生的辅导更加完善，国际留学生协会每年都会给新来的留学生配一名师兄师姐做导师。我的同伴导师不是中国人，也不是美国人，主要是整体介绍学校各方面情况。还有学生参加一些学术组织，通常也会给他配同伴导师。例如，有些学生刚进校就很明确要往商业方向发展，很多商业团体会把师姐师妹、已经找工作或准备工作的、高年级跟大一的同伴配对，这些搭配是非正式的导师。非正式导师跟自己是否主动有很大关系，看你参加多少学术团体。

整体来说，我大一的学术导师跟我后来的学术方向基本上没有关系，她是研究日本文学和历史的教授，我当时对这方面没兴趣。大一的时候我考虑学习环境科学或环境政策，后来尝试了许多不同方向，最终选择了心理学。大一时有一门全校唯一的必修课，叫论文写作课，是大一学生都要学的。学术导师通常建议母语非英语的国际学生先上更简单的入门课程，压力没有那么大。我觉得入门课程太无聊了，就跟她商量换成了标准课程。有时候也会和住宿导师闲聊一下，比如暑假想干什么，生活当中遇到不开心的事情还是跟朋友、同学或室友聊得更多。

问：哈佛大学设有新生主任、住宿新生主任，他们具体负责什么？

答：新生主任统管一年级本科生，下面设有 4 个住宿新生主任，各负责 400 名左右新生。住宿新生主任与大一学生住在一起，每月召集所有新生导师开会，每位新生导师每周召集 30 名左右本科生开会，同时负责 8 名本科生的学习咨询。新生导师可以带家属住在宿舍里，享有免费就餐特权。

问：二至四年级的时候，学术导师跟一年级还一样吗？

答：不一样，二年级专业确定之后，学术导师就是专业方面的。每个专业处理方法不一样，比如经济学系学生很多，但只有三个导师。一个学术导师管上百名学生，根本就不认识所有学生，提供的辅导也很有限。每个学期选课的时候跟他们预约时间谈 15 分钟，确保你能够把专业学分修满、修课次序不出现问题，基本上是行政上的东西，他没有办法给你解决问题。心理系比较重视教学，他们在 13 个住宿学院各安排一名学术导师。住宿学院每年选聘住宿导师时要有一名是心理系博士生，让他做心理系学生的学术导师，这样见面机会相对多一些。我们住宿学院有 20～30 名心理系学生，学术导师是一位很有经验的老先生，只是不住在住宿学院里，但经常会过来，能够认识每一位学生。可能一周有两天在住宿学院就餐，学生可以约他谈选课等问题。期中期末的时候，他会安排更多时间，晚上也可以约他谈。

问：你现在基本上养成一个习惯，遇到学术问题就设法请教相关教授，这大概是本科时就养成的习惯吧？

答：对，这个在哈佛很重要，给你的资源其实挺多，但都不会自动送到你面前，你必须学会怎样去请教他人。大二以后住宿学院是很大的资源，学术导师通常跟学院是有关联的，住宿导师跟新生宿舍的住宿辅导员一样，也是每周约大家聊天吃饭。住宿学院很重视社区建设，千方百计营造家的感觉。

## 二、住宿制：学生心目中永久的"家"

问：学院生活让大家形成一个真正意义的共同体？

答：住宿学院鼓励大家一起聊天交流，每年住宿学院之间有运动会，导师们也会动员学生参加。住宿学院都有属于所有学生的普通共同活动室。住宿学院还有一大堆兼职教员，他们有的是退休的，有的是在职的，通常都是社会地位和名望比较高的人士，他们同住宿学院院长（house master）有密切关系。院长现在改名叫 Dean，因为 master 有奴隶制的影射。这些人活动的地方是高级共同活动室，他们通常在住宿学院就餐，学生有问题可以直接找他们聊天。我们住宿学院有一些世界级的老教授或社会名流，有的是艺术名家，有些是医生或律师，他们专门为学生举办一些活动。我们住宿学院就有 2009 年刚退休的联邦最高法院大法官，他给我们举办闭门私人研讨会，可以向他请教关于最高法院的问题。还有艺术家教我们画画，这些活动周末特别多，但是需要学生多留意多关注。他们不算正式导师，跟学生没有直接关系，不住在住宿学院，但经常到住宿学院餐厅就餐，算是这个社区里边的人。哈佛大学很讲究社区概念，所以只要学生请教他，基本上都会得到指导。

除了院长外，住宿学院还有一位重要人物是住宿主任，他是学术辅导总负责人，很多学生不会直接接触他。大二以后学生都有选课卡，选课第一步是学术导师签字，第二步是住宿主任签字。一般来说，住宿主任不直接管学生，我们通常每学期选 4 门课，最多 5 门课，如果上 6 门课就要去跟他谈了。有些学术上的特殊情况，如休学、换专业或者考试抄袭，都是要住宿主任出面的。住宿主任管理各种实际事务，既管住宿学院的学术事务，也管学生纪律。

问：住宿学院院长负责什么工作呢？

答：院长是住宿学院的精神领袖、文化领袖，更多是统领住宿学院的文化建设，负责营造氛围，住宿学院通常就是文化中心。院长负责住宿学院对外事务，重要场合院长要致辞，住宿学院的学术导师和生活导师要同时跟院长和住宿主任汇报工作。学术导师也受院系领导，大二之后的学术导师要保证学生能够满足院系里面的要求。

问：除了住宿以外，住宿学院好像还有很多学习方面的功能？

答：住宿学院是文化和社交中心，还有一定的学术指导功能。住宿学院就是社会、社区，大家生活在一起就是一家人的感觉。

问：把大一学生住宿安排在哈佛大院里面或者周边，除了考虑学生比较小（安全）

以外，还有什么特别的想法吗？

答：我感觉主要是文化气息比较浓，第一年进来感觉这就是哈佛，天天就住在哈佛雕像旁边，楼下天天是络绎不绝的游客，让你有一种进入哈佛校园中心的感觉。其中一栋新生宿舍楼就在最古老的大门旁边，一层是哈佛大学校长办公室所在地，楼上住着本科生，这样天天都可以见到校长。还有就是方便，去哪里上课都是步行 5 分钟以内。大一有一门比较特别的课程，叫新生研讨课。新生研讨课是选修课，有很多主题可以选，都是 15 人以内小班教学，通常是教授选自己最擅长的或者自己最感兴趣的研究主题。哈佛大学大一、大二很多课也是大课，上课几百个人，至少几十个人，基础课人都很多，通常到高年级才有机会上跟教授近距离讨论的小班研讨课。新生研讨课让大一学生尝试小班研讨课，跟教授讨论，同时比高年级研讨课作业少很多，不会让学生写很多东西。阅读材料也不会那么艰深，就是由一名教授带着你了解一个领域，都是比较具体的话题，比一般的基础课要深入，写论文的要求不会像高年级课程那么严格，因为大一学生还没有上写作课，不太会写学术论文。

问：除了地点换了外，新生和二、三、四年级本科生住宿还有什么明显不同吗？

还有一个比较明显的不同，大一的室友是随机分的，大二以后的室友都是自己选的。大一室友是机器选择的，它会尽量平衡宿舍里学生的种族、国籍等。入学之前会做一个问卷，如你的生活有哪些重要习惯，你理想的室友什么样，你有什么宗教信仰等。它会在满足重要原则的基础上随机分。它也会尽量避免把一个夜猫子和一个作息严格的同学安排在一起。哈佛大学要求本科生必须掌握一门外语，它会考虑学生语言学习的需要，尽量给你配一配。我想学英语和法语，它为我安排了一名肯尼亚的室友，她母语是英语和法语，想学中文。新生宿舍有十几栋，每一栋房子里面结构都不一样，有些是单间，有些是双人间。大一单间很少，基本都是双人间，就是一个大的房间，配独立洗手间，里边住两个人。我大一住的那栋楼里多是两室一厅或三室一厅，我们 5 名女生住三室一厅，两个大一点的卧室住两个人。

问：大二以后是自己选择室友？

答：大一结束后要从新生宿舍搬到住宿学院。哈佛大学有 13 个本科生住宿学院，同学们可以组团入住，最多 8 人一组。我们 5 个人关系特别好，我们要住一个宿舍，我们就是一组。你可以选择组团申请，也可以选择单独申请。总会有同学感到失落，为什么平时那么好的朋友不和我组团选宿舍呢？实际上分的时候是抽签，但是会保证把你和好朋友放在同一住宿学院。进来之后就是选房间，住宿学院里有很多房间，房子结构也不一样，有些主要是单人间，有些主要是 4 人间和 5 人间。每个住宿学院都有不一样的选房过程，你可以决定想要跟谁住。比如，一起分过来有 5 个人，如果有大的套房就 5 个人住一起，有可能是分开住两个套房。

问：还有做饭的地方吧？

答：基本上都没有做饭的地方。大二以后我们进了哈佛大学最古老的住宿学院，总共住 400 名学生，只有一个厨房。有些新一点的住宿学院条件好一些，可能每一层楼有一个厨房。住宿条件差别是很大的，通常一个房间住 2 个人，住 1 个人的情况也有，不会一个房间里住 3 个人，套房有几个卧室，这样人就比较多了。

问：出国留学可能会遇到很多问题，比如情感问题、成长烦恼、同学相处、选课选专业等，你觉得住宿制和导师制能解决你们学习生活中的问题吗？

答：我个人觉得挺好的，关键是要学会如何主动获得资源，当然总会有学生感觉没有获得足够的帮助。住宿学院氛围特别好，我们的院长是两位 70～80 岁的老太太，住宿学院 400 多名学生的名字她们都记得。每年搬进来 100 名左右新同学，她们会记下全部名单。两老太太非常不容易，新同学住进来，她们会跟你聊几句，像家里婆婆奶奶这样的角色，住宿导师也都挺聊得来。有些住宿导师已婚或者刚养小孩，大三那年我那个楼道的导师生了一个宝宝。我的住宿导师是哈佛博士生，丈夫在附近公立学校任教，他们以夫妻的形式进来做住宿导师。你会看到里边有老有小，家的感觉还是蛮强的，好朋友也住在同一住宿学院里，归属感比较强。整体来说，我觉得在住宿学院还是挺开心的，虽然现在没有在学校里边住了，但是回母校的话还是会回自己的住宿学院。

我们住宿学院有特别多的小活动，每周四下午 5～6 点钟举办院长茶会是我们的传统。两个院长在住宿学院专门有一个单元，她们住的是跃层，二楼是卧室，一楼是大客厅。每周在大客厅举办院长茶会，她们两个加上学生志愿者，也有其他工作人员准备很多零食饮料。两个院长端着大茶壶站在门口，谁进来就给谁倒茶，问要不要加牛奶，要不要加糖。

问：住宿学院在学术方面给你们的帮助如何？

答：学术方面越到后面专业性越强，越依赖自己的院系。我学心理学，最后一年决定申请教育学院的时候，就跟那些住宿导师、院长聊。他们认识很多人，就给我介绍在教育学院学习过的非住宿导师，他两年前是教育学院的招生负责人，很了解教育学院的招生要求，我们就见面聊。申请研究生的推荐信更多需要专业上的。我是请一起做过合作研究的心理系教授写的，还有我做教育研究时合作过的一些学者。

## 三、学生社团：展示自己的另一个舞台

问：哈佛大学本科生热衷于参加社团，你在学习期间参加过学生社团吗？

答：我大一时参加最多，当时好奇心较强，什么都想试一下，而且刚进来想多认识人、多了解情况。第一年参加了 7 个社团，但到了大一下学期退了一半。第一学期主要是合唱团、交谊舞团、模拟联合国，还参加亚洲分会等。大部分新生都会参加很多社团，但到大一下学期或大二就会感觉有些社团没意思，就慢慢退出了。大二结束休学回来后参加社团就少了很多。

问：参加学生社团，是不是也有导师给你建议？还是纯粹自己选择？你感觉社团

是有名无实，还是很充实？

答：刚开学的时候几百个社团到处喊、到处发传单，搞招新活动。秋季刚开学的一个月，每周都有很多社团搞迎新活动。很多是朋友、师兄师姐介绍，有些自己本来就很感兴趣。我大一、大二的时候在交谊舞团每个星期要跳 10 个小时交谊舞，大三、大四在合唱团每周至少 5 个小时排练，经常隔一两周就演出一次。这些演出型社团耗费时间很多，但共同体的感觉特别强，因为我们学校没有班级概念。竞赛型社团要出去比赛更耗费时间。

一般来说，哈佛演出型、艺术型的社团是社区感、凝聚力最强的，要求社员投入大量时间和精力。不管是舞蹈还是合唱，大家花很多时间在一起。对艺术感兴趣的人通常都有点较真，想演得好就得苦练。很多职业型、商业型、会议型、法学类社团，凝聚力差异可能很大。

## 四、休学：寻找自我的一种方式

问：大二为什么休学呢？

答：当时《青草》想要在广州注册，需要本地有人，就回国休学一年。大二结束的时候，暑假去南科大工作了一个学期，他们想搞住宿学院，我就帮他们做一些研究，做学生辅导。

问：休学做公益对你来说很不容易，尤其是中国人。这样选择是受到哈佛教育的影响，还是一贯具有做公益的情怀？

答：当时对教育有兴趣，就做了两年《青草》。大二结束的时候，哈佛休学的学生本来也不少，你会听到谁休学去做了一些比较有意思的事情。而且我在心理系，我在想要不要做毕业研究，心理系做毕业论文的时间和精力还是很多的，准备周期很长，基本上最后两年都在搞毕业论文的事情。当时就想大一、大二不停地试这个、试那个，尝试了很多新东西，最终选择心理学专业，但觉得自己还是对教育更感兴趣。因为学习的时候特别忙，一直没有机会深入了解教育。大三直接做心理学毕业论文的话，就没有机会了解毕业后是继续做心理学研究，还是从事教育研究。我觉得那个时候休学是比较好的时机。

问：休学半年或一年在哈佛本科生中是很普遍的现象？

答：很普遍。各种休学情况都有，主要是为了找兴趣方向，为下一步学习探路，也有是为了创业，也有身体生病，或者觉得学习压力太大，还有成绩不理想。如果一年之内有两门课不及格，学校就会劝你休学一年调整状态。我是自己找方向、找兴趣，另外《青草》也需要人，两个因素结合，一个星期就决定了。父母比较开明，当时感觉挺轻松的，在学校里也觉得很正常，回国之后好多人觉得，我做了一个重大的决定。哈佛让本科生休学做一些适合自己的事情，这个机会太难得了。就中国整体环境来说，休学（包括投入大量精力做公益）是风险很高的选择，但对我来说可以承受，因为哈佛是有安全网的地方。能够做任何选择，我觉得安全网是很重要的一个因素。不管做得好或做不好，风险都比较小，都是学习经历，我可以再回到这里学习。

问：如何评价哈佛大学本科生的生活？

答：本科生学习压力很大，同学们在一起的时间远比国内少，会觉得更加孤独，因此更热衷社团活动。每年底就要联系暑期实习，这里机会太多、选择太多，总是觉得错过了某些重要机会。

## 五、通识教育：拓宽视野的难得机遇

问：2009 年是哈佛大学试行通识教育新课程的第一年，作为首批学习过 2009 年通识教育新课程的本科生，谈谈你的体会和感受吧。

答：我在 2009 年入学，是一路做"小白鼠"过来的。因为通识教育课程有 8 个领域，学术导师没法具体指导。一般来说，如果同一门课可以同时满足两个类别要求（如"道德推理"和"世界中的美国"），你只能用它抵一个领域的学分，不能同时满足两个领域的要求。"历史研究"不是独立领域，不具排他性，如果选修的课程历史分量比较重，就可以同时满足"历史研究"的学分要求。每学期 4 门课，最多 5 门课，他们建议每学期至少选 1 门通识课程，不要到大四还有 4 门通识课程没有完成。

大一时没确定专业，选课要思考上什么课能帮你确定专业，大部分学生选择专业相关的基础课。比如，很多大一学生选修经济学、统计学、数学基础课，因为社会科学都要学习这些基础课。大部分学生每学期至少选 1 门通识课。通识教育课程写作要求比较低，而且很多是大课，不一定能够帮你了解这个学科、找到专业方向。通识教育课程要求人文专业的学生上量化推理课程，一定要上 1 门数学课。即便是很讨厌数学，"实证与数学推理"类别里有符号学、逻辑学等不用数学的课程，基本能够让学生理解一些大的概念和不同的思维方式，但是不重技术性的东西。

很多通识教育课程基本上重要的是看问题的方法，重点是这个学科想解决什么问题。很多时候通识教育课程是跨学科的，"道德推理""历史哲学"都不是以学科为基础的，是关于人类生存的科学、数理、人文各方面的基本问题，是以问题为导向，而不是以某一个学科为导向，不一定能帮助你选择什么专业。很多学生把通识教育课程都放在大三、大四上，也有不少压着到最后上。

问：从辅导角度看，导师有没有特别关注通识教育课程？

答：通识教育课程每个领域都有很多，没有老师能够了解所有领域，他只能建议要不要考虑上 1 门通识教育课程，或者提醒你还有哪些领域的通识教育课程没有完成。例如，你已经大三了，通识课程才上了 2 门，后面 4 个学期要上 6 门，这个学期要不要多上 1 门。

问：现在回过头来看，你如何看待通识教育课程在你们本科生课程整体框架里面的价值？对你专业学习、求职有什么特殊意义吗？

答：整体来说还是不错的，拓展了知识宽度，可能与个人思维习惯有关。我比较喜欢那种既宽广又有对比性的思路，喜欢这个学一点、那个学一点。对我来说，大部分通识教育课的要求不是特别高，我本来就想各个领域都多了解一点。有时候也会挺麻烦，比如从小就喜欢画画并在哈佛上了几门艺术系高级课程的我和一些上了很多高级课程的艺术系学生，却一直没有达到"美学及诠释理解"类别的通识教育课程要求。因为通识课程是比较基础的，以大框架为主题的，不是教你具体技法，高级技法课反而不能满足通识教育的要求。最后逼得我去上了1门古典音乐鉴赏，那门课实在是太无聊了，完全是为了毕业应付过来的。

问：也就是说，你对这个领域的准备已经非常充足了，但还是要选修比较浅的通识教育课程？

答：通识教育课程必须经过通识教育课程委员会认定，才能够算作某个领域的学分，认定标准都是那种主题比较宽的。专业里的高级课程没法实现让你了解这个领域的目的。但是问题也不算特别大，任何课程体系都难免会有这样那样的问题。以前的核心课程也存在这个问题，估计是设计上避免不了的。

问：如果没有通识教育课程，可以有更多时间学习专业课程或者自由选修课程，你认为大学有必要开设通识教育课程吗？

答：这个要看人，还有不同层面，是主观上有没有用，还是客观上有没有用。对于我来说，有没有通识教育学分要求没有特别大的影响，我本来兴趣就很广泛，不给要求各个领域也会覆盖到。我大一的时候，按照自己兴趣选了数学、地质学、化学、宗教学、历史、哲学等课程，基本上人文、社科、自然科学都尝试了一遍。对于有些学生，像我的室友，她的兴趣很专一狭窄，只对一个领域感兴趣，不逼她是不太会学习艺术领域的东西。对于她来说，本来很不情愿上某些课，但是上了之后遇到一位好教授，改变了人生观，这就拓宽了视野。也有很多学生上了通识教育课程，但完全是混过去的。我们住宿学院的学生群里，开学的时候很多人问，通识教育这个领域哪门课最容易过、作业最少、保证能拿A、适合刷学分？肯定也有很多学生是以这种心态应付的，因为他（她）本身对这个不感兴趣。不多开点课程满足不了需求，开多了可能有人会选已经接触过的课程，或这门课作业最少就上这门课。

问：与专业课和自由选修课相比，通识教育课程更受欢迎吗？

答：我们上的通识教育课程，一半是属于很好的，是领域里权威教师教的。实际上质量很高，因为没有学科限制，思维比较发散，对人很有启发，作业也不需要套学术论文格式，可以有更多创意的形式，这些会比较有意思。也有一些很无聊，你会觉得讲得不够深，没有学到多少实际东西，或者你对这个领域实在没什么兴趣。古典音乐鉴赏那门课我上完之后现在都忘记了。

## 六、专业教育：尊重学生选择

问：你们确定专业后，这个系是相对独立的实体吗？

答：一般都有实体，有系主任和系里的工作人员，但可大可小，有些小一点的系就几个房间。每个系不一样，每个专业也不一样，有些系人很少，心理系一共有 10 个人跟我同专业，只有 1 名学术导师。他跟住宿学院不一定有关系，通常大系才在住宿学院安排学术导师。

问：专业课只能在哈佛学院选修，还是可以去其他研究生院选课？我在教育学院发现有大一学生选博士生课程，他们选修这门课是满足专业必修课，还是自由选修课要求？

答：如果跟专业直接相关，通常有些学院、有些系可以批准其他学院课程满足专业课要求。你可以跟系里商量，说明跟自己专业相关，把这门课算作专业课的学分，更多时候算作自由选修课。专业课不限于所在系开设，也有可能是哈佛学院其他系开设，也可能是其他研究生院开设。一般会给你一个课程列表，理工类专业要求会明确很多。比如，物理工程可能有一系列必修课，而且有严格的学习顺序，前面的课不上后面的课就上不了。人文和社科更自由，要求比较宽泛。心理学系要求 12 门专业课，要求所有学生必修的只有 2 门，1 门是心理学入门，1 门是基本研究方法。此外，必须从社会心理学、发展心理学、病态心理学、认知心理学四个分支学科里至少选修 2 门，还要再上 1 门研究方法课，其余的从 10~20 门高级研讨课里自由选修 4 门。自由选修这部分完全自由，院内、系内也行，其他学院也行，甚至其他学校都可以，完全没有限制。我在心理系只上了 5~6 门课（2 门方法课、2 门入门课、1 门高级研讨课），因为我选修了其他专业的课程。这样做的好处是满足了学生不同兴趣、不同准备状态、不同发展方向的需求，拔尖学生可以与博士生一样学习，普通学生可以有适合自己的选择，不求同步统一发展，鼓励多样性和个性化发展，学习权利完全把握在学生自己手里。

问：如果让你重新选专业的话，你还会选择心理学吗？

答：假设这个很难，但我不后悔选择心理学，其他专业可能也没有意思，但是不同专业有不同的发展方向。

问：本科专业对你研究生教育有没有实质性影响？

答：肯定是有影响的，是学科基础嘛。心理学跟教育学比较相关，我觉得有心理学作为背景是很好的，虽然做研究可能不用心理学方法，但作为一种视角还是很重要的。我后来的学术导师偏向哲学、心理学和道德哲学，神奇的是跟我现在做的研究很相关。如果按大一时的想法选择环境工程或环境政策，也是一条有意思的出路，我文理都能学。

## 七、哈佛特色：学习改变世界

问：很少有中国高中生毕业后能够幸运地读哈佛本科，你怎么评价这四年本科教育对你的影响？

答：18～22岁不管在哪里度过都会对人有很大影响，会引导你往哪个方向走。哈佛四年塑造了我现在的方向，包括机会、空间和局限。哈佛对于一个做学术、喜欢想问题的人来说是很好的地方，拥有很多思想界大师。虽然哈佛有很多商业和功利的东西，但公益的东西也是很多的，很多哈佛学生是具有殉道精神的真理追求者，哈佛提倡服务他人和整个世界，即所谓"学习改变世界"。本科生在哈佛地位最高，所有资源都会对你开放，无论你想约多么大牌的教授，只要提出基本上都能做到。北大清华著名教授也很多，但本科生接触的机会可能会少一些。我觉得这个对人的选择很重要。研究生的机会也不少，我现在对人类学感兴趣，就去上课或找那边的教授聊天，如果不是资源特别丰富而且各个领域很全面的综合性大学，不会有这么多机会、这么多选择。我觉得也不是只有哈佛做得到，美国很多院校和中国顶尖大学也不是没有可能，只是面临的阻碍更多一些、空间会小一些。你需要面对行政等各种各样的阻力大很多、可能压力也有很多。

哈佛本科生拥有绝对特权，就是"中头彩"，但不是每个人都适合，不是每个人都喜欢。相对来说，哈佛不是一个幸福指数特别高的学校，压力比较大。我这个人事儿不太往心里去，如果比较敏感的人或不是特别自信的人在这里读本科，会觉得学习压力太大、竞争压力太强，会非常不开心，心理会变得不健康，在这里读书自杀也是有的。

问：只有哈佛能给你、其他院校不能给你的东西是什么？

答：没有什么，只有哈佛这个名字、哈佛校友身份是哈佛独特的。普林斯顿、耶鲁的校园网络、聚集的资源不一样，但也不比这里差多少。哈佛在中国名声比其他学校要大，在美国并不是所有人都喜欢哈佛。这只是我个人的理解，我与同学的经验感受绝对不一样。

# 第二节　加州大学伯克利分校本科生访谈

伯克利分校于1868年建校，是加州大学10所分校之一，目标是增进一代又一代加州人的荣光和幸福。伯克利分校生师比为17∶1，现任教师中7人是诺贝尔奖得主。伯克利分校对人类做出了巨大贡献，从言论自由运动到地震科学、疟疾治疗等。伯克利分校的通识教育在美国享有盛誉，2016年5月，我们访谈了伯克利的本科毕业生孙怀异同学。

## 一、本科生院：伯克利的心脏

问：伯克利的本科生是不是也集中在某一个学院里面？

答：确定专业前，伯克利本科生全部集中在文理学院，确定专业后 3/4 的本科生继续留在文理学院，其余的按所选专业会被安排到商学院、法学院、新闻学院、工程学院、化学学院、卫生学院、教育学院等专业学院里学习。文理学院是加州大学最具声望的教学科研单位，是伯克利 14 个学院里规模最大的，也是伯克利的学术心脏，伯克利超过 50% 的教师和博士生在这个学院工作学习。伯克利有 80 多个专业供学生选择，学生可以在传统学科内外的广泛领域开展研究，追逐自己的好奇心，让自己走上终身学习和个人成长道路。隶属于哪一个学院没有实质的意义，因为你可能就是在那个学院多上几门课，平时上课会多往那栋楼走一走，对你的生活没有改变。美国是比较自由的，只是说你是这个学院的，平时需要找导师咨询的时候会去这个学院里面找。导师是每个学院都有的，不是全校统一安排的。

哈佛、耶鲁本科生学院都是独立于其他专业性学院，有的院校可能像国内那样按学院和学系来分，研究生和本科生都放在一起。伯克利是两种模式混合的，既让本科生相对集中在某个学院，又让研究生和本科生混在一起。我觉得这样挺好的，人的成长更多的是跟着一个群体成长。同伴的力量非常强，当你的同学跟你在一个群体里做同样的事情，大家会特别容易进步。

## 二、通识教育课程：增加了思考问题的维度

问：伯克利本科生课程结构大致由哪几个部分组成？

答：理论上大三之前可以不定专业，专业确定的最后期限是大三上学期，此前可以选择各种各样的课程，寻找个人兴趣。最重要的是，前两年学生必须完成通识教育课程。如果更早确定专业，就可以提前学习专业课程。通识教育课程、专业课程和选修课程，四年八个学期修满 120 个学分就可以毕业。1 门课 4 学分或 3 学分，120 学分需要修 30~40 门课，跟哈佛本科生要修满 32 门课的毕业要求差不多。

问：你能简要地介绍一下伯克利的通识教育课程吗？

答：伯克利的通识教育有 7 个领域：艺术和文学、生物科学、历史研究、国际研究、哲学和价值观、物理科学、社会和行为科学。每个领域开设的课程有几十门，要求学生在每个领域至少选修一门课程，感兴趣的领域也可多选一门，也算作毕业要求的学分。通识课程给学生介绍众多研究和学术视角，让学生接触新学科，与其他专业同学互动，强化跨学科联系和情境，让学生理解并处理未来面临的复杂难题。

问：一般来说，学生更喜欢专业课程，选好专业找工作。通识教育课程涵盖多学科领域，你们理解这种课程安排的用意吗？导师有专门解释这种课程设置的必要性吗？

答：通识教育一直是美国社会各界积极讨论的话题。从我个人角度来讲，说它好或不好都有非常有深度的理由。我觉得通识教育非常好，本科教育更重要的是塑造学生价值观、世界观和思维方式。通识教育有各种各样的课程，不只是局限在专业上，让你视野有一个广度，让你了解这个世界，让你以后思考问题时会有更多不同的纬度。

从兴趣角度来讲，很多人选择专业的时候会根据市场需求，只有上通识课程的时候可以无视职场。多少年后回忆起来，有人会觉得大二选修了一门天文学课程很有意思。我在伯克利上过一门诗歌的艺术非常有意思，虽然对我的职业发展没有直接价值。

### 三、专业选择：突出自己的比较优势

问：选专业的时候，你是完全自己拿主意，还是综合了导师的建议和家长的想法？

答：其实能选择的余地非常小，如果国际留学生希望在你的 GPA 或你的专业里面胜出，首先要考虑自己的比较优势。比如学习人文社会学科显然没有优势，只有心理学、社会学两个学科不需要太深厚的英语和西方文化基础，所以大部分中国人首先放弃人文社会学科，人类学、语言学、文学、哲学等都太难太难，根本无法胜任。理工科的就业面，对于很多人来说会觉得非常窄，我所在的学校在硅谷附近，很多人选择计算机科学，将来就业可以去很多科技公司。对于我来说，这个专业也不太合适，因为经常加班。我想从事金融或者咨询行业，最好的选择就是学经济学或商科，这也是华裔、亚裔学生选择比较多的几个专业。我最有兴趣的远远不是这个专业，我更喜欢艺术，但是我不可能学艺术设计，艺术职业发展道路会非常坎坷，能不能做出来有很多偶然因素。这就是一个权衡，需要个人兴趣、学术特长和就业前景等综合考量。

问：你当时选课主要是自己做主，选专业也是自己的主张。现在要你重新选课、选专业，还会选原来的课程，还会选经济学专业吗？

答：会的！但是读书可能会更认真一些。专业嘛，也许会选艺术专业，但是我觉得还是不好。我刚才说的那句话非常重要，如果我选艺术，除了我喜欢艺术，还有我可能觉得学艺术的学生普遍比较弱，我会很容易脱颖而出。很多人都会这样子，他不敢选择竞争激烈的行业，他会选择稍微弱一点的行业，觉得他会在那里做鸡头，而不是在热门行业做凤尾。我现在毕业了，接触越来越多的人和事之后，觉得一定要跟着最优秀的集体进步。如果选经济学，接触到的都是很优秀的人，最起码在校园这个范围里面，跟最聪明、最优秀、最积极的集体发展，你就不会落后于这个时代的步伐，这是一件非常快乐和重要的事情。

问：确定专业以后，专业课要求是怎样的？

答：确定专业以后，要求上够 6~7 门专业课才能拿到学位，学生与学生、专业与专业之间的区别就是这 6~7 门课，找工作真正区别学生能力的也是这 6~7 门课，所以美国本科生专业技能不会有很好的训练。很多学生大一、大二选择实习，从实习当中学到很多工作经验，这个国内外差别还是蛮大的。美国有一个传统，每个暑假都要出去实习，美国各大金融机构、咨询机构的实习也是非常讲规矩和程序的，就像申请大学一样，错过了就没有办法，所有都是按照规章制度来的，学生也非常重视。通常是第一年年底提交第二年暑假的实习申请。

## 四、伯克利的优势：前卫、自由、包容

问：作为世界上最好的公立大学，伯克利本科教育的优势究竟体现在哪些方面？

答：首先，伯克利有很强的研究生教育。伯克利是世界一流研究型大学，研究生教育非常好，学术水平非常高，工科类全美排名前三，经济学、工程学、物理学等都有一批非常优秀的知名教授，他们是其他学校很难接触到的，对本科生来讲是非常好的资源。即便是常春藤学校本科生得到的资源很多，但不会有伯克利这样很成体系的研究生教育带来潜移默化的影响。很多伯克利的本科生毕业继续读博士，他会很早就开始做学术。伯克利创造机会让学生与全世界最优秀的教授学者对话，让学生参加最前沿的科学研究项目，进行终身的学术探险，寻找当代最紧迫社会难题的答案，创造前沿艺术作品，探索多元价值观和文化。本科生可以去实验室，可以自愿申请在教授做的项目里面做助手。比如，美联储主席以前是伯克利的教授，如果你能在本科阶段跟着他做，拿到他的一份推荐信，就可以很早找到理想的工作。很多学生申请做这些知名教授的研究助手，但不一定都能成功，因为竞争太激烈了，你必须选他的课，成绩要非常好，他对你刮目相看才能够有机会。

其次，伯克利是美国最草根、最左翼、最激进、最自由的院校。美国很多大学都是比较保守的，比如芝加哥大学。伯克利的氛围非常自由，包容性非常强，它的一些学术观点和学术流派都是非常前卫的，而且倾向于帮助草根阶层和少数族裔。我们经常参加游行，各种各样的抗议，跟他们喊口号，为低收入工作者喊出我们的声音，包括驱逐我们的校长，觉得他的一些政策不好。我觉得在你人生的初始阶段，还比较单纯，对社会不太了解的时候，这些都是非常重要的。伯克利让你见识到不同观点、不同流派的人，可能有利于你对某一个问题进行多角度分析和认识。20世纪60年代的民权运动，最早是从伯克利开始起来的。游行是伯克利的传统，是我们的骄傲。我来到哈佛这边，经常上课的时候，尤其是人文社科，很多时候教授都会提到伯克利，我觉得非常自豪。他们不会提到斯坦福，不会提到耶鲁，因为这些学校风格跟它一样，只有伯克利的主张和观点是非常不一样的。

最后，就是背靠硅谷的资源。所有美国大公司招聘一定会来西部，会来斯坦福，会来伯克利，甚至包括国内的招聘，只要有硅谷在，就会有很多商业机会。伯克利距离斯坦福很近，开车只要一个小时，地缘优势非常明显。大公司招聘信息同时发去斯坦福、伯克利，但地点都定在斯坦福，它不会发到洛杉矶的加州理工学院。

## 五、导师辅导：需要自己主动对接

问：你高中、本科都在美国读的，当时离开父母年龄不大，人生面临着很多挑战，到你现在基本是成人，在这个过程中会遇到生活情感等方面问题，校方有足够的资源可利用吗？

答：没有。纯粹是依靠自己，自生自灭。我觉得生活上跟国内最不相同，国内有组织有集体，会说你隶属于哪个班、哪个院系，这个院的领导就会管你。但在美国从来没有集体的概念，从来没有。我不会因为我是某个学院的，就觉得这个学院的老师、管理层应该对我负责任。对于我的生活，所有的事情都是自己处理，包括情感的。我没有体会过在一个集体中被约束甚至是被照顾的这种感觉，在美国遇到的所有问题都是自己面对，我直接面对法律。在中国，学生犯了罪，出了问题，校方出面沟通，但是在美国，你就是一个非常独立的个体，必须对自己的行为负责。

公立院校的本科教育有时候会被人诟病的，因为教师资源相对不足，招收学生又很多。但是，我认为这样也有它的好处，你受到的关注比较少，但是你获得竞争的意识比较多。公立大学非常开放，给你提供服务的机构很健全，所有资源和信息都摆在那里，你必须非常主动跟教授沟通，你明白自己想要什么，你只要去就能找到。不会像一些比较小而精的私立学校，教授甚至会主动帮助你，跟你建立良好的私人关系，在公立院校里是不可能的。

问：有专门的导师指导你们选课、选专业吗？包括通识课、专业课和选修课。

答：有的。我觉得这是非常有意思的一件事情，每所学校都有这种选课渠道，设立一个学生中心，安排导师帮助你解答迷惑，学生只要预约就可以了，每次预约半个小时。实际上，我并不认为这些导师真能帮助你做出选择，他告诉你一些选课规则，要先选什么后选什么，哪一门课是哪一门课的先导，但是真正到了选择的时候，还是自己拿主意。他们只会给出一些老生常谈、千篇一律、很原则性的建议，都是要避免的极端情况，担心你毕业前夕有些课没选到，我觉得是帮助不了你什么的。美国人不会左右你的意志，直接告诉你哪个好或哪个不好。导师只是提供信息，有点像公司的法律顾问，他不会帮助你做公司的决定，但会帮助你规避一些法律风险。

问：负责咨询的导师是学校教授，还是普通职员？

答：导师不是老师系列，他们是专门学习学校咨询专业的，也有心理学毕业的。他们的身份是职员，不可能获得终身教职，他们甚至连讲师都不是，因为他们不属于终身教职轨道的人。公立大学有很多讲师也不是正式教职，因为是不一样的职业轨道。

# 第三节 波士顿学院本科生访谈

波士顿学院（Boston College）简称 BC，是波士顿地区名校之一，该学院通识教育颇具特色，赢得广泛赞誉。2016 年春夏之交，我们在波士顿访谈了波士顿学院的学生毛婕同学。

## 一、BC 本科生：集中为主，分散为辅

问：BC 本科生集中某一个学院里面吗？

答：与哈佛等院校不同，BC 文理学院、管理学院、教育学院、推进研究学院、护理学院招本科生也招研究生，但本科生主要集中在文理学院。虽然每个学院的本科生专业课都不一样，但每个学院的学生都要上核心课程才能毕业。

文理学院是 BC 最古老、规模最大的学院，像哈佛大学文理学部那样，她好像是整个学校的心脏。BC 文理学院本科生授予文学士和理学士学位，要求学生学习核心课程、专业课程和选修课程，还要求学生必须掌握一门外语。文理学院设有 35 个本科生专业，毕业要求修满 120 个学分，其中 96 个学分必须是文理学科。专业课程最低要求修满 30 学分，主要培养学生的批判性思维、专业技能和讲演技能，以及对各领域的复杂性认识。选修课程让学生定制个性化课程，确定个人教育目标并通过设计课程实现目标。选修课程也可用于教育学院、管理学院、护理学院的跨学科辅修。推进研究学院设 14 个本科专业，为特殊需求的学生提供更加灵活的学习机会，可以全日制也可以业余学习，但是最后拿到的文凭，和我们平时理解的美国本科文凭是有本质区别的，教育部认证的时候也只承认进修的文凭。

本科生从 BC 的一个学院转到另一个学院不完全自由。例如，管理学院每年以抽签方式接受少量转学学生，大二第一学期结束时提出申请，前提条件是学过微积分和统计学、修完一半以上经济学必修课、GPA 3.4 以上等。我选择的国际关系项目属于文理学院，但是需要大一或大二结束时向学校申请，一般要写申请书，GPA 要求在 3.65 以上，而且为了保证每个学生得到足够关注，国际研究项目一年只录取 50～60 个新生。

## 二、核心课程：成为文艺复兴人

问：请毛同学介绍一下 BC 的核心课程吧？

答：BC 的通识教育课程被称作核心课程，是所有本科生共同的全校性课程项目，是 BC 本科生教育的核心，传承着五百余年基督教教育传统，紧跟 21 世纪通识教育发展趋势，传授哲学和神学推理，以及其他博雅教育课程。核心课程以人文、自然科学和社会科学的代表作品为重点，揭示研究和做人的新途径，呈现学生此前没有意识到的兴趣和主题，模拟课堂教学与未来生活联系的各种思考，重视学生学术、道德和宗教整体性成长，为学生奠定宽厚的知识和技能基础，这种广阔视野更有利于学生丰富并深化专业学习。

核心课程由文理学院 22 个系开设，要求 1 门人文艺术、2 门自然科学、1 门数学、1 门写作、1 门文学、1 门文化多样性、2 门历史、2 门哲学、2 门神学、2 门社会科学，至少修满 45 学分，大多数本科生前两年完成核心课程必修要求。核心课程不会让学生枯燥地记忆发生了什么，而是让学生运用知识证明自己的观点，目的是让学生更好地

适应社会，成为一个更好的人。

问：美国大学生更倾向于自由选择，通识教育课程多为必修课，涉及面很宽且同专业课联系不紧密，同学们能够理解通识教育的重要性吗？

答：学习通识课程时没有教师特别交代意义，但是在学习过程中你会意识到通识教育的合理性。西方有一个重要概念叫"文艺复兴人"，特指具有音乐才华、历史知识、哲学思维、数学和科学素养很深的人。美国教育源自教会，神职人员都会唱《圣经》，精通拉丁文和希腊文，擅长文学、艺术，是当时各领域的翘楚。通识教育就是按照这种传统安排的，反映了古代哲学家的教育思想，重点培养学生的艺术才能、科学素养和学习能力，以及对神学和哲学的理解。

## 三、辅导及咨询：导师和教授像家人一样温情

问：BC 应该有很多课程可以选择，有没有导师指导你们选课？

答：每个学院都有导师负责指导大家选课，是学校随机给我们安排的。导师跟学生专业比较相关，他会告诉你要上什么课，什么时间选什么课会比较好。更熟悉以后，导师知道我的学习习惯和特点，如我不是很喜欢考试，但擅长写论文和辩论，他会告诉我哪些老师的风格适合我。我的导师指导不同年级的学生，大一到大四各有 7~8 名，相当于国内的班主任。如果有问题就预约到导师办公室找他（她），觉得导师就在我们身边，跟我们关系很好。我的第一位导师是一名退休老爷爷，我很喜欢去他家聊天。他除了帮我规划每学期应该上什么课、暑假应该做什么实习，还会帮我分析和初恋男友之间的问题，会让我觉得心情好多了。导师除了传道授业外，更多的是指导学生的人生走向。父母不在我身边，我觉得从导师身上学到了很多书本以外的技能和本领，所以特别感恩母校。

问：毛同学能够更详细地介绍 BC 的辅导和咨询体系吗？

答：我们学校有四类导师：新生导师，职员导师，同伴导师，生涯导师。教员导师通过导师小组模式进行，根据学生发展需要每年会做出调整。新生导师安排会在门廊栏里公布，大二和大三导师可以通过门户网站找到姓名及电子邮箱，同时鼓励学生利用院长办公室的辅导资源。大四不安排个人导师，鼓励学生从专业课教授那里寻求帮助，并利用副院长办公室和职业中心的辅导资源。职员导师：他们不是教员，是副院长办公室的工作人员，提供教员导师之外的辅助性辅导。大二到大四学生姓名中以 A~G 开头、以 P~Z 开头、以 H~O 开头的学生分别配备一名专门职员导师。同伴导师是大四学生，整个学期里活动室提供无须预约的辅导，可以随时找他们咨询选课、选专业、出国学习和校园生活等问题。生涯导师：本科生可以通过 BC 职业中心获得范围广泛的职业资源，包括校园招聘、求职市场、简历讲习班、面试准备、实习等求职活动。本科生还可以向两名专职生涯导师求助，他们是负责职业辅导的院长助理和负责外联雇主的主任助理。他们俩都在专门活动室提供面谈时间，解答本科生实习和工

作方面的问题，每周三的主任茶会上也可以前去咨询或求助。院长也会开展大三学生加快提升项目为学生提供一站式实习和求职服务。

总体感觉，每个教授风格都不一样，但绝大多数老师都很无私地帮助学生，学姐学兄也会提供很多帮助。我找过很多不认识的高年级学姐寻求帮助，整个风气是团结有爱互相帮助。美国教授的面谈时间对所有人开放，校外学生也可以预约，今天我就去哈佛教育学院请教教授。有一名政治学教授住学校附近，我周末找他帮我改论文。还有一名教授的面谈时间结束是 11 点钟，但是到了 11 点还是敞开门回答了我的问题。

问：BC 宿舍楼安排辅导员吗？

答：BC 每一层楼都会安排一名辅导员，都是高年级学生或是在读研究生担任，辅导员不算是老师。大一辅导员是比我高一年级的学姐，我们有时候一起去食堂，几个女生边吃饭边聊心事，我们很愿意跟她们说出生活中的烦恼。现在的辅导员是中国留学生，我们关系很好。辅导员负责宿舍安全、生活纪律和环境卫生等。比如，不能在房间里放热水壶、蜡烛等物品，不能在房间里酗酒，要遵守作息时间，要搞好公共空间卫生等。

问：辅导员还会疏导排解学生生活中的困惑或难题吗？

答：辅导员和我们同住一层楼，她的房间里有很大的沙发，你可以躺在上面边吃点心边和她聊心事。一名辅导员负责 20 ~ 30 个学生，她还管你和室友的关系。入住的时候把我们两个人叫去谈一次，双方把核心利益、能接受的底线都说清楚，如果对室友没感觉可以申请调换。比如，我不能接受 12 点钟以后睡觉，不能接受别人动我的私人物品。因此，美国这边杀室友、给室友下毒的情况是很少见的。

## 四、专业教育：不为优秀学生开小灶

问：毛同学，能够谈谈你的专业吗？

答：最迟大三前确定专业，大多数学生大二上学期就明确了要学什么。前两年都是选修课，后两年主要是专业课，学习压力特别大。选专业时可以请教所有老师，包括其他学校的老师。专业课约占全部课程的 1/3，我们要学习政治基础、经济学、文学、比较政治、美国政治、研究方法，还有不同国家的地域政治，最后是毕业论文。

问：针对特别优秀拔尖的学生，BC 有什么特别项目安排吗？BC 也有类似哈佛荣誉学位的荣誉制度吗？

答：学校对优秀学生和普通学生一视同仁，会无条件地帮助有需要的学生。我们文理学院的同学们都很优秀，只是优秀的表现各有不同，同学之间差距不会特别大。如果你想申请学校资源做一件事情，不管你智商 150 还是 80，学校都会提供同等的服务。只要你是学校的学生，学校就提供尽可能满足你的学习需求的服务。倘若校内资源不足，学校还会帮你联系校外资源。BC 也有荣誉学位是给 GPA（积点分）高一些的同学的。我感觉大家在美国大学享有同等的资源，区别在于学生使用资源的能力。

特别让我感恩的是 BC 对困难学生无条件地支持和帮助。大学四年我经历了很多事，我无法想象如果在另外一所学校自己能否顺利毕业。我高中毕业那年暑假，妈妈被确诊为肺癌晚期，我很想休学在家里陪伴妈妈，但是她坚持要我去上大学。可是妈妈每个月都要化疗，特别让我牵挂，大一课程学习负担很重，因为我高中时把理科 AP 课都上了，大一剩下的五门课全是文科课程，大家都知道作为中国人学习美国文科课程有多辛苦。教授们知道我的情况后，特别照顾我，每次期末都让我提前考试，这样可以早点回国陪妈妈。大二第一学期末发生了一些焦心事儿，我一个月几乎没有睡觉，醒来时发现自己在急诊室，医生告诉我要做心脏手术。爸爸在机场告诉我说妈妈随时可能会走，我向学校提出申请休学一个学期在家陪妈妈走过人生最后一段旅途。大三的时候妈妈最终离开了我们，我伤心过度得了抑郁症。记得大三英国文学课上，查尔斯·狄更斯的《远大前程》里面有一段描写男主角的姐姐离世前看他最后一眼的场景，让我瞬间泪流不止。教授们知道我得了抑郁症，都允许我比正常同学更多时间完成作业，研究课教授每次上课前还会给我们发巧克力。陪我走过这四年磨难的，不是我远在国内的家人，而是我身边的 BC 教授和朋友们。

## 五、志愿活动：那些不求回报的帮助，让人学会感恩

问：美国大学生更喜欢参加志愿活动或公益活动，谈谈你的见闻和体验好吗？

答：在我三四岁的时候，妈妈就带我去西湖边做义工捡垃圾，小学到初中也经常陪我到敬老院做义工。我到美国读高中的时候很想家，妈妈建议我周末去附近儿童博物馆做义工，一是可以锻炼自己的口语，二是做义工让我感觉妈妈就在身边。我就读的塞勒姆女校（Salem Academy）有强大的校友网络，给我机会到联合国卢旺达大屠杀国际军事法庭观摩实习，周末休庭的时候可以去孤儿院和当地小朋友做游戏。BC 的学生们更是有很强的服务社会、当好公民的意识，很多做志愿者的俱乐部，是要经过申请面试培训才可以进入的。大一的时候，我平时下课就会去附近的儿童中心烤蛋糕，和学姐学长们在春假的时候一起到新奥尔良做飓风灾后重建。就在前几天过春假的时候，我和学校一起去做无家可归的人的陪伴项目。当时，我们到了一个允许抽过大麻的流浪汉住宿的救助中心，因为我小时候有哮喘，所以对灰尘和烟味特别敏感，一开始我感觉很难受，刺鼻的大麻味让我整个人都晕乎乎的。因此，当同学们带着他们一起玩 Bingo 游戏的时候，我只是在那默默地涂鸦。有位叫 Louis 的叔叔走过来跟我聊天，他以前参加过海湾战争，但是退伍后找不到工作，也没有住的地方，只好来这个救助中心。他还告诉我，他的女儿跟我差不多大，我就开始抱怨我老爸如何不理解我学习国际关系，经常指责我为什么明明可以去商学院却不肯学商科。Louis 叔叔告诉我说，父母都是希望孩子有最好的出路，我应该理解父亲的期望。虽然 Louis 叔叔住在救助中心，我可以住在舒适的寝室里，还可以在 BC 这样有爱的学校念书，但那一刻我们是平等的，因为我在 Louis 叔叔的解释下明白理解了我爸爸的想法，Louis 从我这里获得了

尊重，这些是我留学生涯中温暖而美好的片段。当然，能进入 BC 的小朋友都在各种比赛中拿过奖，但是在 BC 待久了，身边优秀的人多了，你会发现那些荣誉和光环慢慢都会散去。留学的意义是为了有对生活的感受、对人的怜悯和对社会的理解。虽然我们波士顿学院是天主教创办的学校，但学校不会强迫你接受任何信仰，教授们只会告诉你上帝就是爱，而爱是一切美好的开始。

## 六、自律和纪律：规矩意识扎根头脑

问：为什么很多中国留学生到美国几年以后规则意识变得特别强，能够坚守一些东西？

答：记得刚进美国高中，老师就让我们签荣誉规则（Honor Code），保证做一个诚实的人，保证不抄袭作业，保证友善地对待朋友和老师，保证不对别人的东西有贪念等，这是学校和学生之间的契约。其实美国有很多繁琐的规则，不是那么自由，这些规则是保证我们自由的前提。学生自身形成了一种很强的信念，我不应该做不诚实的事，不应该做违法的事。在美国违反学校规定很有可能被开除，偷东西更是严重的犯罪，根据情况的严重性，学生会被学校送到警察局，交给法官判罪。

我在美国高中写的第一篇作业论文是《悲惨世界》的读后感，我引用了《纽约时报》一位作家的评论里的三个字，放在引号里面，但我没有写明作者。老师问我为什么不把作者名字写在后面，说我是抄袭作弊，结果那篇文章得了零分。因为老师说我作弊，荣誉法庭就审判我抄袭。我真的特别难过，后来校长开导和教导我：荣誉法庭的目的不是惩罚你，而是要告诉你规则的重要性，以后不能再那么做了。荣誉法庭是由学校高年级品学兼优的学姐组成的，她们教我什么是合理的，为什么我这个是错的，她们为什么要把我拉过来。她们在荣誉法庭讨论的时候还会录音，非常严肃。我意识到自己的错误，并且保证以后不再犯同样的错。我在美国学习的这七年真的就从来没有再犯相同的错误，特别感谢我的高中——塞勒姆女校（Salem Academy）在我初来乍到美国的时候，告诉我学术严谨、尊重他人学术成果的重要性。

问：美国大学里有没有人向你推销毒品？

答：我们学校校风校纪很好，同学们行为规范也很好，我至今没有碰到过。听说附近的公立高中有人卖过大麻，学校管得很严，叫警察把他抓起来了。因为学生有时没有鉴别力，尽管学校教育都说不可以，但有些东西让人好奇。我父母在我出国念高中前就给我灌输了很强的意识，我妈妈不会说你不要去吸毒、不能吸毒，这样反而会造成逆反心理。妈妈跟我说你无论做什么，妈妈都会原谅你，我爱你，所以我可以接受你的一切。要是不小心沾染了毒品，马上回国，妈妈陪你一起戒毒。妈妈的爱和信任，使我在美国一次也没有尝试过大麻，因为我知道那些事情是我不能做的，我这么做爸爸妈妈会很伤心。总之，一个人在异国他乡照顾好自己（自爱）以及管好自己（自律）真的很重要。

# 第四节　哈佛大学加德纳教授访谈

2013 年以来，哈佛大学著名教授加德纳（Howard Gardner）主持的四个研究项目中有三个都是研究 21 世纪的博雅教育。按照研究计划，2017 年将完成其中两个研究项目，还有一个将于 2019 年完成。加德纳教授的研究得到了卡内基基金会（Carnegie Corporation of New York）、卢米纳教育基金会（Lumina Foundation for Education）、斯宾塞基金会（Spencer Foundation）、蒂格尔基金会（Teagle Foundation）、安德鲁 W. 梅隆基金会（Andrew Mellon Foundation）的赞助。2016 年 5 月底，加德纳教授接受了我们的访谈请求，访谈当日因工作日程紧急调整，他特地安排课题组成员温迪博士（Fischman Wendy）在零点项目办公室代他回答了我们关心的部分问题。

问：您是多元智力理论的创造者，主要研究领域是教育心理学。为什么在 21 世纪过去了十几年的时候转而对博雅教育产生了兴趣？

答：博雅教育是美国本土产生的教育理念，是受到全世界赞美和模仿的重要经验，但是近年来受到了质疑和挑战。长期以来，美国是四年本科教育的领跑者，美国模式既鼓励学生在某个学科深度学习，也强调广泛涉猎各种知识，以培养良好公民和领导者为己任，不把职业训练作为首要目标。这种模式历经长期实践并受到重视，在全世界享有盛誉并传播甚广。近年来，博雅教育的价值受到质疑，受到若干因素的挑战，包括高等教育成本上升、过度职业主义、慕课等各种网络教育、众多的社会紧张、对师生行为的严厉批评，等等。

19 世纪以来，包括近期高校领导的一些著作，捍卫博雅教育的精彩论述数不胜数，古典时代更是如此。很有必要更加深入地通过实证研究，探明今天身在高等教育领域的各路英豪们如何看待美国模式，通过严谨、基于数据的途径确保这种珍贵的教育模式幸存下来，在巨变的环境中兴旺起来，能够让更加广泛的学生受益。为此，2013 年我们启动了首个全国性的研究项目——21 世纪的博雅教育。

问：您的研究团队确定了"21 世纪的博雅教育"这个研究项目以后，主要采用哪些研究方法进行研究呢？

答：我们成立了课题组，课题组选取了研究型大学、州立大学、文理学院、社区学院等不同类型、不同地点和不同特色的高等院校作为案例，在确定下来的每个案例中对教授、管理者、新生、校友、校董、家长、雇主为对象进行 200 多个深度访谈，深度访谈采用半结构化访谈，时间为一个小时，涉及校园生活的问题和优势，课程教学，课外活动，高等教育的价值、目标、性质和挑战等。此外，课题组还通过网络发布调查，收集积累更多类型院校的基本数据，包括美国境外的高校。通过量化和质性研究方法进行分析，总结至少十个主导性的理念模式，提出重塑 21 世纪博雅教育的建议。

问：请问您带领的课题组已经取得哪些重要发现，或得出了哪些有价值的结论呢？

答：目前，研究项目仍在持续进行当中，为了避免让接下来的访谈对象被我们的观点和看法干扰或诱导，我们迄今没有发表任何相关成果，没有就博雅教育的任何观点和看法进行价值判断或优劣区分。课题组正在对已经获得的数据进行编码处理，初步结论已经有一些，很抱歉在这里不方便透露太多。美国本科层次的博雅教育在全世界很多地方备受推崇和仿效。遗憾的是，这种模式在美国本土正面临着历史性挑战，博雅教育在美国国内还没有在国外受重视，越来越多的美国人质疑它、抵制它，甚至主张抛弃它。通识教育课程在很多高校的实际地位有所下降，重塑博雅教育是很有必要的，21 世纪我们需要认真思考博雅教育复兴的新战略。我们还发现，不同的利益相关者对博雅教育的理解和认同程度很不一样。例如，父母和学生的观点不同，老师与管理者也存在差异。学生和家长更关注毕业后的就业机会，认为读大学就是为了找工作，而不是为了读书学习本身。教师更倾向培养学生强有力的分析和表达技能，认为高等教育应该激发学生的学习兴趣和激情，教会学生从不同的角度看问题，解决贫穷、失业、环境污染、社会安全等社会问题。

问：您领导的课题组发现了哪些值得深入挖掘的高校案例？他们的博雅教育都有哪些特色？

答：在过去几年的研究中，我们走访了全美数十所不同类型的高等院校，发现了很多值得称道的好做法、好经验和好模式。不同院校具有不同的特色和使命，有的院校要求本科生一年级完成核心课程，有的院校则分散在 2~4 年里，有的院校提供有限选择的核心课程，有的院校则提供非常丰富的选择，有的院校要求所有学生学习一定数量的分配必修课程，这些不同类别的课程都有相当丰富的选择空间。例如，被誉为"公立常春藤"的明尼苏达大学（University of Minnesota, Twin Cities）致力于为本科生提供世界一流的教育教学和科学研究的广度和深度，本科生科学小组研读科学材料，设计科学研究项目，分享研究心得体验，开展科学实验，走出校门与商业互动，加强课堂学习与真实世界的联系，取得了很好的效果。

纽约社区学院的"副学士学位速成项目"（ASAP），为鼓励学生在三年内取得副学士学位提供学费、学术和个人等多方面支持，包括综合性和个性化的咨询服务、职业生涯辅导、个人学习免费辅导、学费和强制性收费减免、免费公共交通卡、教科书补助，等等。因为超过 50% 的学生半工半读，学院提供特别的课程安排选择，保证兼职学生有机会在自己方便的时间段上课。为了提高教学效果并保证学生按期毕业，学院采取小班教学，同时要求学生尽可能克服困难全日制学习。临近毕业，学生还会得到特别支持，转学到四年制大学或进入劳动力市场。

此外，加州大学的公民素养教育、住宿学院、Skype 网络学习、论文演讲等也很有特色。

问：20 世纪 90 年代以来，中国越来越多的高等院校积极推动通识教育课程改革，您能够为他们提些建议或谈些个人看法吗？

答：我对中国高校通识教育改革的情况不是很熟悉，只是有所耳闻。对于中国高校的改革者来说，我想有几点很值得重视。第一，通识教育改革不仅是课程结构调整、课程数量增加，更重要的是教育理念的转变、人才培养模式的转变，需要具体落实到师生互动的教学环节当中。第二，通识教育改革应自上而下与自下而上相结合，要在校内外达成真正的、广泛的共识，校长、教师、学生、家长、行政管理人员和教辅人员等都有义务参与改革，理想状态是利益相关者都对改革的价值取向、目标设定、框架措施等有所认识并甘于实践。第三，通识教育改革应该设立具有权威的全校性专门机构，负责组织推动改革，研究改革的主要议题和重要举措，协调解决改革中遇到的各种难题。此外，应该制定必要的激励措施，鼓励高水平教师参与开发或讲授通识教育课程，鼓励院系推荐优秀学者为全校学生开设通识教育课程。

# 第五章　我国大学通识教育改革的困境与出路

## 第一节　改革开放以来我国本科生课程改革历程

民国时期，我国大学大多以欧美模式办学，一般只设院系不设专业，即使设专业，专业面也很宽。1951—1953年，教育部对高校进行两次院系调整，同时改院系制为专业制，改学分制为学年制。同一专业全国统一教学计划、教学方法和教科书，课程体系按照基础课、专业基础课、专业课组织。20世纪90年代以前，课程结构必修课多、选修课少，专业课多、基础课少，分析课多、综合课少，培养的学生知识结构单一，基础学养狭窄，不能满足现代社会的人才需求。[①] 20世纪70—80年代，武汉大学在全国率先实行学分制，开设选修课，形成一定数量的通识教育课程体系。同期，北京大学则提出"加强基础，淡化专业，因材施教，分流培养"的本科教学改革方针。20世纪90年代中期以来，我国大学通识课程改革走过二十余年的历程，可以根据不同时期改革侧重点粗略划分为四个阶段，当然四个阶段存在时间重叠和交叉并行的情况。

### 一、文化素质教育阶段（1995—　）

#### （一）改革背景

从教育外部看，1992年，邓小平南方谈话回答了困扰人们思想的许多重大认识问题，改革开放步伐加快；1993年，中共十四届三中全会通过《中共中央关于建立社会主义市场经济体制若干问题的决定》，市场在资源配置中将发挥基础性作用；1995年，党中央、国务院首次提出实施科教兴国战略。

从教育内部看，1993年，《中国教育改革和发展纲要》提出建立适应社会主义市场经济体制和政治、科技体制改革需要的教育体制，更好地为社会主义现代化建设服务；1995年开始深化高等教育体制改革，高校合并成为改革重要举措，1990年1月至

---

① 胡娟娟. 建国后高等教育学习苏联模式的回顾和历史教训［J］. 改革与开放，2009（12）：192-194.

2006 年 5 月，全国 1153 所高等院校合并为 431 所新的院校；[①] 1999 年 1 月，国务院批转教育部《面向 21 世纪教育振兴行动计划》，正式启动"985 工程"建设；1994 年开始，逐步建立了大学生上学自己缴纳部分培养费用、高校毕业生大多数自主择业的机制；1994 年 3 月，国务院发布教学成果奖励条例，每四年评审一次国家级教学成果奖。1995 年，国家教委计划在 2~3 年内对首批 107 所普通高校的本科教学工作进行合格评价，普通高等学校本专科教学工作评估成为常规性政策；1996 年，国家教委开始着手深化高等理科教育教学改革，同时成立高等教育面向 21 世纪教学内容和课程体系改革顾问组；1998 年底成立全国高等学校教学研究会，1999 年初成立全国高等学校教学研究中心，推动高等教育教学改革；1999 年 6 月，中共中央、国务院作出《关于深化教育改革全面推进素质教育的决定》。

### （二）改革历程

20 世纪 90 年代，教育系统内外的高密度改革，为高校开展文化素质教育改革营造了良好的改革氛围和政策环境。1995 年 9 月，国家教委成立全国大学文化素质教育协作组，启动全国高校文化素质教育。1998 年，教育部印发了《关于加强大学生文化素质教育的若干意见》，明确大学生的基本素质包括思想道德素质、文化素质、专业素质和身体心理素质。1998 年 5 月，召开第三次全国高校加强文化素质教育试点工作研讨会，成立高等学校加强文化素质教育指导委员会。1999 年 1 月，教育部批准清华大学、北京大学等 52 所院校成立了国家大学生文化素质教育基地，此后 2005 年、2006 年两次增设教育基地。2005 年 10 月，召开高等学校第四次文化素质教育工作会议。2009 年 10 月，召开文化素质教育课程建设与教学改革专题研讨会。2010 年 4 月，教育部成立第三届教育部高等学校文化素质教育指导委员会。2010 年 6 月，举办文化素质教育高层论坛，纪念文化素质教育开展 15 周年。2015 年 5 月，举办研讨会纪念全国高等学校加强文化素质教育工作 20 周年。

### （三）改革点评

从改革目标看，是消除移植苏联模式的弊端，提高全体大学生文化品位、审美情趣、人文素养和科学素质。从具体做法看，高校文化素质教育的重点是人文素质教育，是在原有课程方案基础上做加法，对理工科学生加强文学、历史、哲学、艺术等人文社科方面的教育，同时对文科学生加强自然科学方面的教育。从性质上看，我国高校文化素质教育与西方通识教育的理念是相通的，前者可以视为后者的初级阶段。培养宽口径、厚基础、重能力、求创新的人才，是这个阶段很多研究型大学的共同选择。在教育部相关文件里，至今没有出现学术界和改革实践中广泛采用的"通识教育"名词，据称是因为通识教育带有西方意识形态色彩，文化素质教育事实上是官方认可的

---

① 中华人民共和国教育部. 1990 年以来高校合并情况：截至 2006 年 5 月 15 日 [EB/OL]. [2017 - 12 - 16]. http://www.moe.gov.cn/srcsite/A03/moe_634/200605/t20060515_88440.html.

通识教育代名词。

## 二、课程结构改革阶段（2000— ）

### （一）改革背景

2001 年底，中国成功加入世界贸易组织，标志着中国对外开放进入新的阶段，对政府转变职能、企业参与国际竞争提出新要求。党的十六大报告提出，要全面贯彻党的教育方针，"造就数以亿计的高素质劳动者、数以千万计的专门人才和一大批拔尖创新人才"。1999 年起，高等教育持续大规模扩招，2002 年进入高等教育大众化阶段，高等教育整体质量有所下降，高校毕业生就业出现困难。改革进入攻坚阶段。2004 年，教育部颁发《2003—2007 年教育振兴行动计划》，强调以培养学生的创新精神和实践能力为重点，继续全面实施素质教育。2000 年 1 月，教育部启动"新世纪高等教育教学改革工程"，2003 年 4 月更名为"高等学校教学质量和教学改革工程"。2003 年 5 月，教育部颁布《国家精品课程建设工作实施办法》，分批建设国家精品课程，持续开展国家级精品课程评选。2003 年 9 月，教育部颁发"首届高等学校教学名师奖"，2003—2011 年，教育部共举办六届高等学校教学名师奖，每次表彰 100 名。2003 年 8 月，教育部计划对所有普通高校教学工作进行全面评估，并形成 5 年一轮的教学评估制度。2004 年，教育部成立第二届普通高等学校本科教学工作评估专家委员会，制定实施《普通高等学校本科教学工作水平评估方案（试行)》，设立教育部高等教育教学评估中心，高校教学评估工作有序推进。

### （二）高校实践

北京大学致力于培养具有国际视野、在各行业起引领作用、具有创新精神和实践能力的高素质人才。1999 年 12 月，北京大学成立本科教学发展战略研究小组，探索21 世纪中国综合性研究型大学人才培养的新模式。2000 年 9 月，北京大学在全校开设"本科生素质教育通选课体系"，旨在拓宽基础、强化素质、培养通识，引导学生获得广泛知识，了解不同学术领域的研究方法及主要思路。通选课遵循严格的遴选原则，经过教师申报、院系推荐、专家评审三个程序设立，再根据教学需要和检查评估不断增设和淘汰。通选课分为六个领域：数学与自然科学；社会科学；哲学与心理学；历史与文化；语言学、文学与艺术；社会可持续发展。2002—2003 年，毕业总学分由 150学分压缩到 140 学分，必修课学分压缩到总学分的 60% 以内，通识教育选修课 16 学分，要求本科生在通选课每个领域修满至少 2 学分，理工科学生在语言学、文学、艺术与美育类至少修满 4 学分，文科学生在数学与自然科学和社会可持续发展两个领域至少修满 4 学分，选修本院系开设的通选课不得计入通选课学分。2002 年开始，北京大学 13 个院系率先实行按院系或者学科大类招生，学习 1~3 年通选课和共同学科基础课后分流，学生在院系范围内自主选择专业。除了外语类和医学类专业外，2004 年全校各院系都实现按院系或学科大类招生改革。2009 年，北京大学推出大类平台课作为相近学科的共同基础课，设立了理工、文史、社科和经管四个学科大类，是学生进入相关院系的基础平台。各大类成立课程建设小组，负责本大类平台课程的设置与建设，为本大类的其他院系学生重点建设了 1~2 门基础平台课程，并开放了一批专业课作为大类平台课。要求 2009 级以后的学生毕业时平台课学分不能少于 16 学分，且其中至少有 8 学分课程为平台上其他院系开设的课程。2010 年，学校着手以建设"经典阅读"和"研讨式教学"为特征的"通识教育核心课程"体系，计划十年内每学期重点建设 3~5 门，逐步形成通识教育核心课程体系。北京大学建成了以主干基础课、通选课、学科大类平台课为核心的主干系列本科生课程体系。

武汉大学通识教育课程体系分通识必修、通识指导选修、通识任意选修三个层次。2003 年，武汉大学全面启动通识教育课程建设工程，按照基本性、整合性、普适性、时代性和深刻性等遴选标准，确定首批 52 门通识教育课程，分属五大领域：人文科学，社会科学，数学与自然科学，中华文明与外国文明，跨学科领域。要求学生必须修满 12 学分（每门 2 学分），人文社科专业学生必须在数学与自然科学领域修满 4 学分，自然科学专业学生必须在人文学科或社会科学或中华文明与世界文明领域修满 4 学分，修习本专业或相近专业课程不计学分。学校督导团和学院督导组采用专家听课、问卷调研、综合评分等方法，对立项建设的通识课程进行检查。此外，学生网上评教，多学科专家组课程立项评审和检查验收。

2000—2001 年，清华大学提出在通识教育基础上实施宽口径专业教育，目标是培养高尚的健全人格、宽厚的业务基础、敏捷的创新思维、厚重的社会责任、广阔的国际视野和潜在的领导能力的高质量骨干人才。2002 年形成由十大课组构成的文化素质通识课程体系。2003 年明确以通识教育理念为核心的本科生培养方案，推行讨论式、启发式、参与式教学的方法和手段，试行本科生导师制，学生自己制订学习计划。强调对学生进行学科交叉的宽口径专业培养，改教学型教学为研究型教学，注重以学生为主体推进教育的个性化培养，提高学生的综合素质和实践能力。要求学生具备坚实的自然科学、人文社会科学、工程技术或专业基础，接受必要的基本工程实践或专业实践训练，具有良好的思想、业务、文化和身心素质。[①] 毕业学分从 170 学分压缩到 140 学分，文化素质教育通识课程由 5 学分增加到 13 学分。2006 年秋开始，实行新的本科生文化素质教育通识课程方案，分为八个领域：历史与文化，语言与文学，哲学与人生，科技与社会，当代中国与世界，法学、经济与管理，艺术与审美，科学与技术。此外，建设文化素质教育共同核心课程，以接触经典、深度学习为宗旨，采取名师上课、助教导修的新型教学方式。

2009 年，中山大学推出通识教育共同核心课程，包括四大领域：中国文明，全球

---

① 渠敬东. 清华大学恢复文科以来的人文教育发展 [M] // 甘阳，陈来，苏力. 中国大学的人文教育. 北京：生活·读书·新知三联书店，2006：201，205.

视野，科技、经济、社会，人文基础与经典阅读。覆盖全校一、二年级 12 000 名学生，要求全校本科生在每个领域选修 4 学分，共 16 学分。共同核心课程来自各院系部分优质专业基础课程，面向外专业同学介绍本学科思维方式和研究方法。实行博士研究生担任课程助教的制度，每名助教负责两个小班（每小班 15~20 人）的讨论。推行小班讨论制，通识教育课每 3~4 周安排一次小班讨论课。增加课外阅读量，要求学生按时提交读书报告。通识教育要求理科学生的人文社会科学素养和文科学生的科学素养培养，全面提高学生综合素质。学校每学期举行通识核心课程培训交流会，让教师们尽快熟悉通识教育课的教学模式。中山大学成立"三位一体"的人文高等研究院、博雅学院和通识教育部，还成立大学通识教育指导委员会、通识教育专家委员会，从组织上保障通识教育的有效开展。建立严格的通识课程审批制度、规范的课程管理制度和有效的质量监控体系。通识教育部为通识教育主管机构，负责制定通识教育课程规划，组织通识教育课程申报与审批，组织每学期的通识教育核心课程教师培训交流会，负责通识教育核心课程教学质量监控及其他学校有关通识教育的日常工作。

20 世纪 90 年代末，复旦大学启动课程结构调整。复旦大学通识教育培养目标是，让学生具有科学精神和理性批判能力，具有探索精神和可持续学习能力，具有创新精神和动手实践能力。2006 年，复旦大学推出通识教育核心课程，在通识教育体系中具有基础性地位，是所有本科生的必修课程，包括六大模块：文史经典与文化传承，哲学智慧与批判性思维，文明对话与世界视野，科技进步与科学精神，生态环境与生命关怀，艺术创作与审美体验。截至 2017 年，共计建设核心课程 180 门，学生选修要求 12 学分。各模块注重原著经典尤其是中国经典著作的细读，注重学科交叉与拓展，注重将专业知识做普及性的讲解，注重挖掘学生的审美创造能力。以核心课程唤起学生的时代责任感和社会责任感，培养学生的学术精神，使之放弃急功近利的求学观念。[①]2007 年开展全校性通识教育大讨论。核心课程建设委员会确定模块内涵及课程理念，制定模块课程准入标准，院系择优选送课程，模块专家小组遴选课程，核心课程建设委员会审核确认。通识教育核心课程共同特色是实践性、讨论性和体验性。每门核心课程配备 2~3 名助教。

（三）改革点评

这段时期，国内高校迫于内外压力不得不思考人才培养问题，主要通过课程改革破解课程结构严重失衡问题，研究型大学率先谋划本科生课程改革，在课程目标、课程内容、课程实施、课程评价、课程结构等方面进行了一系列探索。改革的侧重点是调整优化课程结构，减少必修课程，降低必修课和总学分的要求，增设通识教育和选修课程，赋予学生更大选择空间。复旦大学、北京大学等研究型大学调整人才培养目标，改革课程体系，改变教学方法、教学手段和教学组织形式，打破专业界限，拓宽

---

① 龚金平. 我国大学通识教育的实施现状与反思 [J]. 黑河学刊，2011（3）：91-93.

学生视野，优化学生知识结构，文科生的科学素养得到提升，理科生的人文素养得到加强。

## 三、成立专门学院阶段（2005—　）

### （一）改革背景

2005 年，钱学森向温家宝总理发问："为什么我们的学校总是培养不出杰出的人才？""钱学森之问"反响强烈，成为一道艰深命题，需要整个教育界乃至社会各界共同破解。2005 年 1 月，教育部召开第二次全国普通高等学校本科教学工作会议，印发《关于进一步加强高等学校本科教学工作的若干意见》。2006 年 3 月，教育部成立 2006—2010 年教育部高等学校有关科类教学指导委员会。2007 年，教育部印发《关于进一步深化本科教学改革全面提高教学质量的若干意见》，启动"高等学校本科教学质量与教学改革工程"。2009 年 10 月，中国 9 所首批"985 工程"高校签署协议，共同培养拔尖人才。

### （二）高校实践

2005 年 9 月，复旦大学成立复旦学院，作为学校实施通识教育的学术研究、本科教学和管理机构，面向全体本科生强力推行通识教育。同时，设立通识教育指导委员会、通识教育课程建设指导委员会和通识教育研究中心。所有本科新生不分专业，统一接受 1~2 年通识教育（一般为 1 年，临床医学专业为 2 年）。一是建立全方位学业指导体系。复旦学院动员全校资源建立导师团，由专职导师、特邀导师和兼职导师组成，承担指导学生日常学习、课程修读、具体选课和学习生活规划的重要任务。专职导师根据学生作息时间为学生提供个性化学业指导；特邀导师以讲座座谈方式指引学生学养拓展和人生导航；各院系教授学者以班级兼职导师身份深入班级寝室与学生接触交流。二是创建书院式学生管理体制。复旦学院以复旦老校长的名或字命名，建设志德、腾飞、克卿和任重四个书院。

2007 年，北京大学在 2001 年开展的元培计划基础上成立元培学院，当年招生 185 人，2008 年招生 218 人。元培学院是北京大学本科教育改革的试验基地，借鉴世界优秀大学的成功经验，贯彻"加强基础，促进交叉，尊重选择，卓越教学"的方针，通过博雅教育培养具有爱国情怀、国际视野、创新精神和实践能力，在各行各业起引领作用的高素质人才。元培学院按文理两大类招生，实行低年级不分专业，学生在全校学科范围内选择和安排自己的课程，在导师指导下自主选择专业。元培学生每学期修一门元培平台通识课，涵盖政治课和通识课程要求，采取大班授课、小班讨论的方式，打造高水平通识课程平台。元培学院实行导师制和住宿制，导师有校聘导师、专业导师、专职导师、课外导师，元培学院住宿书院配备图书室、讨论室和公共休息区，积极推进书院文化建设，安排教师到书院辅导，定期举办讲座，鼓励学生开展多种形式的学术和其他活动。

2006 年，南京大学成立匡亚明学院，探索通识教育与个性化专业培养相结合的人才培养体系，深化大理科、大文科人才培养模式，开设地理、大气、化学、生物科学、天文、数学、中文、历史、哲学等基地班，前两年接受学科模块通识教育，后两年接受院系专业教育。教学方法强调研究性教学，培养具有国际视野的宽基础、高素质、创新型一流人才。

2009 年，中山大学成立博雅学院，直属人文高等研究院领导，每年从新生中两次遴选 30 名学生，这批学生将不属于任何院系、不分学科接受四年精英式博雅教育，毕业后获得哲学（博雅）专业学位。博雅学院贯彻跨学科、跨领域的精英教学方式，着重培养具有宽厚人文社会科学综合基础并有较强适应能力的人文社科高素质人才。从三年级开始，学生可选择人文社科的不同专业方向多元化、个性化地发展，超过 70% 的学生毕业后继续攻读硕士和博士学位。课程设置贯彻"少而精"的原则，每学期一般为 4 ~ 5 门，但每门课均有大量阅读和作业。学生在四年本科期间将广泛深入地研修中西方文明传统及其经典著作，必修古汉语、古希腊语与拉丁语等古典文明语言，兼修艺术理论及其技能。人文高等研究院利用海内外学术联系，广邀海内外学者为博雅学院讲授课程并开设系列讲座，博雅学院强调精英教育，推崇的人生价值是智慧与修养，以思想家和学问家为人生榜样。

重庆大学博雅学院成立于 2012 年 10 月，每学年两次选拔招收 30 名。博雅学院首重跨学科学习，每学期主要课程约 4 ~ 5 门，采用小班教学、深度研讨、大量阅读与写作等教学方式，保证教学互动效果，重点培养学生心智、社会责任感和领导力。每位学生配有学业导师，关注学生个性化成长。前两年注重文科基础训练，后两年确立各自学术研究方向，毕业授予文学、历史学、哲学或法学学士学位，优秀学生进入 3 + 3 本科—研究生培养体系。博雅学院拥有专属教室、图书室、师生研讨室、学术活动厅、琴房及咖啡屋，每年举办近百场高端学术会议、讲座、沙龙、研修和培训活动。此外，学生自主社团活动培育国际文化视野、社会公益心及博雅荣誉感。

贵州大学阳明学院成立于 2014 年 7 月，面向全校一年级学生集中开展本科通识教育，构建以"阳明学"为内在核心和独特标志的中华文化教育高地，坚持"以阳明为'知己'，进德修业"的院训和"以人为本，古今贯通，中西融会，文理渗透，知行合一"的价值观，构建融价值塑造、能力培养、人类核心知识获取为一体的"三位一体"通识教育体系，遴选出"历史与文化""社会与经济""自然科学""沟通与交流"和"艺术体育"五大类近 100 门通识教育课程，让学生经历一个对中小学教育忘记、迷惑和大学再定位的过程，摆脱中小学应试教育僵化的学习方法对学生好奇心、想象力、独立思维能力的限制，让每一个学生尽快适应大学生活，成为有良好素养的现代文明人。

### （三）改革点评

这个阶段，通识教育改革重点任务是培养高层次拔尖创新人才，国内一流研究型大学主要通过专门程序每学年两次选拔精英学生进行重点培养，将以前小打小闹的实验班升格为精英学院或荣誉学院，试图在精英人才培养这个点上取得突破，破解"钱学森之问"。除了复旦学院面向全校本科生以外，北京大学元培学院、浙江大学竺可桢学院、中山大学博雅学院、上海交通大学致远学院、兰州大学萃英学院、南京大学匡亚明学院等，都只是为特定的少数优秀学生量身定制，虽然很多院校建立了动态淘汰机制，还是很难激发学生学习自主性。值得一提的是，复旦大学通识教育改革从课程开发、课程管理、教学法、课程评价、住宿制、导师制等方面全面模仿西方，在全国高校中改革力度最大、范围最广、系统性最强。

## 四、全面深化改革阶段（2010—　）

### （一）改革背景

党的十七大报告提出，提高自主创新能力、建设创新型国家，是国家发展战略的核心，是提高综合国力的关键；要培养造就世界一流科学家和科技领军人才，使创新智慧竞相迸发、创新人才大量涌现。2010 年 7 月，中共中央、国务院印发《国家中长期教育改革和发展规划纲要（2010—2020 年）》，人才培养体制改革被列为六项改革任务之一。围绕提高高等教育质量，国家采取了一系列措施，如建设实验教学示范中心、精品课程、国家级规划教材、国家级教学团队，组织高等教育国家级教学成果奖、高等学校教学名师奖，开展普通高等学校本科教学工作审核评估，实施国家大学生创新性实验计划、国家大学生创新训练计划、国家级大学生创新创业训练计划、科教结合协同育人行动计划等，任命高等学校教学指导委员会，发布本科教学质量报告，等等。此外，教育部联合其他部委启动一系列卓越人才培养计划："基础学科拔尖学生培养试验计划"（2010 年）、"卓越工程师教育培养计划"（2011 年 1 月）、"卓越法律人才教育培养计划"（2011 年 12 月）、"卓越医生教育培养计划"（2012 年 5 月）、"卓越新闻传播人才教育培养计划"（2013 年 6 月）、"卓越农林人才教育培养计划"（2013 年 12 月）。这些计划的共同目标是培养各自领域拔尖创新人才，培养模式中均把通识教育作为重要手段，突出个性化培养，积极开展教学模式、内容和方法改革；让学生有自由探索的时间，鼓励自主学习，参与科研项目训练。推行启发式、探究式、讨论式、参与式教学，倡导小班教学、小班讨论，强化实践教学环节。

### （二）高校实践

2012 年 3 月，北京大学自 2012 年秋季学期开始开展大班授课和小班研讨相结合的小班课教学试点，通过规模限制（15 人以内），师生互动、学生参讲、教师坐班等方式，充分体现了教师和学生的双主体作用。要求选择低年级专业必修基础课程，开展大班授课（每周 2~4 学时）、小班研讨（每周 2 学时）和一对一答疑（授课教师每周固定 2 小时答疑时间）"三个课堂"相结合的教学模式，在教学方法上强调"师师互动""师生互动"和"生生互动"。2012—2014 年，全校 16 个院系开设 38 门小班课教学课程，其中大班课程开设 90 门次，小班讨论课 450 门次，参与教师 350 多人。学校出台了《北京大学关于开展"小班课教学"试点工作的若干意见（试行）》《关于进一步保证"小班课教学"课程质量的若干意见》等文件，成立专门的"小班课教学"专家指导小组，设计了相应的大小班课程听课表和答疑督查表，由专家分学科、分时段对大小班课程进行旁听，严格监控课程质量。北京大学教学质量监控体系主要由教学评估、教学检查、同行评教等多个部分构成。从 2005 年开始进行网上评估，逐渐形成了完善的网上评估办法和反馈机制。目前针对理论课、实验课、体育课和助教工作等不同类型，采用不同的评估指标体系，2010—2011 学年度全年共评估各类课程 3748 门次，理论课总体平均 85.6 分。学校注重建立健全教学检查和同行评估制度，并采取学校与院系两级老教授教学调研组听课评估的形式实行同行教学评估。如目前北京大学校级老教授教学调研组共有 13 人，全年听课约 450 门次，并根据教学改革和课程建设重点进行专题调研。

清华大学 2014 年成立新雅书院，2016 年面向全国招生。新雅书院是一所住宿制文理学院，探索"文理、古今、中外会通"的人才培养新模式，为学生提供优质的文理通识教育和跨学科的专业教育。新雅书院学生第一年以在书院接受优质的小班通识教育为主，一年后根据个人能力和志趣自主选择专业。新雅书院学生具有书院和专业院系双重身份，同时拥有书院导师与本专业导师；所有入选新雅书院的学生打破院系和专业界限混合入住住宿学院，书院成为师生共建共享的文化场所和学习空间。通过共同通识核心课程的学习和书院活动，形成跨学科学习和交流的教学和生活共同体。书院课程包括专业课程和通识课程，前者根据各院系专业培养方案组织教学，后者由新雅书院统一安排。通识课程以"文明与价值"为主线，通过深度学习、有效研讨、学科交叉、师生互动等环节，提升通识教育的育人实效，培养清华学生对文明和价值的综合理解与有效表达，在认知、思维、表达和运用方面达到融会贯通的高度。

上海交通大学致远学院（2010 年）在人才培养方面进行了一系列系统深刻的改革创新：通过小班研讨、学生与导师的密切接触实现个性化培养，并通过通识教育和人格养成教育培养学生的公民意识和人文情怀；通过创设一流的讨论空间、开展研讨式教学、与自然科学研究院密切合作邀请大量国际来访学者前来上课与讲座，让不同学科的师生之间经常性地自由讨论与交流，建立了突破院系壁垒的"双院"培养模式，设计了保障师生质量的"聘—选"双轨机制，营造了国际化、个性化和开放式的学术氛围与学科交叉环境。前六届 433 名毕业生中，90% 的同学赴海内外顶尖大学继续深造。2016 年，致远学院申报的"好奇心驱动的主动性学习"项目获得由宾夕法尼亚大学沃顿商学院与国际教育评级组织 QS 联合主办的第三届全球教育创新大会的"培养好奇心奖"和学科类别的"自然科学学科奖"。

兰州大学萃英学院（2010 年）是探索本科拔尖学生培养模式创新的荣誉学院，是拔尖学生自主学习、个性发展、成长成才的重要基地。学期课堂小型化，小学期制、小班授课、小组指导、小考多讲；授课强调师生互动、教研互动、讨论学习、辩论求是；学习经历多元，跨实验室、跨越学科、跨越学校、跨越文化；培养实践能力，导师指导、科研训练、野外实习、社会实践。

2012 年 9 月，复旦大学组建了新的复旦学院，整合了原复旦学院、教务处、本科招生办公室的职能和机构；全面推行住宿书院制度，所有学生都将在本科阶段有完整的书院生活。书院成为师生共有、共建、共享的文化场所和公共空间。同时，在学校教学指导委员会下设通识教育委员会，负责通识教育核心课程的顶层设计和建设规划。通识教育核心课程形成了经典导读、助教制度、小班讨论、多元考核、网络互动等富有特色的教学模式。

2008 年，南京大学以培养各行各业的未来领军人才和拔尖创新人才为目标，提出"四个融通"的人才培养理念，即学科建设与本科教学融通、通识教育与个性化培养融通、拓宽基础与强化实践融通、学会学习与学会做人融通，既培养学生高尚的道德素养、宽厚的知识面、敏锐的思维与判断力，又为学生自主构建知识体系搭建平台，使学生得到更大的发展空间和更强的竞争力。2009 年 9 月，全面实施"三三制"人才培养新方案：第一阶段是通识教育培养阶段，主要由新生研讨课程计划和通识教育课程计划两部分组成；第二阶段是专业培养阶段，由学科大类平台课程计划和专业领域课程计划两部分组成；第三阶段是多元培养阶段，执行个性化课程计划，学生可以从专业学术类、跨专业学术类和就业创业类这三个方向进行选择。[①]

### （三）改革点评

全面深化阶段，培养具有国际视野、行业领军、社会责任感强、实践能力突出的拔尖创新人才是通识教育改革的核心目标，实现目标的途径更加丰富多样，教育教学方式改革成为重中之重，在小班授课、选修课程、研讨课、大班授课、小组讨论、实践教学、导师制、本科生科研、课外活动等方面进行了全面优化和提升。此外，各校在人才培养理念、课程建设、住宿学院、学期制改革、教学质量评估等方面也进行了更深层次的探索，通识教育改革迈向整体谋划、全面深化和协同推进的新阶段。

---

① 陈骏. 推行"三三制"创新本科教学模式［J］. 中国高等教育，2010 (11)：12 - 14.

# 第二节　我国通识教育改革的实践困境

## 一、通识教育理念存在多种分歧

通识教育实践效果差强人意，原因之一是理论界和实践界对通识教育及其相关概念的理解不一致且模糊。我国理论界对通识教育、通才教育、自由教育、博雅教育、全人教育、人文教育、素质教育、通选课和公共课等概念存在模糊认识。国外对通识教育、基础性教育、全面教育、通识学习、跨专业学习、跨专业教学、全面能力课程等概念也是混淆不清。许多哲学观点、社会政治理想不同的知识精英，都在推动大学通识教育，但他们倡导通识教育的出发点和着重点却有很大的不同。① 康全礼痛陈，通识教育课程的理念与目标不清，为改革而改革、表面肤浅的改革，对大学教育质量的提高和人的发展可能是无益的，甚至是有消极作用的。② 国内学者对通识教育大致有四种观点：

第一种观点是狭义的理解，认为通识教育是专业教育以外的知识与方法方面的教育，是不直接为学生未来职业活动做准备的那部分教育。③ 有人形象地提出了"全人花朵 ＝ 专业花蕊 ＋ 通识花瓣"的观念。④ 持这种观点的学者最多。例如，李曼丽认为，就性质而言，通识教育是高等教育的组成部分，是所有大学生都应接受的非专业性教育；就其目的而言，通识教育旨在培养积极参与社会生活的、有社会责任感的、全面发展的社会的人和国家的公民；就其内容而言，通识教育是一种广泛的、非专业性的、非功利性的基本知识、技能和态度的教育。⑤

第二种观点认为通识教育是专业教育的基础，把通识教育看作是专业教育的奠基工程，主要在高校低年级开设。张楚廷等持这种观点，他认为通识教育既体现自由教育的理念，又在一定意义上为专业教育做某种准备。

第三种观点认为通识教育是专业教育的补充，即通识教育为专业教育服务，开设通识教育课程的目的是让学生更好地从事专业工作，表现为学生以专业课程为主，在学习专业课程的同时适当学习通识教育课程。祝家麟等学者认为，通识教育目的是改

① 刘小枫，甘阳. 大学改革与通识教育 [J]. 开放时代，2005（1）：4 – 44.

② 康全礼. 我国大学通识教育的反思 [J]. 江苏高教，2009（2）：78 – 81.

③ 刘源俊. 论大学的素质教育 [M] // 才家瑞，王天佑. 素质教育与创新人才培养. 香港：天马图书有限公司，2001：21 – 26.

④ 王俊秀. 台湾松竹杨梅多元智能学习圈的探讨：通识教育作为学习枢纽 [M] // 才家瑞，王天佑. 素质教育与创新人才培养. 香港：天马图书有限公司，2001：44 – 59.

⑤ 李曼丽，汪永铨. 关于"通识教育"概念内涵的讨论 [J]. 清华大学教育研究，1999，（1）：101.

变过去专业过细，过分强调专业而培养出工匠式人才的教育观念和实践，即在大学期间注重对学生进行厚基础、宽口径的培养。[①] 我国很多高校将通识教育视为过度专业教育的矫正，是专业教育的补充，没有将通识教育看作大学教育理念，多借助开设各领域基础课程拓宽学生知识面，较少涉及方法和思维训练，更不用说精神熏陶和陶冶。李扬等持此类观点，他认为通识教育是对高等教育过度专业化的一种反正，是学生作为人类的一个成员和一个公民所应该接受的那部分教育，就是把学生当作人培养而不是当作工具培养的教育。[②] 胡守钧也认为，通识教育让学生了解多种学科的视角、方法以及表达方式，以促进今后的专业学习和研究。[③]

第四种观点是广义的理解，认为通识教育是大学的整个办学思想或观念，即指大学教育应给予大学生全面的教育和训练，通识教育内容既包括专业教育，也包括非专业教育。陶成等持此观点，他认为通识教育是一种教育观，一种教育的理想，它包含着专业教育，但又超越了专业教育。没有纯粹的通识教育，也没有纯粹的专业教育，二者是你中有我，我中有你。从这一意义上说，专业教育是通识教育的重要实施形式。[④] 龚金平提出，通识教育是一种教育观，一种教育理念，一种教育理想，一种教育境界。[⑤] 任长印提出，绝不要把通识教育与专业教育相对立，一定要在专业教育之外实现通识教育的目的，必须明白专业教育也是实施通识教育的重要组成部分。[⑥] 现代大学通识教育并不排斥或贬低专业教育，专业教育也是我国大学通识教育的题中应有之义。崔伟奇等甚至认为，通识教育的提出在很大程度上就是为了弥合在文化发展的现实中普遍存在的科学传统与人文传统的对立。[⑦] 通识教育不应只被看作公共选修课及其任课教师的责任，而应该是所有大学教师的责任。

## 二、通识教育实践遭遇制度制约

我国通识教育实践既有专业教育体制和财力的影响，又与功利价值观以及主管部门的评价导向有关。有学者通过比较内地（大陆）、香港、台湾地区高校的通识教育指出：内地（大陆）通识教育主要还是一种"人力教育"，较为强调通识教育的实用价值与功利目的。

### （一）专业教育强势

专业教育历史虽短，但很快占据主导地位，围绕专业教育建立的教育体制成为通

① 祝家麟，陈德敏. 大学通识教育与专业教育的矛盾冲突与融合 [J]. 中国高教研究，2002 (6)：17.
② 李扬，杨现德. 简论通识教育 [J]. 山东省农业管理干部学院学报，2005 (5)：142–146.
③ 胡守钧. 论通识教育 [J]. 复旦教育论坛，2003 (1)：23.
④ 陶成. 做一个完整的人：论我国大学通识教育的必要性与途径 [J]. 前沿，2004 (8)：123.
⑤ 龚金平. 我国大学通识教育的实施现状与反思 [J]. 黑河学刊，2011 (3)：91–93.
⑥ 任长印. 略谈通识教育 [J]. 琼州大学学报，2005 (4)：28.
⑦ 崔伟奇. 论"通识教育"的哲学基础：兼析科学传统与人文传统的辩证统一 [J]. 北京化工大学学报：社会科学版，2003 (2)：30–34.

识教育的制度障碍，专业教育观念融入高等教育体制的方方面面，渗透到每一个教师的血液中。通识教育更多是作为专业教育过度化的补充和反正提出来的，缺乏必要土壤和配套机制。通识教育改革没有触及大学组织内部专业教育的内隐假设，学校奖学金评比制度和就业指导制度都是以系科专业成绩为中心、以专业对口为取向，教师在教学考核、职称评定和人事晋升制度方面也是以本专业的教学科研为主而忽略全校通识教学。现实中大学管理行政化，不能有效进行内部教育教学改革，系科制度也排斥不同学科知识间的对话与融合，专业如同防洪堤坝成功地挡住了改革浪潮。大多数地方院校的任务就是培养应用型技术人才，通识课程既没有传统和基础，又没有师资和财力。文辅相批评我国高等教育存在文化陶冶过弱、专业教育过窄、功利主义过重、共性制约过强等弊端。①

### （二）社会环境因素

2008 年，复旦大学主办首届大学通识教育论坛，国内各知名高校校长一致认为，在人心浮躁、诚信缺乏的现代社会，大学校园已经不再是世外桃源。用人单位筛选人才的标准往往注重专业素质，严格按岗位、产品设置专业。在激烈的人才市场上，面对学校提倡通识教育、用人单位要求专业教育的现实，学生往往会更重视后者。朱九思认为，现在大学教育主要为了就业，所以偏重职业技能培训，但更重要的还是培养人、教做人。② 杨卫也指出，通识教育有三方面的障碍：一是政府、企业等用人单位，希望接收比较专业的毕业生工作；二是对于一部分本科生而言，他们需要参加非常专业化的研究生入学考试；三是中国学位制度从本科阶段就开始授予法律、商业、教育、医学、工程、理工科等专业学位，对通识教育产生了一些影响。③

### （三）高中教育的影响

高中文理分科造成大学生知识结构不合理，缺乏接受通识教育的知识基础。我国从中学到大学长期的分科教育与灌输方法，使大学生的素养更加贫弱，学生缺乏反思的本领与能力。美国则是为所有人提供通识教育，并在所有教育机构里加以实施。许智宏认为，现在中学实行文理分科，不利于大学进行通识教育。北大推行通识教育过程中，文科生转理科比较少，因为缺乏理科基础，要转专业很难。著名作家宗璞也认为，高中文理分班不利于学生知识结构的平衡和完整，应从中学起搞通识教育。④ 陈晓辉也强调，我国应从中学开始推行通识教育，只有这样才能真正解决现阶段阻碍大学推行通识教育的瓶颈。⑤

---

① 文辅相. 我国本科教育目标应当作战略性调整："高等教育培养目标系统和规格的研究"课题研究报告摘要 [J]. 高等教育研究, 1996 (6).

② 王定华. 走进美国教育 [M]. 北京：人民教育出版社, 2004：227.

③ 任长印. 略谈通识教育 [J]. 琼州大学学报, 2005 (4)：29.

④ 陈洁. 中学更应该是通识教育：访宗璞 [J]. 人民教育, 2008 (Z1) 66–69.

⑤ 陈晓辉. 通识教育与促进当代中国人的全面发展：有感于北京大学元培学院的教育理念 [J]. 黑龙江高教研究, 2010 (5)：36–39.

### 三、通识教育课程本土化成色偏低

国内通识教育实践大体表现为生硬移植与有限创新，即与美国高校惯常做法接轨，同时结合中国高等教育的历史传统与现有条件利用本土资源。国内大学主要瞄准美国世界一流大学核心课程模式，移植它们的具体做法并做有限改进，可以视为核心课程模式的变体。通识教育是一种地方性知识，无法脱离社会生活所凭借的意义结构，忽略通识教育的地方性背景难免导致南橘北枳的结果。同时，通识教育反映的是世界性高等教育理念，知识的地方性和理念的世界性是通识教育理念建构和制度化进程中的两个因素。有学者认为，文化素质教育在特定的语境和意义上可以被看作是中国高等教育在新的历史发展时期的创新之举和通识教育在当代中国高等教育中的民族化和本土化。① 校本课程开发力度不够，校园文化环境建设未受重视，也是一些高校在实施通识教育中出现的问题。②

耶鲁大学前校长列文指出，每一种教育模式都具有文化的适应性，通识教育模式也是如此。通识教育作为一种在美国具有悠久历史的教育模式，对于中国而言，这是一种在异域文化当中所发展起来的全新教育理念，因此，不加变动而全部照搬到中国文化当中去是很难成功的。因此，中国借鉴美国的通识教育模式，那么就必须具有中国的特色，将这种教育模式移植而来必须进行改革，而这种改革必须是一个渐进、创新和适应的过程，而非一个生搬硬套的过程。李曼丽通过调查北京大学、清华大学、中国人大和北京师大的通识教育课程发现，这些院校通识教育课程选修课种类不合理，课程内容过于偏向应用型和专业化，课程领域的划分普遍缺乏明确的标准。③ 苗文利对中国通识教育20年实践反思道，我国通识教育"无论是理念引进、理论研究，还是课程设置、教学模式，基本都是借鉴美国大学的经验，许多高校都存在课程内容缺乏本土特色、课程体系缺乏科学论证、教学局限于基本知识等问题"，结果是理论研究者畅想着自己理解的通识教育，各高校做着自己能够做到的通识教育。④ 康全礼也认为，我国大学通识教育实施中的首要问题是不从中国的经济、政治、文化、思想实际出发，不从本校的定位与培养目标出发，盲目模仿，跟风、趋同现象严重，改革实验的眼光总是瞄准美国某些名牌大学、国内知名大学。通识教育的实施应该是多样化的，不同的院校对通识教育的认识与实践应该是不同的，不同地区、不同院校和不同类型的本科教育将会有不同的选择。以应用学科如工科、农科、医科、法科、财经等学科为主的大学，其本科教育主要是培养高级应用型人才，与研究型大学实施的通识教育肯定

---

① 曹莉. 关于文化素质教育与通识教育的辩证思考［J］. 清华大学教育研究，2007（2）：24.

② 张子照. 我国高校实施通识教育的问题、困难及对策［J］. 高等建筑教育，2002（9）：9－12.

③ 李曼丽，杨莉，孙海涛. 我国高校通识教育现状调查分析：以北大、清华、人大、北师大四所院校为例［J］. 清华大学教育研究，2001（2）：125－133.

④ 苗文利. 中国大学通识教育二十年的理性反思［J］. 南通大学学报：教育科学版，2007（2）：26.

会有较大的不同。又如，我国的现实情况决定了大多数地方院校的任务就是培养应用型技术人才，结合专业教育进行通识教育、人文教育，可能是这些学校的最佳选择。①

## 四、通识教育相关主体动力不足

中国通识教育改革的困境之一，是文化精英们说着自己理解的通识教育，具体执行者做着自己的通识教育，缺乏共识的改革实践导致相关主体消极应对，各高校通识教育改革遭遇种种困扰，尤其是来自院系行政人员、教师和学生的不配合，使改革无法取得预期效果。台湾清华大学校长沈君山指出，通识教育实践远比讨论通识教育困难，实践困难包括：没有人愿意去管，没有教师愿意去教，没有学生愿意劳神去听。通识教育与院系学科排名、学位点设置、经费、生源和声誉等并无直接影响，因此，这些都抑制了院系积极性的发挥。

### （一）教师积极性不高

通识教育与教师的专业发展、职务与职称、科研与教学以及收入等无实质关系。我国高校教师的各种激励以教师评价为基准，教师评价对教师教学业绩采用量化评价方式，采取数量化指标体系，对发表的论文数量、刊物等级、出版专著数量等易于定出数量指标的工作权重过大，而对教学质量、学生收获等难以量化的工作权重过小。开设通识课程的教师在课程上很难写出有分量的学术论文和专著，对职称评审不利。教师投入的时间和精力得不到应有回报。教师普遍支持通识教育理念，但教师没有兴趣、动力，也不愿意花费精力去从事与学术研究关系不大的通识教育课程，宁愿担任与科研关系更紧密的专业课教学。此外，通识教育师资队伍总体水平不高，有些教师的敬业精神和人格修养亟待提高，教师自身教育背景也是非常不通识，要求在专业教育体制下培养出来的从事专业教育的大学教师开设通识教育课程，难免出现知识上的误解或曲解。②

### （二）学生积极性不高

学生接受通识教育只是迫于毕业学分规定，没有从思想上和认识上接受通识教育，没有将通识教育当成提升自身综合素质的有效途径，选课趋易避难混学分。当前就业形势严峻，用人单位招聘更关注专业技能，学生出于就业压力和市场导向，没有动力追求超越功利的通识教育，而是把更多时间用于学习有用的知识技能或考取证书。教师也不鼓励学生在全校通识课上花太多时间，担心学生二年级跟不上专业课学习。学生和老师普遍认同通识教育价值理念，在行动中却采取和通识教育相悖的职业取向，表面认同的通识教育价值观与基本的内隐假设不一致。

很多学生不太清楚什么是通识课，感觉只是在普及各科基础知识方面有用，但对

---

① 康全礼. 我国大学通识教育的反思 [J]. 江苏高教，2009（2）：78-81.
② 钱文彬，黄启兵. 论我国通识教育的制度困境 [J]. 教育探索，2005（6）：46-47.

于发展兴趣作用不大。他们认为通识教育改革对自己影响不大，没有从根本上改变学习方式，通选课只是增加了几门必选课，拓展了他们的知识面。余凯博士于 1998 年 11 月至 1999 年 3 月对北大、清华、浙大、南开和武汉五所大学的调查表明，尽管各个高校都开设了五花八门的通识教育课程，但学生认为比较有价值的课程仅限外国语、计算机科学等，在"自我认识和心理咨询""历史研究""社会分析和宗教思潮"等课程方面，无论文史类还是理工类学生修习的比例都在 50% 以下，其中还包括相关专业的学生。学生本身专业课负担重，考试要求又严，一般学生都把精力放在专业课的学习上，使通识教育课程形同虚设。①

## 五、通识教育课程结构缺乏科学论证

通识教育是西方高等教育的经典概念，是具体社会场合与特定文化背景的产物。美国大学通识教育的核心和灵魂是经史传统，是以阅读西方经典著作为课程主干。② 20 世纪 70 年代，大多数美国本科院校核心课程约占本科生课程的 1/3。③ 21 世纪大多数院校的通识教育改革没有增加这个比例，只是让通识教育课程更加丰富、更有结构性、更严密。哈佛大学等常春藤高校通识教育课程约占 1/4，普林斯顿大学和达特茅斯学院约占 1/3，芝加哥大学等少数大学占 1/2。需要指出的是，美国大多数研究型大学的专业课程也仅仅占 1/3，有时更少。康奈尔大学的专业课程是后两年课程的 1/2，仅仅占本科生课程的 1/4。④

20 世纪 90 年代以来，我国研究型大学课程设置进行了一系列改革，现行课程由两类组成，一类是为各专业学生开设的专业课程，另一类是面向全校学生开设的通识课程，这部分课程包括公共必修课和全校选修课两部分。公共必修课指教育部规定的所有大学生必须修读的课程，包括两课（思想道德修养课和政治理论课）、外语、计算机、军事、体育等。全校选修课是各校开设的人文科学、自然科学和社会科学课程。课程的政治意识形态较浓厚，必修课比重过大，学生选择空间不大。⑤ 教育部规定的必修课程包括两课、外语、计算机、体育、军事（国防教育）类课程，不少学校必修课等同于教育部规定的必修课程。各校必修课在课程门类、课程内容、课时要求上都有较大相似性。两课和外语占据必修课的大部分，学分和学时远高于其他课程。北京大

---

① 任长印. 略谈通识教育 [J]. 琼州大学学报, 2005（4）: 29.

② 甘阳. 大学人文教育的理念、目标与模式 [M] //甘阳, 陈来, 苏力. 中国大学的人文教育. 北京: 生活·读书·新知三联书店, 2006: 32, 33.

③ The Carnegie Foundation for the Advancement of Teaching. Missions of the college curriculum: a contemporary review with suggestions [M]. San Francisco: Jossey-Bass, 1978: 123 – 124, 181 – 183.

④ MACDONALD W B. Trends in general education and core curriculum: a survey [EB/OL]. [2013 – 10 – 16]. http://pdfmanual. niamz. net/pdf/trends – in – general – education – and – core – curriculum – a – survey. html.

⑤ 张寿松. 大学通识教育课程论稿 [M]. 北京: 北京大学出版社, 2005.

学两课和外语类课程占必修课学分的 60% ，复旦大学超过 70% 。[①]

通识课程在高校普遍受到重视，通识学分占总学分的比例一般都在 1/3 到 2/5 之间，上海交通大学通识课程学分占总学分比例近 50% 。[②] 虽然各高校开设的通选课程更加丰富多样，学生可选择面更加广泛，但部分课程过分偏向概论或漫谈，有些课程需要较扎实的专业背景才能掌握，综合性、跨学科课程偏少，管理层和教育者未能深入领会通识教育精髓，没有把握美国通识教育在实施过程中的特点。[③] 很多大学的通识教育课程内容及结构缺乏科学论证，导致另一种倾向即实用化、拼盘化的出现。此外，由于我国通识教育的特殊使命是要治疗教育失当所造成的文理失衡，片面地被赋予了补缺纠偏的功能，因此往往侧重于人文、价值理念、传统文化的教育，以至于很多人误将通识教育等同于人文教育。

当前，通识教育课程缺乏统一规划，重数量轻质量，忽视隐性课程开发。[④] 根据现有师资力量和个人喜恶，列出拼盘式菜单供学生选择，既无通识理念指导，又无内在逻辑架构，通识教育主要是开设专业以外的课程，概论型、常识型、实用技术型、休闲娱乐型课程偏多，系统、整合、跨学科的综合性课程很少，难达通融识见之效。康全礼批评说，我国大学通识教育课程内容未能体现通识教育精神，课程结构缺乏内在逻辑联系。许多大学的通识课程是五光十色、支离破碎的，拼盘现象严重，课程之间没有一条清晰的线索加以联系，缺乏整体观和全局观。课程内容浮浅，导论课程多，使得通识课程成为混学分的课程。课程内容分化，分科课程多，综合的核心课程少，知识性课程多，方法类、思考类、逻辑类课程少。[⑤] 丁学良认为，目前国内很多大学以核心课程为代表的通识教育只是集中于学术议题而不是针对现实问题，过于强调学科特点，知识很容易落伍。[⑥]

## 六、通识教育课程教学法需要改进

通识教育改革涉及教学理念革命，课程内容、开发理念、教学方法等都要全面改变。通识教育即使有完善的课程体系和科学的课程内容，要真正在教学过程中取得实效，不仅要对学生培养模式、培养目标有更开放的理解和更高层次的规划，还需要教师从单纯的知识传授者变成人格导师和精神引路人，倡导研究型和启发式教学，引导学生以问题为中心，让学生主动探索。[⑦] 教学方式大都延续讲授法，几乎都是大班教

---

① 李会春. 中国高校通识课程设置现状研究 [J]. 复旦教育论坛，2007，(4)：23.
② 同上书，24.
③ 龚金平. 我国大学通识教育的实施现状与反思 [J]. 黑河学刊，2011 (3)：91－93.
④ 康全礼. 我国大学通识教育的反思 [J]. 江苏高教，2009 (2)：78－81.
⑤ 同上.
⑥ 姜澎，樊丽萍. 丁学良教授表示核心课程已经不适应现代大学的需要：用全面教育替代通识教育 [N]. 文汇报，2011－03－03.
⑦ 龚金平. 我国大学通识教育的实施现状与反思 [J]. 黑河学刊，2011 (3)：91－93.

学，难以保证教学质量。教师不愿教，学生不愿学，考核方式不合理，管理不严格，使得通识课程无法达到通识教育目的。[①] 阿什比指出："大学教育的试金石不是讲授伟大真理，而是用什么高明的方法讲授伟大的真理。所以，讲授什么不及如何讲授更重要。"[②] 美国大学本科通识教育以人文社科为重心，这些人文社科的通识核心课程普遍采取深度经典阅读的方式，特别反对概论和通史教学方法；核心课程普遍采取教授讲课与学生讨论课相结合的方式，讨论课严格要求小班制，一般不得超过 15 人。[③]

耶鲁大学前校长列文指出，中国大学需要创建一种课程及教学法鼓励学生的创造力及独立思维。长期以来，中国大学的教学法是一种生搬硬套的模式，中国的教学风格或整个亚洲的教学风格是被动式教学方式，学生总是很被动的倾听者、接受者，他们一般不会挑战教授和同伴的观点，总是习惯于掌握知识要点，不去发展独立的批判性思维能力。这种传统亚洲模式，对于培养流水线上的工程师或者中层管理干部可能是有用的，但是无益于培养领导力和创新人才。牛津大学导师制让学生自己立论、辩论或独立思考。美国大学的模式是互动式讨论会或小班授课，让学生自己立论、辩论、挑战彼此，而不是盲目接受教授观点。相对于教学内容而言，教学风格的改变更困难。小班授课成本会更高，即便采用小班授课也不能确保学生进行互动式交流。教师需要进行培训，掌握新的教学模式，学生之间的交流，大学之间的校际交流，西方学生到中国学习，或者是亚洲学生到国外去学习等等，会加快这一个过程。

亨利·罗索夫斯基指出，课堂讲授、研讨会、学生自定进度的指导，至少与课程同等重要。此外，作为起模范作用的教师也是通识教育一个至关重要的方面……课程只是骨架，而它的血肉和精灵必须来源于师生之间难以预料的相互影响和交感作用。[④] 上海交通大学张杰认为，实施通识教育的主要困难是改变教授的教学风格和教学方法。康全礼持类似观点，通识教育从某种意义上而言，教学过程比课程内容更重要。缺乏通识修养的教师加上单一讲授的方法，即使课程设置看起来是广博的，学生的素质也未必会提高。我国大学教学中存在很多问题，例如课堂讲授过多，学生自主支配的时间太少，教师讲授照本宣科，不重视学生思维方法和实践能力的训练，忽视知行统一，不关注人的修养的完善，不研究社会文化如何内化为人的品质。[⑤] 甘阳认为，通识教育改革要力戒形式主义和外在模仿，要注重实质性的积累。通识教育改革的根本在于能体现通识教育理念的相关课程和教学方式，建立通识教育共同核心课、建立助教制度是两个中心环节。[⑥] 黄俊杰推介了台湾社区大学实施通识教育的两种策略，一是通过中

---

① 李曼丽. 北京大学通识教育的现状与分析 [J]. 中国高等教育评估，2002 (2).

② 阿什比. 科技发达时代的大学教育 [M]. 北京：人民教育出版社，1983：17 - 18.

③ 甘阳. 大学人文教育的理念、目标与模式 [M] //甘阳，陈来，苏力. 中国大学的人文教育. 北京：生活·读书·新知三联书店，2006：32，33.

④ 罗索夫斯基. 美国校园文化 [M]. 济南：山东人民出版社，1996：86，111 - 112.

⑤ 康全礼. 我国大学通识教育的反思 [J]. 江苏高教，2009 (2)：78 - 81.

⑥ 甘阳. 大学通识教育的两个中心环节 [J]. 读书，2006 (4)：3 - 11.

外经典作品的研读之后，学习与中外文化传统伟大的心灵互相讨论，二是师生互为主体性的教学方法。①

## 七、通识教育实施体制机制保障问题

除了课程设置和教学方式变革之外，通识教育实施还存在很多体制机制保障方面的问题。

### （一）没有设立专门机构

目前，我国通识教育改革的通常做法是成立一个通识教育委员会，或由来自不同学科的教师组成工作小组，对原有课程体系加以改进。除了复旦大学、北京大学、中山大学等少数大学外，国内多数高校内部没有设置专门的通识教育研究与实施机构，大部分院校由教务处统一组织管理。通识课程大都是教务处向各院系下发申报通识教育课程的通知，各学院根据专业特点开设通识课程，院系间缺乏沟通交流，没有统一组织统筹规划，很难形成统一课程体系。② 通识教育改革涉及大学组织文化变革，需要引领大学内部各利益团体、教育界乃至全社会思考到底什么是有用的知识，甚至改变社会上的职业取向，使得通识教育理念真正成为使用中的价值观。③

很多学者建议，高校建立通识教育专门职能机构，逐步确立通识教育的合法性，推进通识教育的制度化，如成立通识教育中心、本科生学院等。卢晓东提出，改变我国高校专业内涵，将专业从固定在院系的实体改造为一组课程，从而缓解双轨制对通识教育的制约。④ 任长印认为，通识教育课程作为一个培养通识人才的整体课程计划，一个有机的课程整体，有必要设立专门的组织机构，进行独立管理。⑤ 周奔波等强调，通识教育的本质及目标大体相同，但课程设置与教学规划则容有差异，必须有详尽的教学规划予以制度上的保障，同时要由专门的组织机构和专任人员进行管理。⑥

### （二）评估管理问题

要求学生满足通识教育课程必修课要求，意味着要建立准备限定的课程开发标准和必修课要求，以便教师开设课程和学生选修课程。我国大学通识教育改革存在目标不明确、课程建设标准缺失、通识课程设置随意性大、缺乏有效实施和评估策略等问题。大学对通识课程教学质量评价往往从选修该课人数的多少以及学生最后考试的分数高低来评价课程效果的好坏，一些教学并不优秀的教师放松考试以求更多学生选

---

① 黄俊杰. 社区大学教育与通识教育的融合：理念与策略 [J]. 交通高教研究，2003（2）：1－8.
② 任长印. 略谈通识教育 [J]. 琼州大学学报，2005（4）：29.
③ 张东辉. 我国高校通识教育改革研究：从组织文化的视角 [J]. 国家教育行政学院学报，2010（4）：433－38.
④ 卢晓东. 对高等教育教学中四个常用名词的修正 [J]. 中国高等教育，2003（19）：29－30.
⑤ 任长印. 略谈通识教育 [J]. 琼州大学学报，2005（4）：29.
⑥ 周奔波，丁为，王细芳. 大学通识教育的理论与实践初探 [J]. 高教论坛，2005（2）：16－19.

修。① 很多高校教学设施没有得到相应补充，通识课程教学规模往往比较大，给有效管理带来困难。大多数高校对通识教育地位认识不足，导致对通识教育课程的重视度不够，师资不良，内容简单，教学方法陈旧，考试要求不高，学生感觉对于训练自己的思维、能力没有太大帮助。通识教育课程的时间安排也是一个问题，部分学者建议将现有专业教育调整为本科后教育。② 有学者认为，通识教育基础上的宽口径专业教育或"2+2"人才培养模式，似乎是我国大学在当前专业教育制度环境下实施通识教育的一种现实选择。③

### （三）精英教育导向问题

2006 年以前，绝大多数高校将通识教育等同于精英教育，只是面向专门挑选的部分拔尖学生，以培养他们成为"基础知识相对宽厚扎实、综合能力强、整体素质高的本科毕业生"④。当前，已经完成从理念到实践全部流程的通识教育实践高校只有复旦大学。北京大学的元培学院面向少数经过挑选的学生，2011 年毕业生仅 169 名而已，占全校本科生比例很低。中山大学博雅学院、南京大学匡亚明学院、浙江大学竺可桢学院，也不是面向所有本科生。此后，更多高校将通识课程向全校学生开放（个别高校同时保留一些精英班），并对课程进行分类，如通识教育必修课程、通识教育选修课程，或者在通识教育课程中再分出通识教育核心课程等，课程内容基本涵盖各大学科门类，几乎都安排艺术类课程。

# 第三节　我国大学通识教育实践的路径选择

以北京大学、复旦大学为主要代表的部分研究型大学通识教育课程改革已走过 20 个年头，取得了可喜进展。同时，更多高校的通识教育课程改革不同程度地存在理念不清、定位不准、动力不足、模仿刻板、管理松懈、效果不彰等问题。当前，我国大学组织结构以院系为骨架，通识教育课程组织以学科为基础，课程结构大致由全校公共必修课及全校公共选修课组成；学习地点以课堂教学为主，见习与实习等经验学习为辅；课程完全是国家和院校负责组织，学生没有权利参与课程编制，只是被动的接受者；课程灵活性较少，课程管理较为僵化刻板。此外，我国大学本科生课程过分强调学科专业化，过于强调文理学科硬性界线，对知识宽度重视不够。

① 罗云，甘佳. 困境与出路：我国研究型大学通识教育实践研究 [J]. 内蒙古师范大学学报：教育科学版，2011（7）：14-17.
② 舒炜. 文化自觉：大学本科教育理念与经典阅读课程 [J]. 读书，2006（4）：26-31.
③ 谷建春. 通专整合课程论 [M]. 长沙：湖南师范大学出版社，2008.
④ 龚金平. 我国大学通识教育的实施现状与反思 [J]. 黑河学刊，2011（3）：91-93.

通过对美国、日本通识教育实践模式的研究，我国大学通识教育实践路径选择可以有更宽广的视野。我们既不能照搬国际经验，也不能拘泥自身传统，更不必拘泥于教育行政部门的宏观指导，而是以学生发展、社会需求和时代精神为出发点，围绕本校教育理念和人才培养目标，设立专门机构、创新改革动力机制、整合校内外各种教育资源、不断完善课程设置、更新教育技术、改进教育教学方法、创设自由学习环境、提高教师发展水平，妥善处理国家宏观要求和大学自主选择的关系，切实保证核心教育理念和课程设置的贯通性和一致性，竭尽所能为学生发展创造各种机会，严谨务实地推进通识教育改革。通常而言，课程改革有四个阶段：发现改革的必要性、制订改革方案、实施改革方案、变革的制度化。

## 一、洞悉通识教育课程改革的必要性和现实性

知识经济时代，人类社会需要集中各种力量共同面对金融危机、生态恶化、公共安全、卫生疾病、文化冲突、领土争端等一系列困惑与挑战，专业知识和普通知识界限不再那么分明，通识教育成为解决这些问题的最好准备，工业经济时代对通识教育不实际、不适切和不必要的指责悄然消解。我国正在为全面建成小康社会而努力，"五位一体"总体布局、"四个全面"战略布局和新发展理念对高等教育发展提出新要求。在"钱学森之问"依然困扰我国高等教育的今天，在高等教育普及化日益临近的背景下，我国大学实施通识教育更有现实意义。世界银行认为，通识教育不仅是富国的奢侈品，通识教育同样适合于发展中国家。通识教育可以增加个人胜任各种社会角色的机会，给学生以在一个快速变化的世界中所必需的能力，通识教育还能在更宽泛的领域里乃至全球整合中促进公民的权利和义务、道德行为、教育抱负和职业发展，促进有效的民主参与和公民社会发展通识教育，对国家的发展过程来说也是重要的，它有助于社会审视由新的发展政策和项目引起的社会和道德问题，确保一个国家的长远利益优先于短期利益。① 国际组织提出有差别的、不同水平的通识教育，把更广泛的、强化的通识教育课程给那些最聪明和最有动力的学生，对其他学生则实施低强度的通识教育。②

民国时期梅贻琦写道："通识，一般生活之准备也，专识，特种事业之准备也。通识之用，不止润身而已，亦所以自通于人也。信如此论，则通识为本，而专识为末。社会所需要者，通才为大，而专家次之……偏重专科之弊，既在所必革，而并重之说又窒碍难行，则通重于专之原则尚矣。"③ 鲁杰教授强调，专业教育与通识教育相结合的大学本科教育观，不但符合人的全面发展的需要，也符合未来社会发展的潮流和趋

---

① 世界银行，联合国教科文组织高等教育与社会特别工作组. 发展中国家的高等教育危机与出路 [M]. 北京：教育科学出版社，2001.
② 凯勒. 大学战略与规划 [M]. 青岛：中国海洋大学出版社，2005.
③ 谷建春，张传燧. 梅贻琦的大学通识教育观及其现实价值 [J]. 江汉论坛，2003（6）：125.

势。通识教育不是一种点缀、一种辅助、一种补救措施，而是大学教育的灵魂。[①] 李曼丽也认为，专业化在一定程度上强化了社会的离心力，某一领域内的专业人员不能和其他领域专业人员相互沟通的现象很普遍。专业主义导致原本流动的世界变得僵化，人们很难在不同行业、不同组织之间流动。专业教育和通识教育应该同时给予所有人，通识教育与专业教育的区别不在科目上而在方法和态度上。[②] 顾海良则将通识教育视为实现素质教育的重要途径，视为加强和改进思想政治教育的重要方式。他认为，以全面提高思想道德素质为主的思想道德教育，同以全面提高科学文化素质为主的通识教育，都是素质教育的内涵，也都是以实现素质教育为目标的。[③]

## 二、建立民主科学的改革机制

课程改革应该自下而上和自上而下相结合，保持自身发展历史逻辑和汲取外部经验相结合，不能单靠行政管理部门发布命令推动。

### （一）组织设计要科学合理

课程改革的第一步是健全组织并确定运行机制，既要兼顾课程改革的全面工作，又要突出课程改革的重点；既要有明确分工，又要彼此协调配合。如须破解课程改革难点，还可任命特别工作小组。在这方面，哈佛大学的做法很值得借鉴。21 世纪伊始，哈佛大学即启动新课程改革。改革第一阶段，哈佛大学成立教学法、通识教育、专业教育和全面学习体验 4 个工作小组。每个工作小组设 2 位主席，成员包括高级或初级教师、本科生、研究生、行政管理者、来自其他学院的教师。工作小组成员年龄、学历、性别、身份和背景各不相同，既代表了哈佛社区广泛的意见，也有利于加强学院之间的联系。课程改革最终要综合为一个整体，为避免各工作小组的工作过于零散或出现重叠，哈佛设立了课程改革指导委员会。指导委员会的成员包括 4 个工作小组的 8位负责人，负责协调各工作小组的工作，提供主题讨论论坛，思考影响课程的一般性问题。改革第二个阶段，哈佛大学重组通识教育委员会、科学技术教育委员会、建议和咨询委员会、说明性写作评审委员会、教学法改进委员会和元月短学期委员会等 8个委员会，落实第一阶段提出的改革任务。委员会成员与第一阶段工作小组成员并不重合。2006 年 6 月，哈佛大学再次任命特别工作小组，专门完善通识教育改革最终报告。

### （二）循证决策要集思广益

从管理学角度分析，课程改革过程实际上也是循证决策的过程。全面、及时、准确的信息情报是决策的必要基础，课程改革机构在强调自身成员代表性的同时，应该

---

① 陈嫒. 我国通识教育的理论误区 ［J］. 复旦教育论坛，2003（6）：58.

② 李曼丽. 中国大学通识教育理念及制度的构建反思：1995—2005 ［J］. 北京大学教育评论，2006（3）：86 – 99.

③ 顾海良. "全面实施素质教育"中的思想政治教育与通识教育 ［J］. 中国高等教育，2006（Z1）：51 – 53.

深入课程改革和实施的各个领域的不同层面，通过专题座谈会、调研、走访、电子邮件、普通信件、师生论坛、工作小组、任务小组、专题网站等形式，最大限度地动员学校内外的专家、师生和校友参与诊断，提供个人体验和建议，邀请其他高校介绍经验，检索并研究课程改革历史文献，从中汲取丰富的思想营养，对人类社会的现实发展状况和未来发展趋势进行冷静分析，将最前沿的课程改革实践经验、科学的准确证据和校情紧密结合，慎重、明智而科学地制定课程改革决策。课程改革期间，所有关心课程改革的人士都可以通过电子邮件或网站提出建议和看法。阿瑟·列文总结课程改革过程有五个关键领域：交流和宣传，行政管理人员的领导，广泛的支持基础，奖励和资源，适当的革新管理和组织形式。[①] 在每个阶段都尽可能保证利益相关者的广泛参与，从而确保改革的成功。

### （三）改革过程更是共同体建设过程

课程改革需要精心组织、科学决策、充分酝酿和深刻反思，把课程改革过程等同于共同体建设过程，看起来耗时费力，实则事半功倍，只有所有利益相关者都从思想观念上接受了改革方案，改革方案的落实才会顺风顺水水到渠成。从课程改革理念到课程具体要求，都要尽力在全校范围内达成全面共识和必要妥协，特别要避免教师内部的分裂和怨恨、教师和管理者之间的紧张和对应。课程具体要求包括课程目标、学位要求、专业主修及辅修的结构、课程内容、技能要求、教学和辅导技能、作业和考试设计、评估的方式和标准等。课程改革还需要动员教师开设新课程、更新同步评估以实现课程目标。学生选课辅导及其他支持性服务也是课程改革的必要组成部分，教务处、学生辅导人员、其他服务部门也需要相应地改变，他们负责帮助学生适应变革，向校内外更广泛的相关群体解读改革。美国本科生课程改革从启动到首次实施平均周期是 2.5 年。[②] 哈佛大学自由选修制始自 1869 年启动到 1886 年全面实施历时 18 年，21世纪哈佛大学本科生课程改革从 2002 年启动到 2009 年全面实施历时 7 年。复旦大学通识教育改革也深谙此道，该校开展多次全校性通识教育大讨论等活动，在推进改革的同时让全校所有教职工和学生提高了认识。

## 三、全方位凝练人才培养理念

课程改革过程可以始自本科教育目标的探讨，也可以始自现行课程存在问题的分析，也可以始自本科课程基本组成部分（主修、选修和通识教育）的反思。基于我国绝大多数高校人才培养理念缺失的现状，以凝练人才培养理念为课程改革起点最为适合。人才培养理念是通识教育课程改革的灵魂、旗帜和方向。凝练人才培养理念重点

---

① The Carnegie Foundation for the Advancement of Teaching. Missions of the college curriculum：a contemporary review with suggestions［M］. San Francisco：Jossey-Bass，1979：433.

② KANTER S L，GAMSON Z F，LONDON H B. Revitalizing general education in a time of scarcity：a navigational chart for administrators and faculty［M］. Boston：Allyn and Bacon，1997：48.

解决认识到位的问题，认识到位了，通识教育实践就有了方位感。毕业生应该知道什么？他们应该具有哪些技能？他们应该分享什么样的价值观？哈佛、耶鲁等世界一流大学、州立大学、四年制文理学院都有各自明确的教育使命，办学者思考的首要问题就是培养什么样的人才、如何培养这样的人才。凝练符合国情、区（域）情、校情的人才培养理念大致有以下几个途径：从办学历史中汲取经验教训，从战略定位中确定规格类型，从地域区位中寻找特色优势，从国际比较中获得启发灵感。无论如何，以下三个问题总是非常关键：学生毕业时应该知道什么？他们应该拥有哪些技能？他们应该共享哪些价值观？尽管所有院校在履行社会责任时会面临相似的问题，实际解决方案却不尽相同。改革需要对时代特征和社会发展大趋势进行透彻分析和整体把握，对教育要培养什么样的人才进行科学论证，适时调整教育使命和培养目标。

现阶段，亟须突破传统的知识本位、成绩至上的教育观，改变狭窄的、满足人和社会短期功利需求的教育定位，形成以促进人的全面发展和社会可持续发展为目标、充满生长活力和制度弹性的教育形态。人才培养理念明朗了，还有两个相关问题值得注意。一是理念和实践相互割裂的问题。比如部分高校把"创新"挂在嘴上、刻在墙上、写在纸上，但是校园里弥漫着管控气息，学生呼吸不到自由空气，一致性和贯通性存在问题。二是继承和改革不能兼顾的问题。比较常见的是，部分高校在改革的名义下随意丢弃本应坚持的办学传统和特色，延续性和继承性得不到保证。哈佛大学核心课程改革自1974年启动到1982年全面实施前后用了8年时间，1978—1982年哈佛大学用4年时间周密地安排部署新旧制度的衔接过渡，尽可能降低改革带来的动荡。耶鲁大学在继承和创新之间找到了恰如其分的平衡点，她的"保守"实际上是对真理的坚持，这种不盲目追随时代潮流，敢于坚持真理、实践真理的精神，值得我们学习。

具体到通识教育理念，即便是在通识教育发源地美国也没有形成真正共识，通识教育理念多元且模糊是世界现象。这也是一种优势，恰好为我国大学通识教育实践探索提供了更大空间。从某种意义上说，教育功能价值及作用对于人的生长机理而言还是黑箱，不同角度、不同侧面、不同渠道的探索都具有特殊意义，没有必要在所谓共识的基础上构建僵化且统一的课程体系。通识教育改革应该开启一个高等教育新时代，也就是不再由教育行政部门主导，全国所有高校开设几乎完全一样的课程，而是各校根据自己的办学定位、人才培养目标、历史传统、自身条件，开设个性化、特色化的课程。

## 四、创新本土化通识教育实践模式

### （一）创新课程组织模式

具体到每一所大学，课程改革可以依次选择课程组织模式、选择课程组织的着重点、建构完整课程结构。第一步就是从学科课程、社会问题课程、学生发展课程、名著课程、核心能力等组织模式中选择一种。第二步是从以下四个方面选择适当的着重点：学习的地点（校内课堂教学—校外经验学习），课程内容（知识宽度—知识深度），课程组织者（教师—师生契约—学生），课程的灵活性（必修课程—分配课程—选修课程）。第三步是建构完整的课程结构，主要包括学期安排，普通教育、专业教育和选修课程的安排，速成课程、继续教育课程和学生自编课程等替代性学位课程，经验学习的机会，评价、选择和指导学生的方法，课程的行政管理和财政支持等。① 各高校还可以以某种课程组织模式为基础，综合不同课程组织原则和着重点，排列组合现在没有流行的课程安排方式。例如，名著课程模式和学生自编课程的着重点会组成一种现在还没有在大学里实施的新课程模式。对于拥有众多学院的综合性研究型大学或者院校合并组建而成的多校区大学，我们甚至可以尝试同时采用多种课程组织模式，可以在跨学科的新兴学院采用社会问题课程模式，如资源与环境科学学院和生命科学学院；可以在人文与社会科学学院采用名著课程模式，如涵盖历史学、古代语言文学、哲学、社会学等系科的学院；可以在艺术类学院采用核心能力课程模式，如美术学院、音乐学院或体育科学学院。至于选修时间，可以要求学生一年级学习通识教育课程，也可以将通识教育课程分散在二至四年级，也可以提供有限选择范围或更广泛选择，也可以要求所有学生学习一定数量的核心课程同时提供有相当选择自由的分配必修课。具体采用哪种形式，主要根据院校的特点和使命加以选择。

## （二）显性课程与隐性课程并重

国外很多大学将学生在学校生活的点点滴滴整合为必修课程、选修课程之外的第三课程，整合为塑造学生品行和素质的重要影响力量，从而更彻底全面地落实培养全人的目标。课程改革不能局限于课堂教学或实验室，也要涉及本科生课堂内外的全面学习体验，让课堂内外的教育资源共同为实现培养目标服务。其实，本科生教育可以延伸到宿舍楼、图书馆、校园生活的方方面面，为学生营造一种全方位、全时段的教育环境和成长氛围。我国多数高校对于本科生课外学习体验关注不够，对校园文化建设重视不够，自上而下落实上级文件精神的多，自主开发的少，政治色彩较浓。没有处理好自主和管理的关系，要么管得过多过死，要么管得过于放任自流。高校要为学生营造一种全方位、全时段的教育氛围和成长环境，从而为学生今后的人生道路做好多方面的准备。应该为学生配备专业导师、生活导师及同伴导师，为学生专业学习、职业选择、个人成长提供建议，共同减少学生全面发展过程中的烦恼和心理困扰，为学生的美好未来奠定更好的基础。宿舍楼也可以拓展为育人渠道和空间，更有效地实现培养目标。课外活动更有利于小组合作学习和个性化学习，学生社团的教育价值不亚于正式学术课程，应该鼓励学生参加社团活动。社团管理部门要科学授权、放权，管理监督和服务引导相结合，准确把握角色的定位。

---

① CONRAD C F. The undergraduate curriculum: a guide to innovation and reform [M]. Boulder, Colorado: Westview Press, 1978: 5-8.

### （三）重视培养学生的审辩性思维

知识不能独立于思维活动而存在，信息通过思维活动转变为知识。通识教育课程培养学生审辩性思维，问题解决、分析与综合、决策等推理论证能力，团队合作等人际互动能力等。就中国学生而言，审辩性思维是突出的短板。正如耶鲁大学前校长列文所言，高等院校推动审辩性思维和创新能力培养，好处和风险并存。审辩性思维和独立思维能力是创新和创造的源泉，能够提升学生的创造力，能够更好地推动经济繁荣和谐，能够帮助我们解决紧迫的社会问题，如社会争端和环境恶化等。同时，独立思维和审辩性思维能力会让社会听到公众更多反对声音，会对中国社会的民主进程产生影响。我国大学通识教育改革应该更加重视提供跨学科的广度，同时加强审辩性思维的培养，让学生通过跨学科知识的学习获得能力，以更多视角、更具创造性的方式解决复杂问题。

### （四）强化师资队伍建设

王德峰认为，核心课程成功取决于授课教师自身的学术经验与学术境界。[①] 我国大学高水平师资稀缺，相应的精品课程资源相当匮乏，是通识教育课程改革的最大掣肘。更糟糕的是，部分高校在大学排行榜的误导下（或在各类评估的压力下），对教学这项中心工作有所忽视。基于此，在师资建设方面，应该在加大引进高层次人才力度的同时，完善相关制度，发挥教师团队优势，加强师资存量培训，比如建立教师教学发展中心等。王义遒教授也认为，通识教育教师队伍是关键，通识教育课程要由对学理有真知、真信和真行的人担当。能否造就这样一支教师队伍将成为大学（尤其是单一科类大学）能否普遍开展通识教育并取得成效的难题。他提出一种值得提倡的自由职业教师办法：延请学有专长、研有心得的社会人士从事通识教育课程教学，形成一支自由职业教师队伍为各校共用。这样不仅有利于通识教育在全国高校顺利地普遍实施，还有利于打破教师单位所有制，也将有助于提高教学水平，促进学术竞争、自由与繁荣。[②]

## 五、创设广泛参与的治理体制

### （一）评价主体多元化

完善评价标准、丰富评价方式，倡导政府、社会和市场多主体共同参与，建立开放、合作、共享的高等教育评价体系。课程评价不仅是管理者的职责，教师和学生也可以通过各种渠道参与，校友甚至其他所有社会人士都应该有机会参与。例如，哈佛大学师生可以通过本科生教育委员会（CUE）参与课程评估体制改进。本科生教育委

---

① 王德峰. 从大学理念看通识教育的方向与道路 [J]. 复旦教育论坛, 2006 (4)：25 – 28.

② 王义遒. 推进通识教育，催生一种新的教师模式 [J]. 北京大学学报：哲学社会科学版, 2005 (5)：191 – 197.

员会制定"本科生教育委员会向导"的编辑政策，报道哈佛大学本科课程的学生意见，提供详细的课程统计和质性评价分析，既是学生选修课程的向导，也是教授和小组讨论课组长的反馈机制。征求在读本科生对自己受教育体验的看法，邀请共同承担本科生教学责任的教师及其他负有教学任务的人员发表评论，校友可以就离校后的经历评价所受教育的优劣。评价的新趋势包括档案袋（有时由数名任课教员共同完成）、绩效基础评价（习明纳参与的反馈或口头陈述技能）、学生自评及班级自评等。[①]

### （二）试行委员会负责制

通识教育课程管理可以试行委员会负责制，设立通识教育课程常务委员会，下设若干分委员会。常务委员会主席由负责本科生教学的副校长担任，其他成员分别兼任分委员会主席，常务委员会和分委员会由此建立信息畅通的联系，为顺利开展各项工作创造条件。常务委员会和分委员会应该分工明确、协调顺畅、执行有力。常务委员会的职责更为宏观，集中在征集并评审通识教育课程申请、解释并修改通识教育课程大纲、批准免修和制订评分管理规则、提交年度总结报告等方面。各分委员会分别负责具体领域通识教育课程的启动、征集、评估、修改和更新，核实课程方案是否符合大纲要求。各委员会成员应该和相关教学密切相关，对职责内情况十分熟悉，要主动与了解情况的其他老师密切联系。分委员会每年都要提出报告，分析课程存在的问题和取得的成绩，不断总结提高。围绕通识教育课程培养目标，所有课程申请或课程设置都有明确的标准。

### （三）完善定期评估制度

通识教育课程改革完成后仍需要持续努力，院系的强势地位、教师和学生对专业教育的偏爱等，将削弱通识教育课程的效力。永恒性的机构支持必不可少，比如成立跨学科委员会负责通识教育课程。制定清晰的标准定期审核课程，只有符合相关标准并得到审批的课程才能够开设。通识教育课程每年应该有年度报告总结得失，每5年要进行全面回顾完善，每10年有更大规模的总结提升。开发连贯可靠的学生作品评价方法，制定评分标准是关键性的第一步，各系和各学科对学生成绩要求是有很大不同的。评价新趋势包括档案袋（有时由数名任课教员共同完成）、绩效基础评价（习明纳参与的反馈或口头陈述技能）、各种学生自评及班级自评等。通识教育课程评估应该关注以下5个教育产出：分析、交流、量化和信息处理的技能；理解自然科学、社会科学和人文艺术的探究实践；跨文化知识和合作性问题解决技能；个人、市民和社会选择的前瞻性责任意识；养成综合性思考的思维习惯，在不同情境中转换知识和技能的能力。[②]

---

① WRIGHT B D. Evaluating learning in individual courses. Gaff, Ratcliff, and Associates: 577 – 586.

② Taking responsibility for the quality of the baccalaureate degree. Washington DC: Association of American Colleges and Universities.

### （四）充分调动院系积极性

通识教育目标非常具有挑战性，所有本科课程和在学期间的所有时间都要用来实现这些目标，所有教师都应该共同承担课程连贯性的责任。如何促使各院系把通识教育目标融合到各自主修课程，是通识教育改革必须解决的难点问题。常见的弊端是，通识教育和主修学习相分离，职前教育和其他本科生课程相分离。本科生课程应该把通识教育融进主修和职前教育课程，各院系能够通过主修课程出色地培养学生的批判性和分析性思维、沟通和技术使用等能力，也可以关注伦理帮助学生参加多样性课程学习。不应将本科生体验分拆为通识教育和专业教育两部分，本科生课程应该将二者融合在一起。①

## 六、增强通识教育课程的灵活性和选择性

伴随我国高等院校入学人数剧增，学生背景和需求多元化，经济社会发展需要多样化，学科和知识日益分化丰富，通识教育组织设计、制度安排和理念创新要以解放教师和学生、增强学校活力、增强通识教育课程灵活性和选择性为重要目标。事实上，绝大多数美国院校并不存在真正的要求所有学生必修的核心课程。乌尔塔多、奥斯汀和戴等人调查美国322所院校，只有10%左右的院校开设这种面向全体学生必修的核心课程。②

### （一）赋予学生更多选择

学校改革和发展的一切成果最终都要落实到学生成长这个关键点。学生不是教室里被动的听讲者，也不是所谓真理的继承人，更不是陈腐意识形态的收纳箱，他们是学习的真正主人，他们应该在很大程度上决定着自己所受教育的质量。学生不必为考试而读书，不必为分数而学习，而是每天为真正的成长和发展而努力。当前，我国高校学生管理方面问题较多，学习动力不足，学习志趣缺乏，学习投入减少，亟待从所谓军事化管理、高中化管理、应急式管理、放任式管理转向科学化管理。我们应该在专业选择、课程选修、修业年限、学术探讨、表达观点、社团活动等方面给予学生更多自由和权利，为学生自主选择、自我成长、自由探索提供更加宽松的环境。从课程结构角度，可以增加选修课程比例，增加经验学习的比例，补充各类替代性课程；从课程组织角度，应该重视来自课程学习者的声音，可以试验推广师生契约式的课程组织模式。

### （二）课程内容更加开放

通识教育课程应该以开放的胸襟，从人类文明的宝藏中博采众长汲取琼浆，充分

---

① Peer Review, Vol. 7, No. 1, Fall 2004 What is a generally educated person? By Jerry G. Gaff, senior scholar, Association of American Colleges and Universities.

② HURTADO S, ASTIN A W, DEY E L. Varieties of general education programs: an empirically based taxonomy [J]. Journal of general education, 1991 (40): 133 - 162.

国际视野下的通识教育实践模式研究

挖掘校内（校际）和校外、文化遗产和科技前沿、现实世界和网络世界、国内和国际等多方面教育资源，为所有师生提供人类的共同经验，包括人类状况、人类文明和文化、人类成就和问题、人类意义和目的等，广泛覆盖多元文化，吸收诸如亚洲、欧洲、非洲、拉美等不同地区代表性文化，让学生接触各种不同的价值观，熟悉并接受异国/异族文化和生活方式，让学生从文艺、历史、科学中学习所有日常生活必需的知识，从不同角度观察周围的世界，学会批判地思考问题，超越自己的专业领域看问题，成为具有全球视野与完整眼光的地球村工作者，更好地迎接全球化挑战。可以在全校范围内开设类似西方核心课程的文理综合的基础性必修分配课程，让学生根据兴趣在一定框架内选修。伴随着知识的更新和拓展，通识教育的课程也不能一成不变，每门课程与各自领域的最新学术进步保持着同步。

### （三）课程教学更加灵活

解开捆绑在教师身上的种种束缚，消除研究型大学重科研轻教学、重社会服务轻人才培养的诸多弊病。让教师不必为发表论文殚思竭虑，不必为职称评审钩心斗角，也不必为争取科研项目东奔西走。让教师将激励学生作为核心职责，全身心投入课堂教学和培养人才。课程教学应该方法灵活、形式多样，让学生从不同渠道参与学习过程，与同伴建立良好的学术关系，与教师建立多种形式的师生关系。除了课堂教学外，学生还可以通过分组讨论、写作练习、阅读材料、网络连接、电影观摩等方式进行延展性学习。课程教学可以组建来自不同学科、不同院系甚至是不同院校的教师小组，针对课程特点集体讨论制定集体协议，更有效地实现跨学科课程教学目标。此外，顺应移动互联网、大数据、区块链、人工智能迅猛发展的时代潮流，以信息科技成果促进线上线下教学内容与方法融合，构建智慧校园、智慧终端等教育新形态，优化泛在的学习机会与时空，建立知识世界、现实世界、虚拟现实的联系，为学生自主学习、合作学习、创新学习提供引导性、支持性的政策和环境。

# 附录一　美国本科生课程大事年表[①]

**1636 年**

哈佛学院创办，入学要求通过拉丁语口试和拉丁语散文写作。课程以古典的"三艺"和"四艺"为基础，全部是必修，包括逻辑、希腊语、修辞、天文、阿拉米语、希伯来语、古叙利亚语、伦理学和政治学、数学、历史、植物学、宗教问答手册。所有其他殖民地学院的课程都相似，由清教徒不同宗教派别控制。

第一所大学预备学校在马萨诸塞州的查尔斯镇（Charles Town）开办，为大学一年级做准备。

**1642 年**

哈佛学院首批 9 位学生获得学士学位。

**1647 年**

马萨诸塞州的立法机关要求超过 100 户的镇建立一所大学预备学校。超过 50 户的镇只要求教阅读和写作。

**1692 年**

威廉和玛丽学院建立，受苏格兰高等教育的影响，课程更重视数学、历史和科学。直到革命战争，威廉和玛丽学院实行课程选修制和荣誉号码。

**1728 年**

哈佛学院设立了数学和自然科学教授席位。

**1745 年**

耶鲁学院把算术知识列为入学要求。

**1756 年**

费城学院开出更实用的课程，获得学位要 3 年。古典语言，数学和科学，逻辑、物理和伦理学三部分在课程中比例平等。课程中加进了政治学、历史、化学、测量学、贸易和商业、动物学、机械学和农业等新学科。

**1765 年**

费城学院设立了第一个医学教授讲席。

**1769 年**

哈佛大学改革了教学组织形式，让同一位教授给所有学生上同一门课，而不是像

---

[①]　LEVINE A. Handbook on undergraduate curriculum [M]. San Francisco: Jossey-Bass, 1979: 499 - 514.

过去让一位教授给同一班级上所有课程。

**1770 年**

普林斯顿学院创办了 2 个文学社团，课外的文学社团很快在其他学院流行。它们主要是辩论俱乐部，提供以背诵为主导的正式大学课程中没有的智力激励。文学社团由学生控制，由学生提供财源。直到美国内战，它们一直是学生的兴趣中心，成为本科生课程的对手，有时削弱了正式的本科生课程。

**1776 年**

威廉和玛丽学院出现了 Phi Beta Kappa 学生社团。

**1779 年**

威廉和玛丽学院建立了第一个法律教授讲席，并允许少量的选修课。

**1785 年**

耶鲁学院的校长斯达尔斯（Ezra Stiles）采用了殖民地时期最早的评分体系。它是一个 4 点评分系统，包括以下 4 个类别：optimi，second optimi，inferiores（boni），pejores。

第一所州立大学佐治亚大学获得特许状。

**1802 年**

强调技术教育的美国军事学院建立，是第一所提供正式工程教学的学院。

**1809 年**

柏林大学（The U. of Berlin）创办，开启研究型大学和研究生教育新模式。

**19 世纪 10—40 年代**

德国研究型大学模式传入美国高等教育。

**1815 年**

美国三杰：艾沃瑞特（Edward Everett）、克哥斯威尔（Edward Cogswell）、提克诺（George Ticknor）赴德国留学，接下来的一个世纪大约有 1 万美国青年到德国留学。

**1819 年**

提克诺（George Ticknor）基于自己在德国的体验，批评美国大学图书馆的质量低，课程中不包括现代语言，没有专业性的系科。

**1823 年**

波德因学院（Bowdoin College）的一位教员首次使用黑板。

**1824 年**

第一所完全的技术性学院——伦斯勒（Rensselaer）工艺学院建立，教农民和机械师理论和机械科学，是美国第一所提供扩展课程和实验室教学的学院。

**1825 年**

迈阿密大学允许用现代语言、实用数学和政治经济学代替传统和古典课程中的某些科目。

纳什维尔（Nashville）大学的校长林兹雷（Philip Lindsley）采用一种课程方案，提高了课程的实用性、职业性和研究性。

经过学院首次自我调研，哈佛大学的课程做出了重大变革。变革包括：教师和课程按照系科进行组织；允许三、四年级学生有少量的选修课；设立半课程，允许非学位学生只学习自己选择的课程，特别是现代语言；推出一些自设进度的课程。

第一个希腊字母 Kappa Alpha 兄弟会（social fraternity）在联合学院出现。

弗吉尼亚大学开始招生，开设学科广泛的课程，革新了图书馆，首次建立学生政府制度。

弗吉尼亚大学为学生提供医学、古典语言和解剖学等 8 个领域的学习，每个领域内的课程是必修的，非学位课程的选修是不受限制的。学位的获得完全以通过每个领域内的普通考试为基础，没有大学范围的学位。

**1826 年**

联合学院推出一个科学课程，包括现代语言、数学和科学，作为古典课程替代选择，这个平行课程是非学位课程。

院系首次出现在佛蒙特大学（University of Vermont），此后院系 1836 年在威斯康星大学、1841 年在密歇根大学相继出现。

**1828 年**

耶鲁大学提出《耶鲁报告》，认为古典课程的每个科目都有特殊作用，拒绝技术课程和半课程学习。《耶鲁报告》认为最重要的课程是古典语言，现代语言被认为较少具有教育价值被取消。报告确立讲演和背诵的教学模式，反对学习职业性的科目。从古典学习中获得广阔学习被看作是任何职业最好的准备。

凯尼恩（Kenyon）学院推出教师指导，每位学生被编成小组由一名学院教师指导。

**1830 年**

哥伦比亚大学建立一个包括科学和现代语言的课程。

**1831 年**

俄亥俄大学开发了一个课程，培养公共学校的教师。

**1835 年**

伦斯勒学院首次授予工程学位。

**1837 年**

纽约州的人民学院为手艺人提供科学和技术教育。

**1845 年**

联合学院是第一所自由学院开辟工程课程。

**1846 年**

耶鲁学院任命 2 名农业教师。

**1847 年**

耶鲁学院首次尝试创办研究生院。

哈佛学院创办劳伦斯科学学院，强调地理学和动物学的学习。教学不是为了学士学位。入学要求比哈佛学院低得多，只要求普通学校或小学教育。

**1850 年**

在威兰德（Francis Wayland）校长的领导下，布朗大学采用了一种课程，包括一个非学位半课程、各种不同的学生课程负担、增加了科学课程的数量、修订的扩展计划、更多的选修课、为非古典学习授予新学位——Ph. B。4 年后，因资金不足、学生质量下降、缺乏公众支持而终止。

**1851 年**

路易斯安那大学（Louisiana University）建立商学院。

哈佛大学首次授予学完科学课程的学生科学学士学位，科学学士学位课程的入学要求低于文科学士学位的要求。

**1852 年**

密歇根大学校长塔潘（Henry Tappan）在就职演说中提议大学开发美术、自然科学和实用科目的扩展课程，学生可以选修，在科学课程中授予科学学士学位，加上研究生教育。塔潘在职 11 年，还实验过实验学院，和现在的初级学院相似。

耶鲁和哈佛首次举办联合划船体育竞赛。

**1853 年**

密歇根大学首次授予硕士学位，该学位以完成一个特定课程为基础，而不是学士毕业以后白等几年。

**1854 年**

耶鲁大学建立谢菲尔德科学学院，提供两年的课程，强调应用化学。

**1855 年**

密歇根州立大学建立，是第一所州立农业学院。

**1861 年**

耶鲁大学首次授予 Ph. D 学位。

**1862 年**

美国国会通过赠地法案，授权卖联邦土地获得资金支持的学院提供农业和机械技术的教学，不排除其他科学的、军事的和古典的课程学习。

**1868 年**

康奈尔大学开学，学校的座右铭是任何人可以学习任何课程，科学作为课程不可缺少一部分，学生有广泛的选择，可以有手工劳动，采用小组制，让学生选择连贯的课程学习。

**1869 年**

哈佛大学校长艾略特在就职演说中宣称他信奉课程选修制。在 1869—1909 年共 40 年任期内，艾略特全面推行课程选修制，前 6 年内大多数必修课程被取消，只有一年级有少量选修课，哈佛大学转型为现代化大学，全面履行教学、科研和社会服务职能。

阿德姆斯（Charles Kendall Adams）在密歇根大学的实验课程中强调习明纳教学法。

**1870 年**

哈佛大学的课程手册开始按照科目，而不是按照课程设计的学生班级列出课程。

**1876 年**

约翰·霍普金斯大学建立，主要进行研究生教育，以德国大学为榜样，本科生教育为 3 年，实验法和习明纳是流行的教学模式。

**1878 年**

约翰·霍普金斯大学首次在课程手册中使用术语主修和辅修。

**1881 年**

哈佛大学开始提供学期长度的课程，被称作半课程。

**1885 年**

美国第一个地区认证协会，新英格兰学院和高中协会建立。

**1886 年**

参加礼拜仪式在哈佛大学成为自愿的。

**1890 年**

美国国会通过第二个赠地法案，该法每年为赠地学院提供联邦拨款，并鼓励州政府类似的支持。

哈佛大学建立新生导师委员会（Board of Freshman Advisers），专门对新生提供咨询。

19 世纪 90 年代出现第一批学生事务主任。

**1892 年**

芝加哥大学创办，开发了高质量的研究生和研究课程。

**1898 年**

康奈尔大学首次创立林学院。

**1899 年**

耶鲁大学允许本科生课程中包括法律和医学课程。

**1901 年**

大学入学考试委员会（CEEB）首次举行考试。

**1902 年**

艾略特校长说服哈佛教师团取消文科学士学位的 4 年必修课。到了 1906 年，41%

165

的哈佛大学本科生 3~3.5 年毕业。

**1904 年**

威斯康星大学校长海斯（Charles Van Hise）提出"威斯康星理念"（Wisconsin Idea），整个威斯康星州被看作是大学校园，教师的专长被用在解决州的问题，大学和州立法机关、地方政府、市民群体和州长办公室联系在一起，大学提供流行主题和技术科目的扩展课程和函授课程，高等教育拓展到整个威斯康星州。

**1905 年**

哥伦比亚大学教师在校长巴特拉（Nicholas Murray Butler）的领导下，采用"职业性选择"计划，允许学生同时学习职业学院课程和本科生院课程，获得两个学位。

**1906 年**

辛辛那提大学在工程学院建立第一个合作工作—学习课程。

**1909 年**

纽约城市学院开辟第一个夜校课程，可以获得学士学位。

哈佛大学洛厄尔推出集中分配制，要求学生在专业之外的 3 个领域选修 6 门全年课程。

**1910 年**

里德学院（Reed College）建立，强调独立学习和学识，要求学生毕业之前通过综合性考试并写一篇论文。

哈佛大学洛厄尔校长在专业领域推出综合性考试，成绩优秀的学生可以获得荣誉学位，哈佛大学组织辅导制来帮助学生准备考试。

**1913 年**

全美教育协会的一个委员会建议，减少本科生教育中的共同宽度部分，最少 2 年。

**1914 年**

艾姆赫斯特学院（Amherst College）在梅克约翰（Alexander Meiklejohn）校长领导下首次开发出概览课程。

**1919 年**

哥伦比亚大学实施普通教育核心课程"当代文明"，率先将通识课程推向更高级的研究生教育阶段，并且为所有研究生开列必读书目；坚守人文学科的阵地，抵制职业主义潮流，维护学生群体社会多样性，让学生接受主流学术思想，开拓学生的想象力。

**1920 年**

预备军官培训营（ROTC）通过全国国防法案建立起来。

**1928 年**

哈佛大学建立哈佛宿舍楼和住宿学术组织。

芝加哥大学开始为期多年的本科生教育改革。

**1929 年**

莎拉·劳伦斯学院（Sarah Lawrence College）以进步主义教育哲学为指导创立。

**20 世纪 30—50 年代**

重视本科生生活体验，大学建设住宿学院，成立学生联盟、校内体育队，建设图书馆，创办学生咨询中心等。

**1932 年**

本宁顿学院（Bennington College）采用强调进步主义教育哲学的课程。

明尼苏达大学（Minnesota University）建立了两年制的普通教育分部——普通教育学院。

**1935 年**

第一所师范学院——弗雷明翰教师学院（Framingham Teachers College）提供教育科学学士学位。

**1937 年**

圣约翰学院（St. John's College）推出名著课程。

**1944 年**

美国国会通过军人再适应法案，该法直接提供给退伍军人财政支持上大学，225 万老兵获得机会在 2000 多所大学学习。

**1945 年**

哈佛大学推出"自由社会中的普通教育目标"，即"红书"。

**1951 年**

在福特基金会的赞助下，美国 12 所学院和高中开始高级分班或高级学习课程。

**1957 年**

苏联发射人造卫星 Sputnik，刺激了美国科学和语言教学改革。

**1958 年**

美国国会通过国防教育法，提供本科生贷款、研究生奖学金，为师范教育提供社会事业性质的资助，支持科学、数学和外语方面的教育。

罕布什尔学院（Hampshire College）推出"四—四"制学期制，冬季小学期是给学分的强化学习或专业领域学习。1960 年，埃克德学院（Eckerd College）也采用了。

**1960 年**

奥克兰大学（Oakland University）和新学院（New College）提供了严格的荣誉课程。

**1964 年**

加利福尼亚大学伯克利分校学生发生了大规模的混乱，给学校带来动荡，引起全国关注。

**1965 年**

卡内基公司和经济机会办公室开发了为有学术潜力但是没有动力，或者具有学术技能的学生准备的"攀登的极限"（Upward Bound）课程。

美国颁布了高等教育法案，为公私学院和学生个人提供资助。

伯克利大学创办了学生组织和举办的实验学院，这是第一所自由的大学。

加利福尼亚大学创办圣克鲁斯（Santa Cruz）分校，该校综合了学院结构和学科组织。

**1966 年**

开发出自定步骤的凯勒（Keller）学习计划。

**1967 年**

建立了测验大学标准的科目精通水平的大学水平考试项目。

**1968 年**

高等教育修正案创立了"为残疾学生提供特别服务"的项目，包括补习教学、咨询、支持性服务。

**1969 年**

在学生的督促下，布朗大学对本科生课程做了大幅度改动。

**1970 年**

纽约州创办完全以考试和与学院学习同等学分为基础，授予"大学董事外部学位"（The Regents External Degree）。

罕布什尔学院首次招收学生，以通过 6 个综合性考试为毕业条件。

**1971 年**

明尼苏达立法机关创办大都市（Metropolitan）州立大学，没有校园，授予校外学位。

**1972 年**

斯特林学院（Sterling College）推出一个以能力为基础的本科生课程。

**1977 年**

卡内基教学促进基金会发表本科生教育的建议，出版了《本科生课程的目标：当代回顾和建议》和《课程：美国 1636 年以来的本科生课程发展史》。

**1978 年**

哈佛大学开始实施核心课程计划。

**1989 年**

哈佛大学开展核心课程 10 年回顾活动。

**20 世纪 90 年代**

出现市场化和消费者办学模式，生源竞争更加激烈，有色人种学生开始更多涌入大学。

**1995 年**

普林斯顿大学开展课程改革。

**1996 年**

斯坦福大学开展课程改革。

**1997 年**

哈佛大学核心课程进行了调整和改革。

**2002 年**

哈佛大学启动全面本科生教育改革。

**2003 年**

耶鲁大学 200 多名教师投票通过本科生课程改革措施，长达 16 个月的课程回顾达到高潮，主要改革措施包括三个方面：改革分配必修课要求，授权教师理事会决定一门课程属于哪个领域，要求每位耶鲁大学毕业生至少学习一门外语。

**2009 年**

哈佛大学新的通识教育课程第一次在新一届本科生中实施。

**2017 年**

斯坦福大学发布《斯坦福大学 2015 计划》，启动新时代整体性教育教学改革。

# 附录二 2002—2003 年度哈佛大学
# 开设的核心课程

## 一、外国文化

通过学习美国、英国、加拿大、澳大利亚、新西兰等显著不同的文化，加深学生对塑造人类生活文化因素重要性的认识，提供对自己文化假设和传统的新颖视角。这些课程也介绍学习文化的方法和接触外国文化遇到的问题。无论课程是着重分析关键的文本和艺术品，强调历史变革，还是强调个人或社会生活的基本方面，外国文化课程都寻求识别形成另一个文化结构和思潮显著的思维和行为模式。

2002—2003 年开设的有：外国文化 12，印第安文明的起源，2004—2005 年开设；外国文化 21，1896 年以来的法国电影和文化，2003—2004 年开设；外国文化 22a，17—18 世纪的法国社会讽刺；外国文化 22b，19—20 世纪的法国社会讽刺；外国文化 30，锻造一个王国：从拉瑟（Luther）到康德（Kant），超越德国文化；外国文化 32，希特勒；外国文化 34，中美（Mesoamerican）文明；外国文化 35，巴塞罗那现代化；外国文化 37，近现代马德里（Madrid）；外国文化 46，加勒比社会：社会经济变化与文化适应；外国文化 48，"文化大革命"；外国文化 56，东欧的犹太人生活；外国文化 60，越南的个人、社区和国家；外国文化 63，中国的两次社会革命；外国文化 68，中国文学文化的主张与权威；外国文化 70，理解伊斯兰和现代穆斯林社会；外国文化 72，从革命到改革的俄国文化；外国文化 74，南欧文化；外国文化 76，纳粹德国的大众化：形象的力量和破灭；外国文化 78，文化构建和现代斯堪的纳维亚的出现；外国文化 80，韩国文化身份；外国文化 82，现代阿拉伯：自我、社会和文化；外国文化 84，东京。

替换课程：历史研究 A13，中国传统与转型；历史研究 A14，日本的传统与转型；历史研究 A15，造就现代印度的政治和社会；历史研究 A16，现代南亚的形成；历史研究 A23，墨西哥的民主发展和平等；历史研究 A53，中国革命传统；历史研究 A74，当代中国：现代世界中的中国大陆和台湾；历史研究 B64，1956—1971 年古巴革命：自我辩论；文学与艺术 C51，革命与反作用：俄国先锋的起落。

院系替代课程：中国文学 130，放映现代中国：中国电影与文化。

## 二、科学

科学课的目标是传达对科学作为思考我们自身和世界的一种方式的一般性理解。

世界包括非常小的粒子（基本粒子、核子、原子、分子、基因、细胞等）、非常大的星球（地球、太阳系、宇宙等）和人类在内的生物。每门课在一定深度上探讨一个或几个主题。学生通过解决问题、观察、实验室试验参加学习。这种接触帮助学生发展科学知识及数字能力，引导学生更好理解今天科技主导的社会。

科学 A 组课程很大程度上着重物理科学，通过量化描述、综合各种简单元素，处理关于自然现象诊断性和演绎性的分析。

2002—2003 年开设的有：A24 有活力的地球；A29 光与物质的性质；A30 大气；A35 宇宙联系；A36 观察太阳与星星；A39 时间；A41 爱因斯坦革命；A43 环境风险及灾难；A45 现实物理；A47 宇宙联系；A49 音乐及声音的物理。

院系替代课程：化学 5，化学原理导论；化学 7，化学原理；化学 15，无机化学；化学 17，有机化学原理；化学 20，有机化学；化学 27，生命有机化学；化学 30，有机化学。地球行星科学 5，环境科学导论：大气、海洋生物圈；地球行星科学 7，地质科学导论。物理 11a，力学；物理 11b，电学、磁学、波学；物理 15a，力学与相对论导论；物理 15b，电磁学导论；物理 15c，波现象；物理 16，力学与特殊相对论。下列 2 门合起来代替科学 A：物理 1a，物理学原理：力学；物理学原理：电、波、核物理。

科学 B 组课程着重生物科学、进化科学和环境科学，提供某些复杂系统半量化的、描述性的叙述，这些复杂系统还不能在简单元素的基础上完整地分析。

2002—2003 年度核心课程：科学 B23，人体学；科学 B27，人类演化；科学 B29，人类自然的进化；科学 B35，如何建造可居住的星球；科学 B40，树和森林生物学；科学 B48，从 DNA 到大脑；科学 B53，海洋生物学；科学 B57，恐龙及其近亲；科学 B60，知识的起源；科学 B62，人类的心理。

下列院系开设的课程可以满足核心课程的要求：生物科学 50，遗传学与基因学；生物科学 51，有机体生物综合；生物科学 52，分子生物学导论；生物科学 53，生命进化、多样化历史；生物科学 54，细胞生物导论；生物科学 80，行为神经科学；地球和行星学 6，环境科学导论：固态的地球；地球与行星学 8，地球史；工程科学 6，环境科学和技术；OEB124（以前的生物学 124），植物生物学。

## 三、社会分析

社会分析课程目标是通过让学生感受社会科学的一些主要方法，提高他们对当代社会背景下人类行为的理解，让学生熟悉这些方法。社会分析课程提供连贯的理论或与经验数据系统相关的分析方法。社会分析课程无意于研究某个具体学科，而是阐释这些分析方法在涉及人与机构行为的重要问题中的应用。

2002—2003 年度开设：社会分析 10，经济学基本原理；社会分析 28，语言知识；社会分析 36，宗教与现代性：文化革命及世俗化主义；社会分析 43，心理创伤；社会分析 46，政治探索：一个理性选择的方法；社会分析 50，城市化革命：考古学以及古国考察；社会分析 52，发展政治经济学；社会分析 54，美国社会及公共政策；社会分析 58，代表、平等和民主；社会分析 66，种族、少数民族、美国的政治，2004—2005 年度开设；社会分析 68，种族、阶层、美国城市的贫困；社会分析 70，食物和文化；社会分析 72，经济学：一个关键的方法（需要先行修习社会分析 10）。

院系替代课程：经济学系 1010a，微观经济学理论；经济学系 1010b，宏观经济学理论；经济学系 1011a，微观经济学理论；经济学系 1011b，宏观经济学理论。

## 四、量化推理

目标是向学生介绍数学的量化的思维模式，有些课程重视数学的统计的推理理论方面，该类其他课程探讨量的方法在解决自然科学、社会科学、人文科学的问题的应用。

2002—2003 年度开设：量化推理 20，计算机与计算；量化推理 22，演绎逻辑；量化推理 24，卫生经济学；量化推理 26，决策、博弈和谈判，2004—2005 年度开设，先要修习高中代数，并且要乐于思考；量化推理 28，数学魔法；量化推理 32，不确定性及统计推理；量化推理 33，偶然性推断，2004—2005 年度开设；量化推理 34，人口统计；量化推理 36，统计学及公共政策；量化推理 38，国际政治策略；量化推理 43，投资导论，2004—2005 年度取消；量化推理 44，希腊几何学及其余波；量化推理 46，量化信息的可视化展示，2004—2005 年度取消。

院系替代课程：应用数学 21a，在科学中的数学方法；计算机科学 50，计算机科学导论；数学系 1a，微积分导论；数学系 1b，微积分、级数与微分方程；数学系 19，数学建模；数学系 20，线性代数及多因素微积分；数学系 21a，多因素微积分；数学系 21b，线性代数及微分方程；统计学系 100，量化方法导论；统计学系 101，量的方法导论；统计学系 102，生物统计学基础；统计学系 104，量的方法导论；统计学系 110，概率导论。数学系 Xa 函数及微积分 I 导论和数学系 Xb 函数及微积分 II 导论两门合起来替代核心课程。

## 五、道德推理

目标是讨论在人生经验中有意义的反复选择与价值观问题，这些课程寻求让学生熟悉思想的重要传统，告诉学生过去的类似选择，提高学生关于人们如何理解道德生活的本质的意识，这些课程揭示正义、责任、公民权、忠诚、勇气、个人责任等问题。

2002—2003 年开设：道德推理 22，正义，2004—2005 年度取消；道德推理 28，伦理学及国际关系，2004—2005 年度开设；道德推理 32，推理及评价，2004—2005 年度开设；道德推理 33，伦理学问题，2004—2005 年度取消；道德推理 50，政治、道德和法律上的公共与私有，2005—2006 年度开设；道德推理 54，"如果没有上帝，一切都被允许：有神论及道德推理"，2004—2005 年度开设；道德推理 56，自我、自由、存在，2004—2005 年度取消；道德推理 58，西方政治思想中的奴隶制度，2004—2005 年度取消；道德推理 64，伦理学与日常生活：工作与家庭，2004—2005 年度开设；道德推理 66，社会抗议的道德推理；道德推理 68，法治：控制与非控制思想与实践，2004—2005 年度取消；道德推理 70，权力，2004—2005 年度取消。

院系替代课程：哲学系 168，康德的伦理学理论。

## 六、历史研究

目标是培养学生作为调查与理解一种形式的历史领悟力，分两组。历史研究 A 组帮助学生理解通过历史研究当代世界主要事件的背景与发展，这些课程说明历史研究帮助理解一些重大事件的途径，通常是我们的世界里重要的政策问题，集中关注在这些问题连续的发展，起因可能久远了，但是其意义在我们的世界里仍是深远的。历史研究 B 组集中关注一些重要的历史问题或更久远的历史转型的细节，目标在于培养一种对复杂的人类事件的理解，对经济、文化、宗教、政治多种力量在各个抱负（aspiration）中的相互影响的方式。

2002—2003 年历史研究 A 组开设：历史研究 A12，在现代世界中的国际冲突与合作；历史研究 A13，中国：传统与转型；历史研究 A14，日本：传统与转型；历史研究 A15，形成现代印度的政治与社会，2004—2005 年度开设；历史研究 A16，现代南亚的形成；历史研究 A21，非洲和非洲人：在现代世界中一个州的形成，2004—2005 年度开设；历史研究 A23，墨西哥的民主、发展和平等，2004—2005 年度开设；历史研究 A27，西方的理性和信仰，2005—2006 年度开设；历史研究 A34，美国的社会与医疗，2004—2005 年度开设；历史研究 A35，美国及欧洲的民主，2004—2005 年度取消；历史研究 A40，中东与欧洲十字军东征以来的关系和观念，2004—2005 年度取消；历史研究 A44，现代犹太人：从法国革命到以色列的成立，2004—2005 年度取消；历史研究 A51，现代世界经济 1873—2000；历史研究 53，中国革命传统，2004—2005 年度开设；历史研究 A67，性别社区：中东和北非的妇女、伊斯兰教和民族主义；历史研究 A68，现代中东的形成与再造；历史研究 A71，制度主义，2004—2005 年度取消；历史研究 A73，西欧的政治发展，2004—2005 年度开设；历史研究 A74，现代中国：当今世界的大陆与台湾，2004—2005 年度开设；历史研究 A75，朝鲜和韩国，2004—2005 年度取消；历史研究 A76，德国 1871—1990：从统一到再统一；历史研究 A79，现代警察国家，2004—2005 年度开设；历史研究 A80，冷战，2004—2005 年度开设。

院系替代课程：历史科学系 175，发疯与医疗：精神病学的历史主题。

2002—2003 年历史研究 B 组开设：历史研究 B01，古代近东的文化传统，2004—2005 年度开设；历史研究 B04，古代希腊民主，2004—2005 年度开设；历史研究 B06，罗马的游戏，2004—2005 年度开设；历史研究 B09，基督教革命，2004—2005 年度取消；历史研究 B11，十字军东征，2004—2005 年度取消；历史研究 B16，美洲的征服，

2004—2005 年度开设；历史研究 B17，中世纪欧洲的权力与社会：12 世纪的危机；历史研究 B18，新教改革，2004—2005 年度开设；历史研究 B19，佛罗伦萨的文艺复兴，2004—2005 年度取消；历史研究 B24，在科学革命时代的乌托邦，2004—2005 年度开设；历史研究 B35，法国革命：起因、过程及后果，2005—2006 年度开设；历史研究 B40，追求幸福：革命中的美国日常生活，2004—2005 年度开设；历史研究 B41，开创新英格兰：历史、记忆、创造一个地区性的标识，2005—2006 年度开设；历史研究 B42，美国内战 1861—1865，2004—2005 年度开设；历史研究 B50，中国现代化转变中的性与阶级，2004—2005 年度取消；历史研究 B52，非洲和美国之间的奴隶制和奴隶贸易，2004—2005 年度开设；历史研究 B53，20 世纪的世界大战和社会：第一次世界大战，2004—2005 年度开设；历史研究 B54，20 世纪的世界大战和社会：第二次世界大战，2004—2005 年度开设；历史研究 B56，俄国革命，2004—2005 年度开设；历史研究 B57，第二大英帝国，2004—2005 年度取消；历史研究 B61，古巴革命 1956—1971：一个自身的论争，2004—2005 年度取消；历史研究 B67，日本的现代革命，2004—2005 年度取消；历史研究 B68，美国与越南：1945—1975，2004—2005 年度开设。

核心课程交叉替换：外国文化 48，"文化大革命"；文学与艺术 C42，武士的构造；文学与艺术 C61，罗马的奥古斯达斯。

院系替代课程：历史系 10a，西方的社会、政治和文化：从古代到 1650。

## 七、文学艺术

目标是培养学生的审美反应力及解读各种文化表现形式的能力。文学艺术 A，着重关注文本及文学分析的方法。这个领域的课程提供多样的批判性与分析性的文学方法，以及对下列问题的一系列反应：文学是如何发挥作用的？文学的流派与传统是如何形成与转化的？作者、读者、文本，以及文本产生的背景的关系如何？我们对过去文学作品的阅读又是如何为当前关注的问题所影响？文学艺术 B，向学生介绍一种非文学的表现形式，可以用绘画或音乐欣赏的教学，包括听觉艺术和视觉艺术类。这些课程重视视觉艺术和听觉艺术作品同它们产生的历史、文化背景的关系。文学艺术 C，研究历史上创新的文化时代，探讨文学作品艺术在特定社会中的作用功能。研究焦点在意义重大的时代、风格、运动，这些课程描述并分析文化产生、解释以及传播的形式。

2002—2003 年文学艺术 A 组开设：文学艺术 A16，被文学毁灭的生活：在小说中的主题，2005—2006 年度开设；文学艺术 A18，神话故事、儿童文学以及童年时代的构建，2004—2005 年度取消；文学艺术 A20，基督教文学的古典文学名著，2004—2005 年度开设；文学艺术 A22，诗歌和诗人，2004—2005 年度开设；文学艺术 A26，但丁的神学喜剧及其世界，2004—2005 年度开设；文学艺术 A35，悲剧与人的冲突，2005—2006 年度取消；文学艺术 A40，莎士比亚的早期戏剧，2004—2005 年度取消；

文学艺术 A41，莎士比亚的晚期戏剧，2004—2005 年度开设；文学艺术 A45，创作理论：俄罗斯个案研究，2004—2005 年度开设；文学艺术 A48，现代犹太文学，2004—2005 年度取消；文学艺术 A53，雅典、耶路撒冷：古希腊与希伯来文学中的自我及其他；文学艺术 A57，双语艺术；文学艺术 A58，20 世纪文学、艺术文化中的种族、现代性、现代主义，2004—2005 年度取消；文学艺术 A63，中华帝国的女性作家：如何从女性声音中逃避，2004—2005 年度开设；文学艺术 A64，美国文学与美国环境，2004—2005 年度取消；文学艺术 A68，凯尔特文学传统中的诗歌，2004—2005 年度开设；文学艺术 A70，约伯的书和约伯传统，2005—2006 年度开设；文学艺术 A72，现代自我的启蒙创造；文学艺术 A78，海盗文学及北欧日耳曼英雄传统，2004—2005 年度取消。

核心课程交叉替代：外国文化 68，中国文学文化中的权力与个性的宣扬。

院系替代课程：英语系 10a，主要英国作家 I；主要英国作家 II；英语系 13，英文《圣经》；英语系 150，英国浪漫诗人；英语系 151，19 世纪的小说。

2002—2003 年文学艺术 B 组开设：文学艺术 B16，20 世纪艺术中的抽象的含义；文学艺术 B20，美国城市设计：市民抱负与城市化形式，2004—2005 年度开设；文学艺术 B21，亚历山大的形象；文学艺术 B24，构建现实：作为事实和杜撰的照相艺术，2004—2005 年度开设；文学艺术 B27，非洲艺术中的君主和神话，2004—2005 年度开设；文学艺术 B28，前哥伦比亚美国的艺术、建筑、奥斯曼法庭的仪式，2004—2005 年度取消；文学艺术 B43，哥特式大教堂，2004—2005 年度开设；文学艺术 B44，西欧首都与法庭的建筑，2004—2005 年度开设；文学艺术 B46，蒙古征服者出现的艺术：成吉思汗及其继承者；文学艺术 B48，中国想象的空间，2004—2005 年度开设；文学艺术 B51，首夜：5 个首场公演；文学艺术 B54，莫扎特到拉威尔室内音乐，2004—2005 年度开设；文学艺术 B82，表达些什么：作为声音、情感和社会对话的爵士乐。

院系替代课程：音乐系 2，声调音乐基础 I。

2002—2003 年文学艺术 C 组开设：文学艺术 C14，希腊文明中的英雄概念；文学艺术 C18，印度神话、形象和朝圣，2004—2005 年度开设；文学艺术 C20，爱尔兰神话与传奇故事中的英雄，2004—2005 年度取消；文学艺术 C22，中世纪的欧洲文化；文学艺术 C25，中世纪的舞台，2004—2005 年度取消；文学艺术 C28，图符—仪式—文本：阅读中世纪俄罗斯文化，2004—2005 年度开设；文学艺术 C30，俄罗斯人如何学习阅读、读什么：俄罗斯文学文化的兴起，2004—2005 年度开设；文学艺术 C37，圣经及其阐释者，2004—2005 年度开设；文学艺术 C40，中国的文人，2004—2005 年度开设，也可以作为历史研究 B 的核心课程要求；文学艺术 C42，日本武士的形成，也可以作为历史研究 B 的必修课；文学艺术 C43，中世纪法庭，2004—2005 年度取消；文学艺术 C50，俄罗斯帝国重要艺术作品以及它们之后的历史：什么构成了经典？2004—2005 年度开设；文学艺术 C51，革命与反应：俄罗斯先锋派的兴起和衰落，

2004—2005 年度取消，也可以作为外国文化核心课程要求；文学艺术 C55，超现实主义：二次世界大战中的先锋派艺术和政治，2004—2005 年度开设；文学艺术 C56，整合现实主义；文学艺术 C61，奥古斯达斯的罗马，2004—2005 年度取消，也可作为历史研究 B 核心课程的要求；文学艺术 C65，表现主义和抑制主义：世纪末的德国及奥地利文学艺术，2004—2005 年度开设；文学艺术 C69，庞贝城，2005—2006 年度开设。

核心课程交叉替换课程：历史研究 B19，佛罗伦萨的文艺复兴。

院系替代课程：英语系 167p，后殖民主义的叙事文；英语系 175，美国文学的出现。

# 参 考 文 献

［1］李曼丽，林小英. 后工业时代的通识教育实践［M］. 北京：民族出版社，2003.

［2］张寿松. 大学通识教育课程论稿［M］. 北京：北京大学出版社，2005.

［3］黄俊杰. 转变中的大学通识教育：理念、现状与展望［M］. 北京：北京大学出版社，2006.

［4］黄坤锦. 美国大学的通识教育：美国心灵的攀登［M］. 北京：北京大学出版社，2006.

［5］张家勇. 哈佛大学本科生课程改革研究［M］. 广州：广东教育出版社，2011.

［6］张家勇. 从学生社团活动看美国大学人才培养［J］. 比较教育研究，2004（1）.

［7］张家勇. 美国大学本科生课程组织模式及启示［J］. 江苏高教，2005（6）.

［8］张家勇. 新世纪哈佛大学本科生课程改革及启示［J］. 比较教育研究，2006（1）.

［9］张家勇. 哈佛大学本科生导师制和住宿制［J］. 比较教育研究，2007（1）.

［10］张家勇. 美国圣玖斯弗学院的核心课程评介［J］. 华北水利水电学院学报，2007（1）.（南京理工大学《高教文摘》全文转载）

［11］张家勇. 哈佛大学本科生课程改革的若干热点问题［J］. 辽宁教育研究，2007（8）.（人大复印资料《高等教育》2008年第3期全文转载）

［12］张家勇. 哈佛大学本科生课程改革：通识教育路在何方？［J］. 中国大学教学，2006（9）.

［13］张家勇. 哈佛大学通识教育课程改革最终报告［J］. 中国高教研究，2007（7）.

［14］张家勇. 哈佛大学本科生咨询和辅导制度改革及启示［J］. 理工高等教育，2008（1）.

［15］张家勇. 美国通识教育若干理论问题［J］. 教育文化论坛，2010（3）.

［16］张家勇. 让人瞠目结舌的京都大学吉田寮［J］. 世界教育信息，2010（8）.

［17］张家勇. 耶鲁大学本科生人才培养模式探析［J］. 北京教育，2012（10）.

［18］张家勇. 大阪大学通识教育实践模式研究［J］. 比较教育研究，2012（2）.

［19］李联明，朱庆葆. 耶鲁大学建设全球性大学的理念与策略：兼论"耶鲁2005—2008 年国际化战略框架"［J］. 中国高教研究，2007（8）：28.

［20］王保星.《耶鲁报告》与美国共和主义高等教育教育观的确立［J］. 清华大学教育研究，2003（2）：56.

［21］王英杰. 论大学的保守性：美国耶鲁大学的文化品格［J］. 比较教育研究，2003（3）：1.

［22］朱玉华. 印第安纳州立大学通识教育实践模式研究［J］. 北京广播电视大学学报，2014（4）.

［23］张家勇. 哈佛重新定义受过教育的人［N］. 中国教育报，2004 - 10 - 22（7）.

［24］GAFF J G. General education：the changing agenda［M］. Washington DC：Association of American Colleges and Universities，1999.

［25］RATCLIFF J L，JOHNSON D K，GAFF J G. Changing general education curriculum［J］. New Directions for Higher Education. 2004（125）

［26］Association for General and Liberal Studies. Improving learning in general education：An AGLS guide to assessment and program review. AGLS，2007.

［27］RATCLIFF J L. The status of general education in the year 2000：summary of a national survey［R］. Washington DC：Association of American Colleges and Universities，2001.

［28］LESKES A，MILLER R. General education：a self-study guide for review and assessment［R］. Washington DC：Association of American Colleges and Universities，2005.

［29］CONRAD C. The undergraduate curriculum：a guide to innovation and reform［R］. Boulder：Westview Press，Inc，1978.

［30］RATCLIFF J L. Handbook of the undergraduate curriculum：a comprehensive guide to purposes, structures, practices, and change［M］. San Francisco：Jossey-Bass，1997.

［31］Association of American Colleges and Universities. Taking responsibility for the quality of the baccalaureate degree［R］. Washington DC：Association of American Colleges and Universities，2004.

［32］Association of American Colleges and Universities. Greater expectations：a new vision for learning as a nation goes to college［R］. Washington DC：Association of American Colleges and Universities，2002.

［33］Association of American Colleges and Universities Board of Directors. Our students' best work：a framework for accountability worthy of our mission［R］. Washington DC：Association of American Colleges and Universities，2004.

［34］SCHNEIDER C G，SHOENBERG R. Contemporary understandings of liberal education［R］. Washington：Association of American Colleges and Universities，1998.

［35］KATZ J，BORNHOLDT L，GAFF J，et al. Planning effective general education：a new vitality in general education［R］. Washington DC：Association of American Colleges and Universities，3 – 26.

［36］KANTER S L，GAMSON Z F，LONDON H B. Revitalizing general education in a time of scarcity：a navigational chart for administrators and faculty［M］. Boston：Allyn & Bacon，1997.

［37］NUSSBAUM M C. Cultivating humanity：a classical defense of reform in liberal education［M］. Cambridge，MA：Harvard University Press，1997.

［38］SHOENBERY R. General education and student transfer：fostering intentionality and coherence in state systems［R］. Washington DC：Association of American Colleges and universities，2005.

［39］GAFF J G. Strong foundations：twelve principles for effective general education programs［M］. Washington DC：Association of American Colleges，2005.

［40］The Carnegie Foundation for the Advancement of Teaching. Missions of the college curriculum：a contemporary review with suggestions［M］. San Francisco：Jossey-Bass，1977.

［41］GAFF J G. New life for the college curriculum：assessing achievements and furthering progress in the reform of general education［M］. San Francisco：Jossey-Bass，1991.

［42］WASESCHA A. Assessing the reform of general education［J］. Journal of General Education，1991（40）：51 – 68.

［43］The great core curriculum debate［M］. New Rochelle：Change Magazine Press，1979.

［44］LEONARD G，KUEHL J R. Coherence and assessment in a general education program［J］. Liberal education，1997（83）：34 – 39.

［45］HURTADO S，ASTIN A W，DEY E L. Varieties of general education programs：an empirically based taxonomy［J］. Journal of General Education，1991（40）：133 – 162.

［46］JONES E A，RATCLIFF J L. Which general education curriculum is better：core curriculum or the distribution requirement?［J］. Journal of General Education，1991（40）：69 – 101.

［47］KELLER P. Getting at the core：curricular reform at Harvard［M］. Cambridge and London：Harvard University Press，1982.

# 后 记

美国高等教育从 1636 年剑桥学院（即哈佛大学前身）照搬英国剑桥大学伊曼纽尔学院（Emmanuel College）的课程教学及管理模式蹒跚起步，从最初 1 所高校 1 名教师 9 名学生的惨淡经营，到 2015—2016 学年 4147 所高校、在校生 2643 万人的巨大规模，18~24 岁青年高等教育入学率超过 40%[①]，吸引全球 104 万国际留学生就读（约占美国高等教育在校生总数的 5%）。[②] 美国高等教育伴随国家富裕强大而迅速崛起，从模仿欧洲到称霸世界大约用了 300 年。19 世纪 40 年代，美国高校的科研范围和质量已经达到世界先进水平。第一次世界大战以后，美国高校在物理等自然科学方面超越了世界领先的欧洲大学。第二次世界大战以后，美国成为名副其实的世界高等教育中心。耶鲁报告、哈佛通识教育报告、威斯康星理念、社区学院模式、莫里尔法案等，都是美国对世界高等教育改革发展贡献的新思想、新道路和新制度，至今仍影响深远。如今，美国依然奔跑在世界高等教育创新的最前沿。2007 年创办的可汗学院用世界最顶尖的教师，给全世界想学习的人，创造百科全书式、全免费、网上智能跟踪的视频学习平台；2013 年前哈佛校长萨默斯等创办没有传统大学校园的密涅瓦大学，四年本科学制分布在全球七大城市，由全球顶尖的教授团队通过在线教学平台授课；2015 年斯坦福大学发布 2025 计划，提出开环大学等新概念……

现代意义的通识教育是美国本土内生的产物，通识教育研究可以有多重视角，有的侧重于理论研究或学术研究，如通识教育内涵、历史及价值等；有的侧重于政策研究，如通识教育监管、目标和评估政策等；有的侧重于实践研究或应用研究，如课程开发、课程实施和课程管理制度等。美国通识教育理论、政策和实践都具有显著的多样性特征，单是通识教育定义就有数十种，各校通识教育课程更是百花齐放、各美其美。21 世纪以来，美国高校纷纷启动面向未来的通识教育改革，但最引人注目、最具雄心的通识教育改革出现在新加坡。2011 年，新加坡国立大学和耶鲁大学联合创办新型文理学院，打破院系壁垒，强调跨学科杂交与协同，强调团队合作、多元文化教育、探究知识的方法、理实相生等，2013 年来自 26 个国家的 157 名首届学生入学。

拙著是全国教育科学"十一五"规划 2007 年度教育部青年专项课题"国际视野下

---

[①] National Center for Education Statistics The 2017 Condition of Education Report [EB/OL]. https://nces. ed. gov/blogs/nces/post/the - 2017 - condition - of - education - report. 2017 - 03 - 15.

[②] Institute of International Education. Open Doors 2016 Executive Summary [EB/OL]. https: //www. iie. org/Why - IIE/Announcements/2016 - 11 - 14 - Open - Doors - Executive - Summary. 2017 - 03 - 15.

的通识教育实践模式"的研究成果增改完善而成。拙著得以顺利面世，是很多人共同努力的结果，需要感谢的人太多，下面提及的只是其中小部分：

首先要感谢我的博士导师北京师范大学王英杰教授和硕士导师南京师范大学陈敬朴教授，两位恩师的言传身教让我懂得治学为人的道理。陈老师教导我"聪明人要下笨功夫"，还为我每个微不足道的进步欣喜自豪。王老师则经常在我陷入困境时鼓励我、开导我，不厌其烦地倾听我诉说工作和生活中的牢骚。

其次要感谢教育部教育发展研究中心的领导和同事们。中心原副主任蔡克勇教授热情鼓励和细致指导，让我成功申报了全国教育科学规划课题，蔡先生驾鹤西去让我们痛失一位德高望重的良师益友。中心主任陈子季到任刚刚几个月，殚精竭虑为大家谋福利，让我们每个人有尊严、有盼头。中心副主任韩民研究员与广东教育出版社精心策划，才有这套丛书的出版。中心副主任杨银付研究员没有丝毫官腔和架子，总是面带笑容、和蔼可亲，不遗余力地为大家提供研究支持。体制室主任王烽博士学高人帅，经常同我们一起探讨学术问题、分享个人洞见、指点人生迷津，很多棘手工作生活难题都迎刃而解。汪明、马陆亭、高书国、王晓燕、安雪慧、王建、石美、鞠光宇、王蕊、刘承波、张伟、杨秀文、熊建辉、窦现金、卢海弘、涂端午、许海霞、梁彦、孟久儿、朱宁、曹宇等同事也给予了诸多帮助和鼓励。

再次要感谢在美访学期间遇到的诸位老师和同学们。Helen Haste 教授很爽快地接收我在哈佛大学教育学院合作研究 6 个月，让我有机会零距离研究这所世界名校。Howard Gardner 教授在百忙之中接受我的访谈，Wendy Fischman 博士为我提供很多宝贵资料和研究线索。哈佛大学 Thomas Hehir、Fernando Reimers、Stephanie M. Jones、Judith Block McLaughlin 等教授推出的高质量课程让我受益良多。中国留学生向芯、高鹏宇、朱颂宇、孙怀异、毛婕、朱昉晟、陆苏青、邓兹韵、江流、马迪、覃斯之、刘畅玥、吴俊东、张锶雯、徐丞谊、徐以安、李昇予等同学为我提供了很多有价值的信息和帮助。中国访问学者刘秀芹、孟庆粉、褚宏蕊、刘伟等教授经常组织家庭聚会，让我们品尝中国美食。于海琴、李雁冰、陆蕾娜、张梅、刘志、欧阳方平、朱萍、耿元骊、李志礼等专家学者也组织很多社会活动，都成为我难忘的回忆。特别令人感动的是，哈佛大学燕京学社图书馆王系老师为我们全家接风洗尘，让我们在异国他乡感受到浓浓的同胞情谊。

广东教育出版社一贯坚持理论学术导向和社会效益优先，在市场效益至上的当下更是难能可贵。梁耀凤退休在即仍然尽职尽责嘱咐我尽快完成书稿，并给予了最大限度的宽限。李杰静接手后经常鼓励我要出精品，在百忙之中对拙著精雕细刻。

最后要感谢家人对我的支持和包容。人过四十一事无成，难免焦躁烦恼，家人直接受到侵扰和伤害。父母养育五个子女，年近八旬仍在为我们操劳，帮我们带孩子、做家务。岳母张爱连轮流带大三个子女的 6 个孩子，我家二宝是她最新的牵挂和心头肉。妻子朱玉华博士放弃了学术成长的最佳时机，全身心养育两个宝宝，为我解除后顾之忧。

　　一向成绩优秀的姐姐为弟弟和妹妹们的发展做出巨大牺牲，初中刚念一年就辍学回家挣工分，成为家里名副其实的顶梁柱。2012 年的初夏，年仅 49 岁的姐姐带着无尽的留恋和不舍离开这个世界，让我首次体验到亲人离去的悲痛和人生的无常。姐姐一生的最大幸福就是看着我们兄妹成长进步，我依然记得 2008 年结婚、2010 年得子时姐姐脸上灿烂的笑容，祈愿天国里的姐姐能够享受真正的幸福！

　　由于时间、精力和水平所限，拙著对美国通识教育的基本理论研究、美国社区学院通识教育实践的个案研究、国内通识教育改革的调研分析等都显得不够充分细致，收集的大量外文文献还没有来得及细细消化，留下了不少遗憾。希望这些不足和空白能够在不久的将来由我本人或其他同行弥补修正。

张家勇

2018 年 5 月 28 日草拟于教育部